MARKETING STRATEGY

サービス業の
マーケティング戦略

南方　建明
宮城　博文　著
酒井　理

中央経済社

はしがき

　産業構造における第三次産業（サービス産業）の割合が増加し，また第二次産業においてもサービス産業的な業務に従事する人の割合が増加する「サービス経済化」がすすんでいる。第二次産業においても，「物」の製造・販売による収益だけではなく，いかに「サービス」の生産・提供によって収益を得るかが課題となっている。

　サービスに関する研究は，経済学的にはサービス経済学として，経営学的にはサービス・マーケティングあるいはサービス・マネジメントとして研究されてきた。サービスの経営学的研究は比較的新しく，1980年代以降に研究が本格化したといってもよい。「サービス」は，無形であり生産の成果を在庫できないこと，顧客の参加のもとでサービスの生産・提供が行われることなど，「物」とは異なる特性をもっており，「サービス」の特性を踏まえた理論構築が求められている。

　本書は，「サービス業」を対象として，その産業構造的特質を明らかにするとともに，サービス業のマーケティングおよびサービスのマネジメントについて考察することを目的としている。しかしながら，どの業種を「サービス業」ととらえるかについては，確立した定義は存在しない。広義には農林水産業やモノづくり産業を除く第三次産業全般を包含するが，より範囲を限定してサービス財を生産する産業全般とするもの，狭義には日本標準産業分類における「サービス業」に限定するものなど，様々な範囲でとらえられており，それが「サービス業」研究に混乱を招いているように思われる。

　さらに，日本標準産業分類における「サービス業」の範囲は，その割合が増加してきたことに対応して，近年になって大幅に分割されている。すなわち，それまでの大分類「サービス業」は，2002年の改定では大分類「医療，福祉」「教育，学習支援業」「飲食店，宿泊業」「情報通信業」「複合サービス事業」「サービス業（他に分類されないもの）」に分割された。さらに，2007年の改定では大分類「サービス業（他に分類されないもの）」がさらに分割され，大分類「学術研究，専門・技術サービス業」「生活関連サービス業，娯楽業」「不動

産業，物品賃貸業」が分離され，残りの業種が大分類「サービス業（他に分類されないもの）」とされた。今や，大分類「サービス業（他に分類されないもの）」は，他のどの大分類にも属さない，その他の業種という位置づけでしかない。

そこで，本書では「サービス業」を「サービス財を生産し，かつサービス財を販売する産業」としてとらえることとする。サービス財の生産とは，「顧客または顧客の所有物という特定のサービス対象に向けてサービス機能を提供し，生産の成果を在庫できないこと」，サービス財の販売とは，「物財の販売とは切り離してサービス機能の対価のみを貨幣と交換すること」と定義している。

本書における「サービス業」の範囲は，「日本標準産業分類2013年」の大分類「サービス業（他に分類されないもの）」に加えて，大分類「運輸業，郵便業」「金融・保険業」「学術研究，専門・技術サービス業」「生活関連サービス業，娯楽業」「教育，学習支援業」「医療，福祉」「複合サービス事業」，および大分類「情報通信業」のうち製造業的性格をもつ「組込みソフトウェア業」「パッケージソフトウェア業」「ゲームソフトウェア業」「レコード制作業」「新聞業」「出版業」以外の業種，大分類「不動産業，物品賃貸業」のうち「不動産代理業・仲介業」「不動産賃貸業・管理業」「物品賃貸業」，大分類「宿泊業，飲食サービス業」のうち「宿泊業」である。

本書は，5つの章から構成されている。第1章は，サービス経済化の状況およびその進展の背景について明らかにするとともに，サービス業における労働生産性および雇用創出について分析した。

第2章は，サービス生産構造の違いによってサービス企業の経営課題と戦略構築に際して考慮すべき条件に共通性が見出せることに着目したサービス業分類，「サービス業の戦略的業態分類」を提案した。サービス業の範囲は非常に広く，美容業のような典型的な業種から，受託開発ソフトウェア業のようにサービス生産工程を分割して外注することが可能で建設業や製造業に近い性格をもつ業種，レンタル業のように使用権の提供か所有権の提供かという違いだけで小売業に近い性格をもつ業種，一般的に労働集約性が強く規模のメリットが働きにくいといわれているサービス業にあって少数の大企業が大きなシェアを占める広告代理業や旅行業など，そのサービス生産構造に大きな違いがある

ことに着目したものである。

　第3章は，サービス・マーケティングの特色と基本的課題について，サービスが無形で在庫できないこと，顧客がサービス生産に参加することなどのサービス特性を踏まえて明らかにした。さらに，「サービス業の戦略的業態分類」の典型的な業種分類について，マーケティング戦略を構築するに際しての構造的な制約条件を踏まえたマーケティング・ミックスを整理した。

　第4章は，サービス・マネジメントの課題について，「顧客満足の向上」と「サービス生産性の向上」の2つの視点から明らかにした。両者は，ともすればトレードオフの関係にあるが，その両立を目指す視点から考察した。

　第5章は，サービス業の戦略的業態分類のうちの代表的な分類である「人的サービス」「物的サービス」「システム財創出サービス」「使用権提供サービス」について，それぞれのサービス特性とマーケティング課題について明らかにした。

　本書は，南方建明・酒井理による『サービス産業の構造とマーケティング』（中央経済社，2006年）をベースに，新しく宮城博文を執筆者に迎えて，全面的に書き下ろしたものである。筆者らは，大学に籍をおく研究者であると同時に，サービス業についての調査研究やサービス企業のコンサルティングなどに従事してきた。実際にサービス業経営に接してきた経験を活かして，サービス業の構造とサービス・マーケティングについて理論化・体系化したいと考えたのが本書執筆の動機である。

　本書の執筆にあたっては，多くの研究者や専門家の方々の研究成果を参考にさせていただいた。しかし，筆者らの見識不足ゆえ，誤解している点や論述の不十分な点などあるかもしれないが，その点についてはお叱りやご教示をいただければと願っている。

　最後に，出版事情の厳しき折，出版の労を取っていただいた中央経済社の丹治取締役をはじめ関係者の皆様に心から感謝申し上げたい。

2015年1月

南方　建明
宮城　博文
酒井　理

目　次

はしがき／1

第1章　サービス経済化の進展　　1
第1節　統計にみるサービス経済化　　1
　　1　日本標準産業分類の改定とサービス業の分類　　1
　　2　産業構造におけるサービス業の割合　　2
　　　(1)　サービス業と製造業，小売業，飲食店との比較／2
　　　(2)　GDPに占める割合／3
　　　(3)　事業所数，従業者数に占める割合／5
　　　(4)　投資額に占める割合／8
　　　(5)　産業構造の将来展望／9
　　3　第三次産業活動指数からみた状況　　10
第2節　サービス経済化進展の背景　　15
　　1　企業内サービスの外生化　　15
　　　(1)　企業内サービスの外生化の進展／15
　　　(2)　業務の外部委託の状況／17
　　　(3)　アウトソーシングのとらえ方とアウトソーシング進展の背景／20
　　2　家計内サービスの外生化　　24
　　　(1)　消費のサービス化の進展／24
　　　(2)　サービス支出の増加率と支出弾力性／27
　　　(3)　消費のサービス化の背景／29
第3節　サービス経済化の日米比較　　31
　　1　先進諸国と比較したわが国のサービス経済化　　31
　　2　就業者数の推移（日米比較）　　32
　　3　労働生産性の推移（日米比較）　　35

		4	生産性の向上とICT··	*36*
	第4節	サービス業の労働生産性と雇用創出·························		*38*
		1	サービス業の労働集約性··	*38*
		2	サービス価格··	*41*
		3	サービス業による雇用創出······································	*43*
		4	労働生産性・雇用の増減に基づくサービス業分類······	*47*

第2章　サービス業の分類 ··· *55*

	第1節	サービス特性 ··	*55*
	第2節	サービス業分類の先行研究 ··	*58*
		1　基本的分類··	*58*
		2　サービス機能に着目した分類··	*59*
		3　サービス生産の労働集約性に着目した分類····················	*60*
		4　顧客との相互作用に着目した分類·································	*62*
		5　労働集約性と顧客との相互作用度に着目した分類··········	*65*
	第3節	サービス業のとらえ方 ···	*67*
		1　サービス産業の範囲··	*67*
		2　サービス財の生産・販売概念··	*68*
		(1)　「サービス財生産」「物財生産」／*68*	
		(2)　「サービス財販売」「物財販売」／*70*	
		(3)　サービス業の範囲／*71*	
	第4節	サービス業の戦略的業態分類 ··	*74*
		1　サービス業の戦略的業態分類視点·································	*74*
		(1)　サービス機能の体化／*74*	
		(2)　サービス利用の目的／*76*	
		(3)　サービス機能の体化とサービス利用の目的による分類／*77*	
		2　目的的サービス機能体化型サービス·····························	*80*
		3　手段的サービス機能体化型サービス·····························	*82*

　　　　　(1)　移動・保管サービス／*83*
　　　　　(2)　状態分析サービス／*83*
　　　4　手段的サービス機能非体化型サービス……………………*83*
　　　　　(1)　使用権提供サービス／*84*
　　　　　(2)　システム財創出サービス／*87*

第3章　サービス業のマーケティング戦略……*97*

第1節　サービスの特色とサービス提供の基本的課題……*97*
　1　サービスの特色と品質特性……………………………………*97*
　　　(1)　サービス特性／*97*
　　　(2)　物財・サービス財の品質特性／*99*
　2　サービス提供の基本的課題と3つのマーケティング…*101*
　　　(1)　サービス提供の基本的課題／*101*
　　　(2)　サービス業における3つのマーケティングと
　　　　　個別の課題／*103*
　　　(3)　価値共創の新たな方向性：サービス・ドミナント・
　　　　　ロジック／*105*

第2節　サービス・マーケティング戦略……*107*
　1　サービス・マーケティング戦略の策定………………………*107*
　　　(1)　サービスの中核戦略／*107*
　　　(2)　マーケティング環境／*108*
　2　市場への対応……………………………………………………*109*
　　　(1)　顧客環境への対応／*109*
　　　(2)　競争環境への対応／*112*
　3　内部環境への適合………………………………………………*115*
　　　(1)　戦略の経営資源への適合／*115*
　　　(2)　戦略の組織への適合／*117*

第3節　サービス業のマーケティング・ミックス……*120*
　1　マーケティング・ミックスを構成する7つの要素……*120*

2 Product ……………………………………………… *121*
- (1) サービス・コンセプト／*121*
- (2) サービスの構成要素／*122*
- (3) ブランディング／*123*

3 Place（Encounter） ……………………………… *125*
- (1) 出会いの「場」／*125*
- (2) 管理可能要因としての立地／*126*

4 Promotion ………………………………………… *127*
- (1) 顧客におけるサービス品質の事前評価要因／*127*
- (2) 顧客層別Promotion／*130*

5 Price ……………………………………………… *131*
- (1) 顧客価値をベースにした価格設定／*132*
- (2) 効率性をベースにした価格設定／*133*
- (3) 競争をベースにした価格設定／*134*

6 Process …………………………………………… *134*
- (1) 「ばらつき」の対応／*134*
- (2) 顧客管理／*135*
- (3) リカバリー（修復）／*136*

7 Physical Evidence ………………………………… *137*

8 People ……………………………………………… *138*

第4章 サービス・マネジメント ……………………… *149*

第1節 顧客満足の向上 …………………………………… *149*

1 サービスの顧客価値とサービス生産性 ………… *149*

2 顧客満足の構造 …………………………………… *150*
- (1) サービスの顧客価値と顧客満足／*150*
- (2) 顧客の期待／*152*
- (3) サービス品質／*154*
- (4) 顧客満足／*157*

(5)　顧客不満足の回避／160
　3　顧客関係性の強化……………………………………………163
　　　(1)　顧客ロイヤルティの利点／163
　　　(2)　顧客ロイヤルティの注意点／165
　　　(3)　顧客関係性に影響を与える要因／167
　4　サービス品質の向上
　　　―サービス生産・提供現場の管理―……………………168
　　　(1)　サービス特性とインターナル・マーケティング／168
　　　(2)　サービス生産に参加する顧客の管理／169

第2節　サービス生産性の向上……………………………………………172
　1　業務の繁閑とその対応………………………………………172
　2　サービス生産性向上に関する先行研究……………………175
　　　(1)　サービスの工業化／175
　　　(2)　需給のミスマッチの管理／176
　　　(3)　「サービス生産性の向上」と「サービス品質の向上」の両立／177
　3　サービス生産性向上の諸要素………………………………180
　　　(1)　単位サービスあたりの生産性向上／180
　　　(2)　稼働率向上による生産性向上／182
　4　サービス生産過程の態様とサービス生産性向上の
　　　可能性…………………………………………………………186
　　　(1)　サービス生産過程の態様／186
　　　(2)　サービス生産過程の態様と生産性向上／187
　　　(3)　サービス業の戦略的業態分類と生産性向上の可能性／188
　5　ICTによる生産性向上の可能性……………………………188
　　　(1)　大規模組織における規模のメリットの享受／189
　　　(2)　サービス生産過程における空間的制約の克服／189
　　　(3)　機械化とカスタマイゼーションの同時実現／190
　6　サービス生産性向上の事例…………………………………190

第5章　サービス業の戦略的業態分類別マーケティング……197

第1節　人的サービスのマーケティング……197
1　人的サービスの特性とマーケティング課題……197
(1) 人的サービスの特性／197
(2) 人的サービスのマーケティング課題／198
2　「人」対「人」サービス・マーケティング……202
(1) 「人」を対象とするサービスの特性と課題／202
(2) 理容業・美容業／202
(3) 個人教授業／203
3　「人」対「物」サービス・マーケティング……205
(1) 「物」を対象とするサービスの特性と課題／205
(2) クリーニング業／206
(3) ハウスクリーニング業／207
(4) 不動産管理業，建物サービス業／208

第2節　物的サービスのマーケティング……210
1　物的サービスの特性とマーケティング課題……210
(1) 物的サービスの特性／210
(2) 物的サービスのマーケティング課題／211
2　「物」対「人」サービス・マーケティング……213
(1) 「人」を対象とするサービスの特性と課題／213
(2) フィットネスクラブ／214
(3) ホテル業／215
3　「物」対「物」サービス・マーケティング……217
(1) 「物」を対象とするサービスの特性と課題／217
(2) 運輸施設提供業／218

第3節　システム財創出サービスのマーケティング……220
1　システム財創出サービスの特性とマーケティング課題……220

　　　　　(1)　システム財創出サービスの特性／*220*
　　　　　(2)　システム財創出サービスのマーケティング課題／*223*
　　　2　システム財創出サービス・マーケティング……………*224*
　　　　　(1)　受託開発ソフトウェア業／*224*
　　　　　(2)　情報処理・提供サービス業／*226*
　　　　　(3)　コンテンツ制作業／*227*
第4節　使用権提供サービスのマーケティング……………………*229*
　　　1　使用権提供サービス業種・業態の機能………………*229*
　　　　　(1)　労働者派遣業─「ヒト」の使用権提供サービス／*231*
　　　　　(2)　民営職業紹介業─「仲介情報」の使用権提供
　　　　　　　サービス／*231*
　　　　　(3)　物品賃貸業／*232*
　　　　　(4)　広告業／*233*
　　　　　(5)　旅行業／*235*
　　　　　(6)　情報提供サービス業／*236*
　　　2　使用権提供サービスのマーケティング課題………*238*
　　　　　(1)　「ヒト」の使用権提供サービス（人材派遣業）／*239*
　　　　　(2)　「モノ」の使用権提供サービス（レンタカー業）／*241*
　　　　　(3)　「カネ」の使用権提供サービス（消費者金融業）／*243*
　　　　　(4)　「仲介情報」の使用権提供サービス（旅行業，
　　　　　　　オンライン宿泊予約）／*245*
　　　　　(5)　「コンテンツ情報」の使用権提供サービス
　　　　　　　（AVレンタル業，音楽配信）／*247*

事項索引……………………………………………………………………*263*
業種索引……………………………………………………………………*269*

第1章

サービス経済化の進展

第1節　統計にみるサービス経済化

1　日本標準産業分類の改定とサービス業の分類

　日本標準産業分類は，統計調査の結果を産業別に表示するための統計基準であり，2002年3月に1957年5月以来45年ぶりに大分類レベルの変更を伴う大幅な改定がなされた[1]。この改定は，情報通信の高度化，サービス経済化の進展に伴う産業構造変化への適合，および国際標準産業分類など国際的な産業分類との比較可能性の向上を基本的な視点としたものである。「日本標準産業分類2002年」では，「日本標準産業分類1993年」における大分類「サービス業」が分解され，「医療，福祉」「教育，学習支援業」が大分類として独立，宿泊業関係は飲食店とともに大分類「飲食店，宿泊業」に，情報関係は通信業とともに大分類「情報通信業」に，協同組合は郵便業とともに大分類「複合サービス事業」として旧サービス業以外の業種も含める形で分離された。また，駐車場業は大分類「不動産業」に組み入れられ，残りの業種は「日本標準産業分類1993年」では運輸・通信業に含まれていた旅行業とともに大分類「サービス業（他に分類されないもの）」に分類されることになった。

　さらに，2007年11月にも大幅な改定がなされた。この改定は，2002年3月改定以降の情報通信の高度化，経済活動のサービス化の進展，事業経営の多様化

に伴う産業構造の変化に適合するよう見直されたものである。「日本標準産業分類2007年」においては，大分類「サービス業（他に分類されないもの）」がさらに分割され，「学術研究，専門・技術サービス業」「生活関連サービス業，娯楽業」が大分類として独立，物品賃貸業関係は不動産業とともに大分類「不動産業，物品賃貸業」として分離され，残りの業種が大分類「サービス業（他に分類されないもの）」とされた[2]。

その後，2013年10月に，「市場調査・世論調査・社会調査業」「リラクゼーション業」「ネイルサービス業」「幼保連携型認定こども園」「コールセンター業」の新設など細分類レベルの変更を行う小規模な改定がなされている[3]。

他方，「第三次産業」（「サービス産業」とよばれることも多い）という概念は，素材を収集する第一次産業，それを加工する第二次産業，その他の残余の産業を第三次産業とするクラークの産業分類をもとにしたものであり，多様な経済活動が混在している。そのため，「第三次産業」という捉え方で生産性の向上を含む経営課題の共通性を抽出することは困難といえる。

そこで，本書では「日本標準産業分類1993年」における大分類「サービス業」を主な考察の対象とした。「日本標準産業分類1993年」における「サービス業」は，「運輸・通信業」「金融・保険業」「不動産業（不動産代理業・仲介業，不動産賃貸業・管理業）」とともに，「サービス財生産・サービス財販売産業」[4]として位置づけられ，サービス業研究において重要な意味をもっている。

2　産業構造におけるサービス業の割合

(1) サービス業と製造業，小売業，飲食店との比較

図表1-1-1は，「サービス業」と，製造業，小売業，飲食店の事業所数，従業者数，年間販売額について比較したものである。「サービス業」は，同表に示すとおり「日本標準産業分類1993年」における大分類「サービス業」に含まれている業種である。

これによると，「サービス業」の従業者数1,742万人は，製造業の約1.9倍，小売業の約2.2倍，飲食店の約4.1倍の規模である。また，年間販売額213兆円は，製造業の約0.7倍[5]，小売業の約1.8倍，飲食店の約17.0倍の規模となっている。

図表1-1-1　サービス業と製造業・小売業・飲食店との比較
（日本標準産業分類2007年）

	事業所数 (1,000事業所)	従業者数 (1,000人)	年間販売額 (10億円)
製造業	493	9,245	299,740
小売業	1,033	7,836	119,746
飲食店（注1）	611	4,202	12,519
サービス業	1,549	17,417	213,416
情報通信業（注2）	40	1,109	20,887
不動産業，物品賃貸業（うち物品賃貸業）	31	295	10,943
学術研究，専門・技術サービス業	219	1,664	27,200
宿泊業，飲食サービス業（うち宿泊業）	52	698	4,420
生活関連サービス業，娯楽業	481	2,546	37,412
教育，学習支援業（うちその他の教育，学習支援業）	144	783	2,957
医療，福祉	359	6,179	76,953
複合サービス事業（協同組合）	9	176	3,351
サービス業（他に分類されないもの）（注3）	214	3,968	29,293

(注1) 飲食店は，「食堂，レストラン」「専門料理店」「そば・うどん店」「すし店」「酒場，ビヤホール」「バー，キャバレー，ナイトクラブ」「喫茶店」「その他の飲食店」。
(注2) 情報通信業のうち，「情報サービス業」「インターネット附随サービス業」。
(注3) サービス業（他に分類されないもの）のうち，「廃棄物処理業」「自動車整備業」「機械等修理業」「職業紹介・労働者派遣業」「その他の事業サービス業」「その他サービス業」。
(注4) 年間販売額は調査に回答した事業所のみの金額。回答事業所数は，「製造業」43万事業所（全事業所の87.2％），「小売業」84万9,000事業所（同82.1％），「飲食店」44万5,000事業所（同72.8％），「サービス業」124万事業所（同80.1％）である。
出所：総務省『経済センサス活動調査2012年』より作成。

(2) GDPに占める割合

　図表1-1-2は，1980年から2009年までの約30年間にわたるGDPの推移をみたものである。「第三次産業」の割合は，1980年の52.8％から2009年には64.1％へと増加し，「サービス業」も同期間に14.2％から23.5％へと増加している。

　サービス業の中では，「対事業所サービス」が同期間に4.7％から9.5％へと4.8ポイント増と倍増しているのに対して，「公共サービス」は2.9ポイント増加，「対個人サービス」は1.5ポイント増加にとどまっており，サービス業の増加は主として「対事業所サービス」の成長によるものといえる。

図表1-1-2　GDPの産業別構成の推移（名目）（93SNA）

(単位：%)

	1980年	1985年	1990年	1995年	2000年	2005年	2009年
産業計	94.2	93.5	94.0	93.7	93.1	92.7	89.9
第一次産業	3.6	3.1	2.5	1.9	1.8	1.5	1.4
第二次産業	37.8	36.1	36.6	31.6	29.7	28.0	24.3
鉱業	0.6	0.3	0.3	0.2	0.1	0.1	0.1
製造業	28.0	28.1	26.5	23.2	22.2	21.5	18.0
建設業	9.2	7.7	9.8	8.2	7.4	6.4	6.2
第三次産業	52.8	54.3	55.0	60.3	61.6	63.4	64.1
電気・ガス・水道業	2.7	3.2	2.5	2.7	2.7	2.4	2.3
卸売・小売業	15.1	13.2	13.2	15.3	14.0	13.8	12.5
金融・保険業	5.4	5.4	7.0	6.5	6.1	7.0	5.8
不動産業	9.0	9.4	9.7	10.9	11.5	12.0	13.2
運輸・通信業	6.4	6.6	6.6	7.1	6.9	6.7	6.8
サービス業	14.2	16.5	16.0	17.8	20.4	21.5	23.5
（公共サービス）	3.6	4.1	3.1	3.8	4.7	5.5	6.5
（対事業所サービス）	4.7	5.2	5.5	6.7	8.4	8.7	9.5
（対個人サービス）	6.0	7.2	7.4	7.3	7.3	7.3	7.5
政府サービス生産者	8.6	8.3	7.8	8.5	9.1	9.4	10.0
対家計民間非営利サービス生産者	1.4	1.5	1.5	1.8	1.8	2.0	2.3
その他	▲4.2	▲3.3	▲3.3	▲4.0	▲4.0	▲4.1	▲2.2
GDP	100.0	100.0	100.0	100.0	100.0	100.0	100.0

(注1) 93SNA (System of National Accounts) とは、1993年に国連が加盟各国に導入を勧告した国民経済計算体系のこと。
(注2) 飲食店は対個人サービスに含まれている。
出所：内閣府経済社会総合研究所『国民経済計算年報2009年』より作成。

　同じく、図表1-1-3は、2000年から2012年までのGDPの推移である。「第三次産業」の割合は、2000年の59.0％から2012年には63.0％へと増加、「サービス業」も同期間に17.6％から19.8％へと増加している。これは、公共サービスが1.9ポイント増加、対事業所サービスも0.6ポイント増加しているためであり、対個人サービスは▲0.3ポイント減少している。

図表1-1-3　GDPの産業別構成の推移（名目）（93SNA）

(単位：％)

	2000年	2005年	2010年	2012年
産業計	88.9	88.4	88.1	88.0
第一次産業	1.6	1.2	1.2	1.2
第二次産業	28.3	25.7	25.1	23.8
鉱業	0.1	0.1	0.1	0.1
製造業	21.1	19.8	19.6	18.1
建設業	7.1	5.8	5.4	5.6
第三次産業	59.0	61.4	61.9	63.0
電気・ガス・水道業	2.6	2.3	2.3	1.7
卸売・小売業	13.5	14.8	13.7	14.4
金融・保険業	5.0	6.1	4.9	4.6
不動産業	10.7	10.7	11.8	12.0
運輸業	4.6	4.8	4.9	5.0
情報通信業	5.0	5.2	5.4	5.5
サービス業	17.6	17.5	18.9	19.8
（公共サービス）	4.6	4.8	5.9	6.5
（対事業所サービス）	6.3	6.7	6.8	6.9
（対個人サービス）	6.7	6.1	6.2	6.4
政府サービス生産者	9.0	9.0	9.1	9.2
対家計民間非営利サービス生産者	1.7	1.9	2.1	2.4
その他	0.4	0.7	0.7	0.4
GDP	100.0	100.0	100.0	100.0

出所：内閣府経済社会総合研究所『国民経済計算年報2012年』より作成。

(3) 事業所数，従業者数に占める割合

「事業所・企業統計調査」に基づいて，事業所数の産業別構成（民営）（日本標準産業分類1993年）の推移をみると，1975年から2006年にかけて，製造業が15.0％から9.7％へと減少しているのに対して，第三次産業は76.2％から80.3％へ，このうちサービス業は21.0％から30.3％へと増加している。

同様に，従業者数でも，製造業が31.8％から18.6％へと減少しているのに対して，第三次産業は56.9％から73.2％へ，サービス業は15.4％から31.8％へと増加しており，サービス経済化の進展を物語っている（図表1-1-4参照）。

図表 1-1-4　事業所数・従業者数の産業別構成の推移（民営）
（日本標準産業分類1993年）

（単位：%）

	事　業　所　数						
	1975年	1981年	1986年	1991年	1996年	2001年	2006年
第一次産業	0.3	0.3	0.3	0.3	0.3	0.3	0.3
第二次産業	23.4	22.7	22.4	22.3	21.8	20.6	19.4
（うち製造業）	15.0	13.9	13.4	13.1	11.8	10.6	9.7
第三次産業	76.2	76.9	77.4	77.4	77.9	79.1	80.3
（うちサービス業）	21.0	21.5	22.9	24.4	25.8	27.6	30.3
	従　業　者　数						
	1975年	1981年	1986年	1991年	1996年	2001年	2006年
第一次産業	0.5	0.5	0.5	0.4	0.4	0.4	0.4
第二次産業	42.6	39.0	37.0	35.3	32.6	29.3	26.3
（うち製造業）	31.8	28.0	27.1	25.6	22.4	20.3	18.6
第三次産業	56.9	60.4	62.5	64.2	67.0	70.2	73.2
（うちサービス業）	15.4	17.5	19.5	21.8	24.0	27.2	31.8

（注1）　第二次産業は「鉱業」「建設業」「製造業」，第三次産業は「卸売・小売業，飲食店」「金融・保険業」「不動産業」「運輸・通信業」「電気・ガス・熱供給・水道業」「サービス業」。
（注2）　2006年の数字は，「日本標準産業分類2002年」に基づいて公表されたものを，「日本標準産業分類1993年」に組み換えて算出。
出所：総務省『事業所統計調査報告』（1991年以前），同『事業所・企業統計調査報告』（1996年以降）より作成。

　図表1-1-5は，「日本標準産業分類2007年」に基づいて，2001年から2012年までの民営の事業所数および従業者数の産業別構成の推移をみたものである。製造業の減少傾向は表1-1-4と同様である。第三次産業合計は，事業所数では2001年の79.3％から2006年および2009年には80.4％となったが，2012年には79.7％とやや減少した。従業者数では2001年の70.5％から2009年には75.1％となったが，2012年には74.0％とやや減少するなど，近年は総じて横ばい傾向にある。

　第三次産業の業種別にみると，事業所数では「医療，福祉」において2001年の4.2％から2012年9.6％と5.4ポイント増加，「サービス業（他に分類されないもの）」において2001年の5.2％から2012年6.4％と1.2ポイント増加，「不動産業，物品賃貸業」において2001年5.8％から2012年7.0％と1.2ポイント増加となっている。同様に従業者数では，「医療，福祉」において2001年の6.7％から2012年

図表1-1-5 事業所数・従業者数の産業別構成の推移（民営）
（日本標準産業分類2007年）

（単位：％）

	事業所数					従業者数				
	2001年	2004年	2006年	2009年	2012年	2001年	2004年	2006年	2009年	2012年
第一次産業	0.3	0.3	0.3	0.5	0.6	0.4	0.4	0.4	0.6	0.7
第二次産業	20.4	20.0	19.2	19.1	19.7	29.0	27.6	26.0	24.3	25.3
鉱業，採石業，砂利採取業	0.1	0.1	0.1	0.0	0.0	0.1	0.1	0.1	0.1	0.0
建設業	9.9	9.9	9.6	9.9	10.0	9.0	8.4	7.6	7.4	7.2
製造業	10.5	10.1	9.6	9.1	9.7	19.9	19.1	18.3	16.8	18.1
第三次産業	79.3	79.7	80.4	80.4	79.7	70.5	72.0	73.5	75.1	74.0
電気・ガス・熱供給・水道業	0.1	0.1	0.1	0.1	0.1	0.4	0.4	0.3	0.4	0.4
情報通信業	1.0	1.0	1.1	1.3	1.2	2.6	2.7	2.9	3.0	2.9
運輸業，郵便業	2.2	2.3	2.3	2.5	2.5	5.3	5.4	5.4	6.1	6.0
卸売業，小売業	28.9	27.9	27.5	26.4	26.0	23.6	22.9	22.3	21.7	20.8
金融業，保険業	1.6	1.5	1.5	1.6	1.8	3.0	2.7	2.6	2.7	3.1
不動産業，物品賃貸業	5.8	6.0	6.1	6.9	7.0	2.3	2.4	2.4	2.6	2.6
学術研究，専門・技術サービス業	3.6	3.6	3.7	4.1	4.1	3.0	2.9	3.0	3.0	3.0
宿泊業，飲食サービス業	14.6	14.5	14.2	13.2	11.8	9.9	9.8	9.5	9.8	8.5
生活関連サービス業，娯楽業	8.7	9.0	9.0	8.7	8.7	4.7	4.8	4.7	4.6	4.0
教育，学習支援業	2.7	2.8	2.9	2.9	2.9	2.3	2.5	2.8	3.0	3.0
医療，福祉	4.2	4.8	5.4	5.8	9.6	6.7	8.0	8.9	9.6	10.9
複合サービス事業	0.6	0.5	0.9	0.7	0.7	0.7	0.7	1.3	0.7	0.7
サービス業（他に分類されないもの）	5.2	5.7	5.8	6.2	6.4	6.0	6.7	7.4	7.9	8.0
全産業	100.0	100.0	100.0	100.0	100.0	100.0	100.0	100.0	100.0	100.0

（注1）「日本標準産業分類2007年」に組み換えたもの。
（注2）「経済センサス基礎調査」および「経済センサス活動調査」は，「事業所・企業統計調査」よりも捕捉率が高くなっているため，必ずしも連続的に捉えることはできない。
出所：総務省『事業所・企業統計調査報告』（2001-2006年），同『経済センサス基礎調査』（2009年），同『経済センサス活動調査』（2012年）。

10.9％と4.2ポイント増加，「サービス業（他に分類されないもの）」において2001年の6.0％から2012年8.0％と2.0ポイント増加などとなっている。

図表1-1-6は，「国勢調査」に基づいて，製造業における職業別就業者数の推移をみたものである。1970年から2000年にかけての30年間で，総就業者数は▲1,489千人減少している。この期間に，直接生産に携わる直接部門就業者の割合が77.4％から70.0％へと減少する一方で，生産には直接携わらない間接部門就業者（専門的・技術的職業従事者，管理的職業従事者，事務従事者，販売従事者）の割合が22.6％から30.0％へと増加している。

図表1-1-6　製造業における職業別就業者数の推移

(単位：千人，%)

	1970年(A)		2000年(B)		2010年(C)		増減	
		構成比		構成比		構成比	(B)-(A)	(C)-(B)
総計	13,717	100.0	12,228	100.0	9,626	100.0	▲1,489	▲2,602
直接部門	10,623	77.4	8,553	70.0	6,619	68.8	▲2,070	▲1,934
間接部門	3,094	22.6	3,674	30.0	3,007	31.2	580	▲667
専門・技術職	399	2.9	777	6.4	656	6.8	378	▲121
管理職	681	5.0	392	3.2	260	2.7	▲289	▲132
事務職	1,622	11.8	1,738	14.2	1,569	16.3	116	▲169
販売職	393	2.9	766	6.3	523	5.4	373	▲243

出所：総務省『国勢調査報告』（各年版）より作成。

　2000年から2010年にかけての10年間には，総就業者数は▲2,602千人と大幅に減少しているが，その減少数は直接部門のほうが大きい。直接部門就業者の割合は70.0％から68.8％へと，さらに▲1.2ポイント減少する一方で，間接部門就業者の割合は30.0％から31.2％へと増加している。すなわち，第二次産業である製造業における第三次産業的職業就業者の割合の増加，いわゆる「製造業の2.5次産業化」が進展している。

(4)　投資額に占める割合

　図表1-1-7は，資本ストックの産業別構成の推移をみたものである。2005年までは，これまで述べてきたGDP，事業所数・従業者数と同様に，製造業など第二次産業の低下，逆に第三次産業，特にサービス業における増加傾向が明確であり，資本ストックの面でもサービス経済化がすすんでいることを示している。しかし，2005年と2009年を比較すると，サービス業においては0.9ポイント増と増加傾向は続いているが，第三次産業全体では▲1.2ポイントの減少，他方第二次産業において1.7ポイントの増加と，サービス経済化の動きは停滞，ないしは逆方向に推移している。

図表1-1-7　産業別資本ストック構成の推移（93SNA）

進捗ベース，実質（2000年平均価格評価）　（単位：％）

	1980年	1985年	1990年	1995年	2000年	2005年	2009年
第一次産業	16.3	14.6	12.5	11.0	10.1	9.5	9.0
第二次産業	43.7	40.5	38.5	37.6	36.5	35.0	36.7
鉱業	0.5	0.4	0.3	0.3	0.3	0.3	0.2
建設業	3.8	3.7	3.6	4.0	3.8	3.4	3.2
製造業	39.3	36.3	34.5	33.3	32.4	31.3	33.3
第三次産業	40.1	44.9	49.0	51.4	53.4	55.5	54.3
電気・ガス・水道業	11.2	10.3	9.6	9.5	9.8	9.6	9.5
卸売・小売業	11.7	11.2	11.4	11.2	10.9	10.6	10.1
金融・保険業	1.9	2.1	2.5	2.5	2.6	2.9	3.5
不動産業	2.9	3.0	3.9	4.1	4.1	3.9	3.9
運輸・通信業	6.0	10.0	10.5	11.3	11.7	11.6	9.7
サービス業	6.3	8.4	11.2	12.7	14.3	16.9	17.8

出所：内閣府経済社会総合研究所『民間企業資本ストック年報2009年』より作成。

(5) 産業構造の将来展望

　図表1-1-8は，経済産業省『経済社会ビジョン』（2012年）において示されたGDPの産業別構成の将来予測である。これは，2010年実績をもとに10年後の2020年のGDPを予測したもので，「成長ケース」と「空洞化ケース」の２通りの予測がなされている。

　「成長ケース」では，GDPの総額は2010年実績の894兆円から2020年には1,066兆円へと172兆円，19.2％増加すると予測されている。製造業のGDPも2010年実績の277兆円から2020年には325兆円へと48兆円，17.3％増加し，GDPの総額に占める割合は31.0％から30.5％と，わずかの減少にとどまる。他方，第三次産業計の割合は2010年実績の61.7％から2020年には63.8％へと2.1ポイント増加，第三次産業の中では「サービス業」の増加が目立ち，同期間に20.6％から23.4％へと2.8ポイントの増加と予想されている。

　他方，「空洞化ケース」では，GDPの総額は2010年実績の894兆円から2020年には993兆円へと99兆円，11.0％の増加にとどまる。製造業のGDPも2010年実績の277兆円から2020年には285兆円へとわずかの増加であり，GDP総額に占める割合は31.0％から28.7％へと▲2.3ポイントの大幅な減少となる。他方，

図表1-1-8　GDPの将来予測

(単位：兆円，％)

	2010年実績	2020年予測 成長ケース	2020年予測 空洞化ケース
農林水産業・鉱業・建設業	64　(7.2)	61　(5.7)	59　(5.9)
製造業	277　(31.0)	325　(30.5)	285　(28.7)
第三次産業計	552　(61.7)	680　(63.8)	649　(65.4)
電気・ガス・水道・運輸通信業	117　(13.1)	127　(11.9)	123　(12.4)
商業	90　(10.1)	104　(9.8)	120　(12.1)
金融・保険・不動産業	106　(11.9)	125　(11.7)	100　(10.1)
医療・保健・社会保障・介護	55　(6.2)	75　(7.0)	74　(7.5)
サービス業	184　(20.6)	249　(23.4)	232　(23.4)
合計	894 (100.0)	1,066 (100.0)	993 (100.0)

(注1)　「空洞化ケース」は，輸出向け自動車生産が2020年にかけて半減し，関連産業を含む国内産業の生産が低迷する一方，国内における新産業創出が十分に進まず，逆輸入が増加するケース。
(注2)　「成長ケース」は，1）国内の潜在需要のうち，産業構造審議会新産業構造部会において特に大きな潜在需要が見込まれると指摘された3分野（ヘルスケア・子育て・新たなエネルギー産業・クリエイティブ産業）において国内の消費が活性化（潜在内需の掘り起こしによる消費拡大効果として，2020年に約15.0兆円と推計），2）輸出向け自動車生産が維持される一方で，我が国からアジア諸国向けの輸出や対外直接投資が維持・拡大され，国内の投資や消費が活性化するケース。
出所：経済産業省編『経済社会ビジョン─「成熟」と「多様性」を力に─』経済産業調査会，2012年，p.102。

　第三次産業計の割合は2010年実績の61.7％から2020年には65.4％へと3.7ポイント増加する。第三次産業の中では「サービス業」および「商業」の増加が目立ち，同期間に「サービス業」は20.6％から23.4％へと2.8ポイント増加，「商業」も10.1％から12.1％へと2.0ポイントの増加と予想されている。

3　第三次産業活動指数からみた状況

　第三次産業およびサービス業（日本標準産業分類1993年）の企業活動の状況について，長期的な推移をみたものが図表1-1-9である。まず，「第三次産業活動指数」は2000年代になってほぼ横ばい，他方で「鉱工業生産指数」は1990年代になってほぼ横ばい，2000年以降は低下傾向となっている。
　「サービス業」の活動指数も，第三次産業活動指数とほぼ同様に推移している。サービス業の中では，「対事業所サービス業」が2000年までは急速に上昇している。他方，「対個人サービス業」は1995年まではかなりの上昇を示して

図表 1 - 1 - 9　第三次産業活動指数（2005年＝100）の推移
（日本標準産業分類1993年）

	1975年	1980年	1985年	1990年	1995年	2000年	2005年	2010年	2013年
第三次産業	45.1	56.1	66.6	87.4	94.9	100.8	100.0	97.8	100.0
電気・ガス・熱供給・水道業	42.2	52.8	63.0	77.7	90.9	100.2	100.0	103.1	98.1
運輸業	53.1	64.6	72.9	93.0	101.4	99.1	100.0	98.9	103.1
通信業	20.1	22.9	29.1	36.6	47.3	100.4	100.0	111.8	117.3
卸売業	55.9	70.8	84.4	118.2	115.6	105.4	100.0	84.8	80.7
小売業	64.6	77.7	83.8	105.4	108.5	100.3	100.0	104.4	107.4
飲食店	44.8	58.6	66.6	84.4	86.8	99.3	100.0	103.5	103.3
金融・保険業	19.8	29.8	46.2	79.8	90.0	107.3	100.0	96.3	105.6
不動産業	50.0	61.6	70.5	82.1	95.5	98.9	100.0	98.1	101.7
サービス業	49.9	59.3	68.2	87.0	94.9	99.8	100.0	94.5	97.2
対個人サービス業	52.6	63.5	72.2	94.1	103.5	98.1	100.0	92.0	92.6
対事業所サービス業	25.6	35.4	47.1	80.4	89.7	99.2	100.0	95.8	96.5
鉱工業生産指数	48.5	67.2	79.6	99.2	94.9	99.2	100.0	94.4	91.6

出所：経済産業省「第三次産業活動指数」「鉱工業生産指数」より作成。

いるものの，「1995-2000年」には▲5.4ポイントの減となり，同期間に9.5ポイント上昇した「対事業所サービス業」と好対照をみせている。その後，「対個人サービス業」「対事業所サービス業」ともに2005年にかけてわずかに上昇したものの，それ以降は再び低下傾向にある。

「サービス業」以外では，「金融・保険業」が2000年まで長期にわたって上昇を続け，「通信業」はICT革命がすすむ中で「1995-2000年」に2倍強と非常に大きな上昇となり，その後も上昇を続けていることが特徴的である。

次に，「日本標準産業分類2007年」に基づいて，「サービス業」の業種別に，第三次産業活動指数の動向（2005年を100とした2013年の指数）をみたものが図表1-1-10である。産業分類大分類ベースでみると，「医療，福祉」120.1，「情報通信業」109.9が高く，逆に郵便局，協同組合から構成される「複合サービス事業」80.9，「学習支援業」81.2，「生活関連サービス業，娯楽業」89.7では低い。

細分化された分類でみると，2005年を100とした2013年の指数が120以上の業種は次のとおりである。大分類「情報通信業」では「インターネット附随サービス業」256.8，「ISP業」145.8，「移動電気通信業」132.2，大分類「運輸業，

図表1-1-10　第三次産業活動指数（2005年＝100とした2013年の指数）
（日本標準産業分類2007年）

情報通信業（109.9）		運輸業，郵便業（102.4）		
通信・放送	情報サービス	運送	倉庫・運輸施設提供	郵便業
ISP業　（145.8） 移動電気通信業 　　　　　（132.2） 公共放送業（108.5） テレビ番組制作・配給業　　　　（99.2） 民間放送業（95.9） 地域・長距離電気通信業　　（91.6） ラジオ番組制作業 　　　　　　（59.8）	インターネット附随サービス業　（256.8） システム等管理運営受託　　　　（116.8） その他の情報処理・提供サービス業（101.5） 受注ソフトウェア 　　　　　　（96.7）	宅配貨物運送 　　　　　（124.0） 外航貨物水運業 　　　　　（108.9） 鉄道旅客運送業 　　　　　（105.3） バス業　　（104.5） 国内航空貨物運送業 　　　　　（104.4） 一般貨物自動車運送業　　　　（103.9） 国内航空旅客運送業 　　　　　（96.4） 国際航空貨物運送業 　　　　　（91.3） 内航貨物水運業 　　　　　（86.9） 国際航空旅客運送業 　　　　　（83.0） 鉄道貨物運送業 　　　　　（82.1） タクシー業（76.5） 水運旅客運送業 　　　　　（68.1）	飛行場業　（116.3） 道路施設提供業 　　　　　（115.8） こん包業　（105.5） 港湾運送業（102.4） 冷蔵倉庫業（100.0） 普通倉庫業（95.2）	郵便業（信書便事業を含む）　（91.2）

金融業，保険業 （105.6）	不動産業，物品賃貸業（97.9）			学術研究，専門・技術サービス業（101.6）
	不動産	リース	レンタル	学術研究・専門サービス
販売信用業務 　　　　　（167.8） 金融商品取引業 　　　　　（128.7） 銀行・協同組織金融業　　　　（114.8） 損害保険業（100.2） 生命保険業（87.3） 消費者金融業務（貸金業）　　（29.2） 消費者金融業務（クレジットカード業） 　　　　　（27.3）	貸事務所業（109.4） 駐車場業　（101.1） 住宅賃貸業（99.0） 賃貸仲介業（92.0）	情報関連機器リース 　　　　　（102.0） 医療用機械リース 　　　　　（99.7） その他のリース 　　　　　（98.7） 自動車リース業 　　　　　（83.8） 工作機械リース 　　　　　（76.9） その他の事務用機械リース　　（69.4） 商業・サービス業用リース　　（64.8） 産業機械リース 　　　　　（62.7）	音楽・映像記録物レンタル　　（184.6） 自動車レンタル業 　　　　　（121.6） 情報関連機器レンタル　　　　（111.5） その他のレンタル 　　　　　（109.5） 土木・建設機械レンタル　　（97.4）	税理士事務所 　　　　　（110.7） 学術・開発研究機関 　　　　　（94.0） 特許事務所（79.4） 公証人役場，司法書士事務所（69.7） 法律事務所（64.8）

学術研究, 専門・技術サービス業 (101.6)		宿泊業, 飲食サービス業 (104.8)	生活関連サービス業, 娯楽業 (89.7)	
広告	技術サービス	宿泊	生活関連サービス	娯楽
他に分類されない広告 (116.8)	建設コンサルタント (130.4)	ホテル (130.6)	葬儀業 (120.3)	フィットネスクラブ (133.3)
テレビ広告 (99.2)	機械設計業 (115.8)	旅館 (81.4)	浴場業 (101.9)	公園, 遊園地 (106.1)
交通広告 (85.7)	地質調査 (95.1)		旅行業 (93.2)	ゴルフ場 (103.7)
屋外広告 (85.4)	測量 (94.9)		理容業 (93.1)	ゴルフ練習場 (94.9)
折込み・ダイレクトメール (85.3)	エンジニアリング業 (90.2)		美容業 (89.5)	遊戯場 (80.0)
新聞広告 (76.8)			洗濯業 (85.0)	映画館 (69.8)
ラジオ広告 (59.8)			写真業 (68.9)	ボウリング場 (68.2)
雑誌広告 (56.3)			結婚式場業 (66.8)	

生活関連サービス業, 娯楽業 (89.7)	学習支援業 (81.2)	医療, 福祉 (120.1)	複合サービス事業 (80.9)	その他サービス業 (100.0)
興行団, 競技団				
音楽系興行団 (127.7)	学習塾 (115.5)	居宅介護サービス (136.7)	複合サービス事業 (80.9)	警備業 (117.9)
プロ野球 (111.9)	カルチャーセンター (89.9)	病院・一般診療所 (120.1)		自動車整備業 (113.3)
相撲 (102.8)	外国語会話教室 (38.0)	施設介護サービス (112.3)		廃棄物処理 (109.2)
競艇場 (96.4)		歯科診療所 (108.9)		労働者派遣業 (76.3)
プロサッカー (88.8)				
プロゴルフ (87.7)				
競馬場 (84.5)				
ボクシング (72.0)				
競輪場 (68.6)				
オートレース場 (61.3)				

(注1) 表中の下線は指数120以上, 斜体は指数80未満の業種を示す。
(注2) 情報通信業の中の「ソフトウェアプロダクト」は, 製造業と同じ物財生産・物財販売産業としてとらえることが妥当であるため表からは割愛したが, 参考までにその指数をみると151.8と高い。

出所：経済産業省「第三次産業活動指数」より作成。

郵便業」では「宅配貨物運送業」124.0，大分類「金融業，保険業」では「販売信用業務」167.8,「金融商品取引業」128.7，大分類「不動産業，物品賃貸業」では「音楽・映像記録物レンタル」184.6,「自動車レンタル業」121.6，大分類「学術研究，専門・技術サービス業」では「建設コンサルタント」130.4，大分類「宿泊業，飲食サービス業」では「ホテル」130.6，大分類「生活関連サービス業，娯楽業」の生活関連サービス関係では「葬儀業」120.3，娯楽関係では「フィットネスクラブ」133.3，興行団，競技団関係では「音楽系興行団」127.7，大分類「医療，福祉」では「居宅介護サービス」136.7,「病院・一般診療所」120.1。

　逆に，2005年を100とした2013年の指数が80未満の業種は，次のとおりである。大分類「情報通信業」では「ラジオ番組制作業」59.8，大分類「運輸業，郵便業」では「水運旅客運送業」68.1,「タクシー業」76.5，大分類「金融業，保険業」では「消費者金融業務（クレジットカード業）」27.3,「消費者金融業務（貸金業）」29.2，大分類「不動産業，物品賃貸業」では「産業機械リース」62.7,「商業・サービス業用リース」64.8,「その他の業務用機械リース」69.4,「工作機械リース」76.9，大分類「学術研究，専門・技術サービス業」の学術研究・専門サービス関係では「法律事務所」64.8,「公証人役場，司法書士事務所」69.7,「特許事務所」79.4，広告関係では「雑誌広告」56.3,「ラジオ広告」59.8,「新聞広告」76.8，大分類「生活関連サービス業，娯楽業」の生活関連では「結婚式場業」66.8,「写真業」68.9，娯楽関係では「ボウリング場」68.2,「映画館」69.8，興行団・競技団関係では「オートレース場」61.3,「競輪場」68.6,「ボクシング」72.0，大分類「学習支援業」では「外国語会話教室」38.0，大分類「その他のサービス業」では「労働者派遣業」76.3。

第2節　サービス経済化進展の背景

1　企業内サービスの外生化

(1)　企業内サービスの外生化の進展

図表1-2-1は，産業連関表に基づいて，中間需要（中間生産物として生産活動のために購入，使用される需要）に占める各産業部門の割合をみたものである。

第三次産業が占める割合は45.5％（1995年），48.3％（2000年），47.6％（2005

図表1-2-1　中間需要に占める産業別の割合（名目）（93SNA）

（単位：％）

	1995年	2000年	2005年
第一次産業	3.2	2.7	2.4
第二次産業	49.2	47.5	48.7
鉱業	1.8	2.3	3.6
製造業	45.5	43.0	43.1
建設	1.9	2.1	2.0
第三次産業	45.5	48.3	47.6
電力・ガス・熱供給業	2.9	3.1	2.8
水道・廃棄物処理	1.0	1.1	1.2
商業	8.2	8.1	8.1
金融・保険	6.9	6.4	6.5
不動産	2.5	2.1	1.8
運輸	5.5	4.8	4.9
情報通信	4.3	6.3	6.0
公務	0.1	0.2	0.2
教育・研究	2.5	2.7	2.7
医療・保健・社会保障・介護	0.2	0.2	0.2
その他の公共サービス	0.3	0.2	0.3
対事業所サービス	10.7	12.3	12.4
対個人サービス	0.5	0.6	0.5

（注1）事務用品および分類不能を除いたため，合計は100％にならない。
（注2）飲食店は対個人サービスに含まれている。
出所：総務省『接続産業連関表1995-2000-2005年』より作成。

年),同様に対事業所サービスの割合も10.7%(1995年),12.3%(2000年),12.4%(2005年)と,他産業に比べて増加傾向にあることが注目される。すなわち,従来まで企業内部で処理されていたサービス業務が外生化されつつあることを示している。

図表1-2-2は,製造業の中間投入に占めるサービス部門の割合をみたものである。部品の調達など第二次産業の割合が4分の3を占めることは当然として,第三次産業の割合が1995年の19.9%から2005年には21.8%へと,1.9ポイント増加している。第三次産業の内訳をみると,同期間に「対事業所サービス」はほぼ横ばいであるが,「医療・保健・社会保障・介護」が1.5ポイント増,「教育・研究」が0.8ポイント増となっている。製造業は「医療・保健・社会保障・介護」や「教育・研究」において外生化をすすめ,これらの産業は製造業からの外生化を受け止める形で成長していくという,製造業と第三次産業との相互依存関係の強まりを示している。

図表1-2-2 製造業の中間投入に占める第三次産業の割合(93SNA準拠)

(単位:%)

	1995年		2000年		2005年	
第一次産業	1.4		1.4		1.4	
第二次産業	76.7		75.1		75.3	
第三次産業	19.9	(100.0)	21.7	(100.0)	21.8	(100.0)
電力・ガス・熱供給		2.5		2.7		2.9
水道・廃棄物処理		1.3		1.3		1.4
商業		9.6		8.7		10.0
金融・保険		3.0		2.7		2.8
不動産		0.4		0.4		0.4
運輸		8.0		7.7		8.4
情報通信		6.1		6.5		6.5
公務		6.4		6.9		6.8
教育・研究		3.4		3.7		4.2
医療・保健・社会保障・介護		19.1		19.7		20.6
その他の公共サービス		1.3		1.0		1.2
対事業所サービス		17.3		17.5		17.2
対個人サービス		21.5		21.1		17.6

(注) 事務用品および分類不能を除いたため,合計は100%にならない。
出所:総務省『接続産業連関表1995-2000-2005年』より作成。

(2) 業務の外部委託の状況

図表1-2-3は，業務の外部委託の対象分野を示したものである。当初はオフィスの清掃や警備，物流などが中心であったが，情報処理サービス，さらには様々な事務処理，従業員教育，営業，研究開発など幅広い分野で業務の外部委託が行われるようになっている。

このうち，近年特に注目されている分野は，図表1-2-4に示すような「業務プロセスアウトソーシング」（BPO, Business Process Outsourcing）とよ

図表1-2-3　業務の外部委託の対象分野

対象分野	具体的な業務内容
情報システム	システム開発，サーバーホスティングサービス，情報処理サービス，システムオペレーションサービス，EC関連サービス，Webアプリケーション開発支援，Webコンテンツ作成支援，セキュリティ関連サービスなど
経営企画	経営コンサルティング，店舗開発・内装企画など
商品企画	市場調査，デザインなど
総務	備品管理，事務用品調達業務代行，出張関連業務代行，自家用自動車管理（運転代行等），ファイリング，伝票整理，郵便仕分け，受付・秘書など
環境・防犯	セキュリティ，オフィス環境整備，ペストコントロールなど
人事	採用代行，人事制度設計・運用指導，就業規則・社内規定作成・運用支援，労働保険，社会保険，海外人事管理，給与計算，賞与計算，年末調整，通勤手当算定代行，退職時管理，助成金申請代行，退職金制度改定支援など
福利厚生	社員食堂の管理・運営，健康相談・健康増進支援，メンタルヘルスケア，借上社宅管理代行，保育所等の管理運営，事務用リース資産管理，社内報発行業務代行など
従業員教育	研修プログラム作成，新人研修，社員研修，語学研修，資格取得支援，ICT研修，研修効果測定支援など
会計・経理	日常経理業務，決算業務，株式公開支援，売掛・買掛管理，税務申告支援，固定資産管理支援，内部監査業務支援など
製造	部材調達，試作，製造ライン・検査ライン・梱包ラインの請負など
研究開発	受託開発，受託試験，デザイン，開発中の製品・ソフト検証・評価，不具合検出など
物流・在庫	物流業務，急送サービス（バイク便等），国際宅配便（クーリエサービス），車両管理代行，保管，トランクルーム，在庫管理，梱包，実地棚卸代行，ピッキング，仕分け，流通加工，棚割り，倉庫入出庫など
営業・マーケティング	営業・販売支援，コールセンター運営・構築，アフターサービス，カスタマーサポート支援，ダイレクトメール発送，販売促進支援，広告，市場調査業務，ルートセールス代行など

出所：山川美穂子「ワンストップ化に向かうアウトソーシングビジネスの経営戦略」『企業診断』第51巻第11号，2004年11月，p.39，および東京都商工指導所編『アウトソーシングビジネスの事業化戦略』1998年，p.17をもとに作成。

図表1-2-4　BPOベンダー企業が請け負う主な業務内容

対象分野			具体的な業務内容
総務部門	オフィスサービス	備品管理	備品の在庫確認，発注，管理
		文書管理	文書のデザイン等の検討や保管・蓄積，メンテナンス（文書の作成・配布を担うこともある）
		庶務	スケジュール管理や書類作成，来客や電話対応など
		受付業務	外部顧客に対する受付業務
	ファシリティ管理	オフィス・会議室管理	賃料や共益費などのオフィスコスト管理や情報管理，レイアウト変更等，また会議室の予約受付や給茶など
		施設管理	清掃や設備点検，受付対応など，施設に関する業務
経理部門	資産管理		資産情報の収集，記録，資産管理台帳の作成と更新
	支払い業務		入力データ・証憑類の整理・確認，帳簿への記録，計算，伝票・帳簿の作成，振込み手続き
	予算・利益管理		予算・利益管理に関するデータの入力，分析業務など
	債権管理		債権情報（売掛金，未収金）や債務情報（買掛金，未払金）の一元管理，入金，支払部門および債権・債務計上部門管理など
	決済関連業務		月次・年次決算業務，各種申告書作成支援，決算書作成業務など
人事部門	給与・賞与計算		勤怠情報の回収・確認，個人マスターの管理，データ集計，給与明細書の作成・送付，振込み手続き，社員からの問い合わせ対応
	社会保険関連業務		社会保険加入手続きに必要な書類作成，手続き代行
	人事管理		給与管理や労務管理などの人事関連業務
	採用		採用計画策定，採用セミナー開催，面接実施や面接官指導など
	研修		人材育成に関連する各種研修の計画，実施，フォローアップ
	退職者支援（アウトプレースメント）		退職者の再雇用や再就職支援に関連する業務
	福利厚生関連		健康診断に関する業務，財形貯蓄に関する業務，社宅の提供など福利厚生に関連する業務

出所：IDC Japan「国内ビジネスサービス市場 2012年の推定と2013年-2017年の予測」2013年5月14日，p.14。

ばれる総務・経理・人事業務の外部委託である。

　図表1-2-5は，具体的にどのようなサービス業務の外部委託が行われているかをみたものである。製造業と非製造業の総計では，「税務・会計等特殊分野」「情報処理関連」で4割近くの企業において，「一般事務処理」で約4分の1の企業において外部委託している。製造業と非製造業を対比すると，「情報処理関連」を外部委託している割合が非製造業44.6%，製造業30.5%と非製造

図表1-2-5　業務を外部委託している企業の割合（2012年）（製造委託以外）

(単位：%, M.A.)

	情報処理関連	調査・マーケティング	デザイン・商品企画	一般事務処理	従業員福祉関連	税務・会計など特殊分野	従業員教育
総　計	38.7	12.9	11.9	25.6	13.7	37.6	20.8
製造業	30.5	11.3	10.7	24.0	15.2	39.6	19.8
非製造業	44.6	14.1	12.7	26.7	12.7	36.2	21.6

出所：経済産業省『企業活動基本調査報告書2013年』より作成。

業において大きいことが特徴である。

　図表1-2-6は，東証1部上場企業を対象とした調査によって，総務・経理・人事業務に限って業務を外部委託している企業の割合をみたものである。総務部門で約6割，人事部門で約5割の企業が業務の外部委託を実施している。

　より詳細な業務レベルで外部委託状況をみると，総務部門では「オフィスサービス業務」「ファシリティ管理業務」ともに，約4割の企業が「企画や計画・指針等の策定」および「対外折衝（振込手続や支払，各種交渉等）」というそれぞれの業務の核ともいえる部分まで外部委託している。

　人事部門では，「人事管理業務」において約3分の2の企業が「委託していない」，同様に約半数の企業が「退職者に関する業務」「研修」「採用」において「委託していない」と回答している。他方，「給与・賞与計算」「福利厚生」「社会保険処理」においては，約3割の企業が「対外折衝（振込手続や支払，各種交渉等）」まで外部委託している。

　総務・経理・人事業務の外部委託によって実際に得られた効果は，「経営資源のコア業務への集中」21.6％，「コスト削減」20.1％，「組織のスリム化」13.7％，「専門的知識・スキルの活用」11.7％，「業務プロセスの改善」10.2％などとなっている[6]。

　他方，総務・経理・人事業務を外部委託しない理由として挙げられている点は，「社内で対応できており，必要性を感じない」32.6％，「社内の人材が育たなくなる」18.8％，「コストメリットを感じない」11.8％，「個人情報や機密情報の流出に不安がある」11.8％などとなっている[7]。

図表1-2-6　総務・経理・人事部門における外部委託の実施状況
（各々の部門で外部委託を利用している企業のみ対象）

(単位：%)

		単純作業（入力，書類整理等）	社員や顧客などからの問い合わせ対応	対外折衝（振込手続や支払，各種交渉等）	企画や計画・指針等の策定	委託していない	無回答
総務部門外部委託率(59.9%)	オフィスサービス業務	23.9	19.8	26.4	14.2	13.2	2.5
	ファシリティ管理業務	18.3	13.7	22.3	17.3	16.8	11.7
経理部門外部委託率(50.5%)	給与・賞与計算業務	23.2	9.1	33.3	2.0	27.3	5.1
人事部門外部委託率(17.9%)	社会保険処理業務	13.1	9.1	27.3	1.0	37.4	12.1
	人事管理業務	5.1	3.0	6.1	1.0	66.7	18.2
	採用業務	8.1	11.1	8.1	9.1	49.5	14.1
	研修業務	4.0	4.0	9.1	12.1	53.5	17.2
	退職者に関する業務	5.1	5.1	19.2	2.0	54.5	14.1
	福利厚生業務	8.1	14.1	31.3	8.1	31.3	7.1

（資料）間接部門における業務アウトソーシングに関するアンケート調査。2008年2月に，東証一部上場日系企業1,729社の経営企画部門，総務部門，経理部門，人事部門（計6,916部署）に対して実施。
出所：IDC Japan「国内ビジネスサービス市場 2012年の推定と2013年-2017年の予測」2013年5月14日，p.24。

(3) アウトソーシングのとらえ方とアウトソーシング進展の背景

① アウトソーシング進展の理論

　これまで業務の外部委託という用語を用いてきたが，花田光世は，「人材派遣（労働者派遣）」「外注」「コンサルティング」，および「アウトソーシング」について，"業務の設計・計画を委託するかどうか"，"業務の運営を委託するかどうか"の2軸によって，図表1-2-7のように区分している。そして，「アウトソーシング」とは，業務の企画・設計から運営までを委託する業務としてとらえている。すなわち，「アウトソーシング」を狭義にとらえ，「業務の設計・計画は自社で行う『請負的』なものではなく，業務の設計・計画そのものも外部委託する『戦略的』なもの」ととらえている。

　他方，アウトソーシングを広義にとらえるものとして，島田達巳は，アウト

図表 1-2-7　アウトソーシングの定義

<table>
<tr><th rowspan="2" colspan="2"></th><th colspan="2">業務の運営</th></tr>
<tr><th>委託する</th><th>委託しない</th></tr>
<tr><th rowspan="2">業務の設計・計画</th><th>委託する</th><td>アウトソーシング（業務の企画・設計から運営までを委託）
当該業務の企画・設計・プロセスをすべて外部の企業へ委託をする。委託側は基本的にその業務の評価を行うだけであり，それ以外のものは指揮命令権を含めて外部へ委託される。また，この場合には，当該業務に従事していた従業員は委託側への転籍や他の部署への異動が行われる。</td><td>コンサルティング（業務の企画・設計を委託）
当該業務の企画・設計段階を委託するが，企画・設計を行われた後，そのプロセスは委託側で行う。</td></tr>
<tr><th>委託しない</th><td>外注（代行）（業務の運営のみを委託）
当該業務に対して，委託企業が企画・設計したものに対して，そのプロセスの一部もしくは全部を外部化する。</td><td>人材派遣（派遣労働者による業務遂行）
当該業務に対して，専門的な知識を有する人材の派遣を受け，当該業務を遂行する。指揮命令権は委託企業に存在する。</td></tr>
</table>

出所：アウトソーシング協議会『サービス産業競争力強化調査研究―アウトソーシング産業事業規模基本調査―（通商産業省委託調査）』2000年3月，pp.14-15，花田光世「バーチャル組織を実現するコア人材の機能と条件」花田光世・高橋俊介他著『キャリア創造大転換』ダイヤモンド社，1995年，pp.20-24。

ソーシングとは，「ある組織から他の組織に対して，組織の機能やサービスの一部を委託すること，あるいは組織に外部経営資源の一部を導入すること」と定義している[8]。そして，アウトソーシングがすすめられる理由として，「請負的アウトソーシング」については取引コスト論，「戦略的アウトソーシング」については資源ベース論をもとに次のように指摘している[9]。

　取引コスト論によると，「市場経済においては，取引コストは，組織の内部で調達するほうが外部から調達するより低い。そのために，企業が組織化され，規模のメリットが追求され，組織が巨大化していった。ただ，企業が外部から資源を調達するのは，取引コストのみによるものではない。市場が成長し，需要が生産能力を上回り不確実性が低い安定した経営環境のもとでは，企業の発展のために，資源の内部化，すなわちフルセット（自前）主義が功を奏した。企業は，多角化し資源の内部化によって発展したといえる。しかし，不確実性が高く，スピードが求められる経営環境のもとでは資源の内部化はリスクが高く，経営の機動性に欠け，逆に資源の外部化が有効になってくる」。

また，資源ベース論によると，「企業を経営資源の束と捉え，持続的競争優位の源泉は，独自性があり，代替不可能で，模倣が難しい経営資源や能力で，企業内部の見えざる資産である。それらは，コア・コンピタンス，あるいは事業能力とよばれる。要するに，企業が持続的に競争優位を確保するには，独自性のあるコア・コンピタンス（または事業能力）を強化する必要があり，そのために外部経営資源の戦略的活用が盛んになってきたということである」。

② アウトソーシング進展の背景

これらの先行研究を踏まえて，アウトソーシング（広義）がすすめられる理由として，大きく次の2点を指摘することができよう[10]。第一は，コスト削減による効率化や固定費の変動費化によって，より環境変化に柔軟に対応できることである。例えば，ソフトウェアの開発は，一時的に大量の人手を投入することが必要であるが，これが終了すれば，次の大規模システム開発までメンテナンスのための人員がいればよいということになる。このように，一時的に集中するサービス業務を社内で処理し，人員を固定化することは環境変化に柔軟に対応するにあたって得策ではない。このため，専門サービス業への外注や派遣会社の利用がなされるのである。

第二は，市場ニーズの変化や技術革新の速さに対応するにあたって，新たな専門性（専門知識，技術，技能，設備など）が必要とされていることである。例えば，デザイン開発や商品開発などの分野では，自社の人材だとどうしてもこれまでの延長線上の発想しか生まれない恐れがある。こうした新たに必要とされる専門家を自社で育成していくとなると長期間を要し，ニーズの変化や技術の変化に即応できない。このため，外部人材のスカウト（内部経営資源化），あるいは外部の専門家の活用（外部経営資源の活用—アウトソーシング）がなされるのである。

③ アウトソーシングを受け止めるビジネス支援サービス

経済産業省ビジネス支援サービス活性化研究会では，ニーズが高いビジネス支援サービスとして次の3つを挙げている[11]。

1）コスト削減を主な目的として，付加価値の高くないボリュームゾーンを対象とした「派遣・業務請負型のサービス」（簡単な資料や取引文書の作成を行う事務処理機能やコンピュータ・プログラムの設計や機械の製図，

テレマーケティング業務などを行う労働者派遣サービス，福利・厚生業務を１つのパッケージにして提供する福利厚生代行サービス，給与や社会保険の計算，個人データ管理，異動手続きといった人事関連業務を一括して請け負うサービスなど）。
2）企業内にはないノウハウの活用を目的として，高い付加価値を与える経営コンサルティング，会計監査，法務，デザインなどの「高度専門サービス」（企業の経営戦略策定の支援を行う経営コンサルティングサービス，企業の経営改革を担うための人材コンサルティングおよびマネジメント人材の紹介を行うエグゼクティブサーチ，製品の差別化とブランドの構築のために経営領域に深く関与するデザインなど）。
3）将来の幹部候補に対するマネジメントスキルから基本的なビジネスマナーまでを扱う社会人としての各段階に対応した「教育サービス」（マネジメント層を対象とした経営に関する情報提供（マーケティング，ファイナンス，経営戦略など）や能力育成（的確な判断能力，リーダーシップなど）を行うサービス，一般事務を行うために必要な経理・財務分野における基礎的な知識を提供するサービス，社会人として必要なビジネスマナー（電話応対や名刺交換の方法など）を教育するサービスなど）。

また，通商白書では，米国での経験をもとにアウトソーシングの発展段階を次の３つの段階に分けている[12]。
1）国内の対事業所サービス業が未熟なため，サービス機能を事業所で内生するか，またはサービスが利用されていない段階（「内生段階」）。
2）対事業所サービス業が発展し，事業所が内部のサービス機能の一部を国内でアウトソーシングするか，これまで有していなかったサービス機能を対事業所サービス業から購入する段階（「国内アウトソーシング段階」）。
3）対事業所サービス業が成熟化・飽和化していくとともに，海外直接投資がすすみ，サービス機能を関連会社も含めて海外から調達するようになる段階（「オフショア・アウトソーシング段階」）。

2　家計内サービスの外生化

(1) 消費のサービス化の進展

図表1-2-8に基づいて，国内家計最終消費支出に占めるサービス支出の割合（名目）をみると，1980年の44.2％から年々増加し，2012年には57.8％，13.6ポイントの増加となっている。すなわち，消費支出に占める「サービス」支出割合の増加（消費のサービス化），逆にいえば「モノ」支出割合の減少がすすんでいる。

他方，これを実質でみるとサービス支出の割合は1980年の49.5％から2005年には57.0％と，その割合は少しずつ増加してきたものの，2010年には54.1％と減少に転じている。名目増加ほど実質増加が大きくないのは，「モノ」と比較して「サービス」のほうが相対的に価格上昇が大きいためである。

図表1-2-9は，家計消費支出の実質増加率について，「モノ」と「対個人サービス」を対比する形でみたものである。「対個人サービス」については，代行的サービスの性格をもつ「生活関連サービス」と，人に代わって行ってもらうことは意味をもたない「娯楽関連サービス」に区分した。

「対個人サービス」においては，1975年から1990年にかけての増加が大きく，「モノ」では1970年から1985年にかけての増加が大きい。「対個人サービス」の

図表1-2-8　消費のサービス化

（単位：％）

	名　目		実　質	
	モノ	サービス	モノ	サービス
1980年	55.8	44.2	50.5	49.5
1985年	53.0	47.0	49.1	50.9
1990年	50.6	49.4	48.4	51.6
1995年	48.6	51.4	48.7	51.3
2000年	44.6	55.4	46.1	53.9
2005年	43.0	57.0	43.0	57.0
2010年	42.3	57.7	45.9	54.1
2012年	42.2	57.8	45.8	54.2

（注1）数字は，国内家計最終消費支出に占める「モノ」「サービス」の割合。
（注2）実質は，2005年基準。
出所：内閣府経済社会総合研究所『国民経済計算年報2012年』より作成。

図表1-2-9　家計消費支出の実質増加率の推移

(単位：％)

	1970-1975年	1975-1980年	1980-1985年	1985-1990年	1990-1995年	1995-2000年	2000-2005年	2005-2010年
対個人サービス	3.8	38.0	33.2	32.3	▲1.2	13.3	8.2	9.1
生活関連サービス	10.9	56.0	41.8	3.0	17.2	25.2	8.0	25.3
医療	276.4	120.7	63.7	▲16.3	34.2	22.8	14.6	50.6
社会保険・社会福祉	218.9	51.1	13.0	▲5.3	41.0	23.7	45.7	69.4
洗濯・理容・美容・浴場業	▲34.2	26.7	31.1	1.3	0.8	24.2	▲3.7	1.7
その他の対個人サービス	31.5	41.0	33.8	41.7	10.4	29.4	1.1	▲5.1
娯楽関連サービス	▲1.7	22.4	23.8	69.3	▲15.4	0.6	8.4	▲12.2
娯楽業	▲13.1	19.9	34.1	92.3	▲24.6	▲7.2	14.4	▲13.6
旅館業	22.8	26.3	8.9	28.5	9.0	14.9	▲0.6	▲9.8
モノ（小売業）	40.4	35.5	27.8	12.1	12.5	▲6.2	▲11.3	18.4

出所：経済産業研究所『日本産業生産性（JIP）データベース2013』（産業連関表部門別項目別実質最終需要）より作成。

中では，「生活関連サービス」では1975年から1985年，「娯楽関連サービス」では1985年から1990年にかけての増加が大きい。

さらに詳細にみると，「医療」は1970-1985年および2005-2010年に，「社会保険，社会福祉」では1970年代および2000年代に大きな増加率を示し，増加率の山が近年も含めて2つあることが特徴である[13]。他方，「洗濯・理容・美容・浴場業」「その他の個人サービス（結婚式場業，冠婚葬祭互助会，エステティック業，写真現像・焼付業など）」は2000年代になってからは停滞傾向にあり，「洗濯・理容・美容・浴場業」では1975-1985年，「その他の個人サービス業」も1970年代および1980年代がピークとなっている。

「娯楽関連サービス」では，「娯楽業」では1980年代に大きな増加率を示している。「旅館業」ではそれほど大きな増加率のピークはみられないが，1990年までの増加のほうが，それ以降よりも大きいといえる。

次に，図表1-2-10では民間消費支出の名目増加額と実質増加額の差を価格上昇による増加額とみて，名目の増加額を実質増加寄与率と価格上昇寄与率に分けたものである。同表によると，1995-2000年において，「対個人サービス」

図表 1-2-10　民間消費支出の実質増加寄与率と価格上昇寄与率

	実質増加率		1995-2000年			2000-2005年		
	1995-2000年	2000-2005年	名目増加額	実質増加額	価格上昇額	名目増加額	実質増加額	価格上昇額
サービス計	10.5%	1.8%	42兆円	36兆円	6兆円	▲3兆円	7兆円	▲10兆円
生活関連サービス	19.8%	10.0%	43兆円	37兆円	6兆円	18兆円	23兆円	▲4兆円
医療・保健・社会保障・介護	16.6%	24.6%	13兆円	14兆円	▲1兆円	18兆円	24兆円	▲6兆円
洗濯・美容・理容・浴場業	21.9%	▲5.4%	12兆円	10兆円	2兆円	▲3兆円	▲3兆円	0兆円
その他の対個人サービス	22.8%	2.0%	18兆円	13兆円	4兆円	3兆円	1兆円	2兆円
娯楽関連サービス	▲0.9%	▲10.3%	▲1兆円	▲1兆円	0兆円	▲22兆円	▲16兆円	▲6兆円
娯楽サービス	▲8.4%	▲5.7%	▲11兆円	▲8兆円	▲3兆円	▲9兆円	▲5兆円	▲4兆円
旅館，その他の宿泊所	12.0%	▲16.7%	9兆円	7兆円	3兆円	▲12兆円	▲11兆円	▲2兆円
モノ（商業）	▲9.0%	7.9%	▲31兆円	▲43兆円	12兆円	16兆円	34兆円	▲18兆円

（注1）「サービス」は，対個人サービスの性格が強い生活関連サービス3部門，娯楽関連サービス2部門をとり，その合計を「サービス計」とした。
（注2）生産者価格評価表（102部門表）をもとに，「名目増加額」から「実質増加額」を差し引いたものを「価格上昇額」とみた。
出所：総務省『接続産業連関表1995-2000-2005年』より作成。

の名目増加額42兆円のうち6兆円は価格上昇によってもたらされたものであるが，36兆円は実質増加である。これに対して，「モノ」は名目で▲31兆円減少したが，これは▲43兆円の実質減少を12兆円の価格上昇によって補った結果である。「対個人サービス」の実質増加は，「生活関連サービス」によってもたらされたものである。その内訳は，「医療・保健・社会保障・介護」14兆円，「その他の個人サービス」13兆円，「洗濯・美容・理容・浴場業」10兆円となっている。「娯楽関連サービス」は，「娯楽サービス」の実質減少▲7兆円を「旅館，その他の宿泊所」の8兆円増加がカバーする形となっている。

　2000-2005年においては，「対個人サービス」は名目で▲3兆円の減少となった。これは実質増加7兆円を上回る▲10兆円の価格低下があったためである。これに対して，「モノ」は名目で16兆円増加しているが，価格が▲18兆円低下したものの，これの2倍近い34兆円の実質増加があったためである。「対個人サービス」の中では，「生活関連サービス」が名目で18兆円増加しているのに対して，「娯楽関連サービス」はこれを上回る▲22兆円の減少となっている。

「生活関連サービス」の名目増加は，「医療・保健・社会保障・介護」によってもたらされた部分が大きい。「娯楽関連サービス」は，名目で▲22兆円の減少になったが，これは1995-2000年においては増加していた「旅館，その他の宿泊所」が▲12兆円の減少となったこと，さらに「娯楽サービス」が1995-2000年に引き続き▲9兆円の減少となった影響が大きい。

(2) サービス支出の増加率と支出弾力性

「家計調査」に基づいて，1世帯あたりの年平均消費支出額の推移をみると，「モノ」は1991年をピークとして減少傾向にあり，「サービス」でも1997年をピークとして横ばいないしはやや減少傾向にある。

そこで，「1991-1997年」(モノは減少傾向，サービスは増加傾向の期間)，「1998-2004年」(モノは減少傾向，サービスは横ばい傾向の期間)，「2005-2013年」(モノもサービスも減少傾向の期間) の3期に分けて，サービス支出の年平均増加率をみたものが図表1-2-11である。

図表1-2-11　サービス支出の年平均増加率（2人以上世帯）

1991-1997年		1998-2004年		2005-2013年	
項　　目	年平均増加率(％)	項　　目	年平均増加率(％)	項　　目	年平均増加率(％)
消費支出計(モノ＋サービス)	0.5	消費支出計(モノ＋サービス)	▲0.8	消費支出計(モノ＋サービス)	▲0.4
モノ	▲0.4	モノ	▲1.4	モノ	▲0.6
サービス	2.0	サービス	▲0.0	サービス	▲0.2
住居	5.6	通信	6.3	通信	1.0
通信	4.2	保健医療サービス	1.6	教養娯楽サービス	0.3
保健医療サービス	3.5	理美容サービス	1.6	外食	0.3
家事サービス	1.4	教養娯楽サービス	▲0.3	交通・自動車等維持	0.2
教育	1.3	教育	▲1.1	理美容サービス	0.0
教養娯楽サービス	0.9	交通・自動車等維持	▲1.4	家事サービス	▲0.2
外食	0.7	外食	▲1.4	教育	▲0.9
交通・自動車等維持	▲0.4	住居	▲1.7	保健医療サービス	▲0.9
理美容サービス	▲0.5	家事サービス	▲2.6	住居	▲1.1
被服関連サービス	▲2.9	被服関連サービス	▲4.9	被服関連サービス	▲2.9

出所：総務省『家計調査年報』より作成。

サービス支出の項目別に年平均増加率をみると，次のような特徴を見出すことができる。「通信」は，「1991-1997年」4.2％増，「1998-2004年」6.3％増，「2005-2013年」1.0％増と，近年は増加率が鈍化しているものの，一貫して増加している唯一のサービスである。1995年頃から携帯電話の普及がすすみ，移動通信料が増加したためである。

「保健医療サービス」は，「1991-1997年」3.5％増，「1998-2004年」1.6％増，「2005-2013年」▲0.9％減と，高い増加率の期間を経て，近年は減少に転じている。

次に，図表1-2-12は所得水準の上昇とサービス支出との関係をみるために，サービス支出を支出弾力性の高い順に並べたものである。支出弾力性とは，消費支出総額が1％変化した時に，当該サービスの消費が何％変化したかを示す指標であり，支出弾力性が1.0以上のサービスは「選択的支出」，1.0未満のサービスは「基礎的支出」に分類される。選択支出に分類されるサービスとして，

図表1-2-12　サービス支出の増加率と支出弾力性（2人以上世帯）

		年平均増加率（％）(2005-2013年)	支出弾力性(2013年)
選択的支出	補習教育（教育）	1.3	4.791
	授業料等（教育）	▲1.4	3.491
	月謝類（教育）	▲1.0	2.306
	交通（交通）	▲1.5	2.068
	被服関連サービス（被服および履物）	▲2.9	2.033
	宿泊料（教養娯楽）	1.1	1.821
	一般外食（食料）	0.4	1.697
	パック旅行費（教養娯楽）	▲1.2	1.385
	他の教養娯楽サービス（教養娯楽）	1.7	1.112
	通信（通信）	1.0	1.019
	自動車等維持（交通）	0.9	1.081
基礎的支出	理美容サービス（諸雑費）	0.0	0.745
	保健医療サービス（保健医療）	▲0.9	0.441
	工事その他のサービス（住居）	1.1	0.327
	家事サービス（家具・家事用品）	▲0.2	0.292
	家賃地代（住居）	▲2.3	▲0.021

(注) 対象が限定されるサービス支出である「学校給食」は除く。
出所：総務省『家計調査年報』（各年版）より作成。支出弾力性は『家計調査年報2013年』。

「教育」「教養娯楽」「交通」の他に,「被服関連サービス(洗濯代など)」「一般外食」「通信」が挙げられる。

選択的支出のうち,「2005-2013年」の年平均増加率がプラスとなっているのは,「他の教養娯楽サービス(ケーブルテレビなどの放送受信料,インターネット接続料,入場・観覧・ゲーム代など)」1.7%,「補習教育」1.3%,「宿泊料」1.1%,「通信」1.0%,「自動車等維持」0.9%,「一般外食」0.4%である。

(3) 消費のサービス化の背景

対個人サービスが提供しているサービスは,教養娯楽サービスなど必ずしも生活必需的ではないものが多い。そして,所得レベルの上昇による家計面のゆとりの増大,さらには時間面のゆとりの増大という,2つの「ゆとり」の増大が娯楽関連サービス成長の背景となっている。時間面のゆとりの増大は,週休2日制の普及や労働時間短縮に伴う自由時間の増加,家事労働を軽減する家電製品の普及や,子女数の減少に伴う育児期間の短縮化,長寿化による老後期間の長期化などによってもたらされている。そして,余暇に対する関心の高まり,生涯学習への関心の高まり,スポーツ・健康志向などに基づいたニーズを生み,これに応えるサービス業の成長を促している。

他方で,高齢化や女性の社会進出がすすむ中で,これまで家計内で処理されたサービスを代行してもらう代行的サービスに対するニーズも高まっており,生活関連サービスの成長を促しているといえる。

① 家計面の「ゆとり」の増大

人口1人あたりの家計最終消費支出の推移(2000年基準で調整)をみると,1980年140.8万円(1980年=100.0とした指数),1985年160.3万円(同113.8),1990年196.9万円(同139.9),1995年212.4万円(同150.8),2000年218.5万円(同155.2),2005年229.8万円(同163.2),2010年234.5万円(同166.5)と推移しており,1990年代以降の景気低迷期においても確実に増加している[14]。

② 時間面の「ゆとり」の増大

常用労働者30人以上の事業所における月総実労働時間数は,1965年192.9時間,1970年186.6時間,1975年172.0時間,1980年175.7時間,1985年175.8時間,1990年171.0時間,1995年159.1時間,2000年154.9時間,2005年152.4時間,2010年149.8時

間，2013年149.3時間となっており，1965年から1985年にかけて▲17.1時間，1985年から2005年にかけて▲23.4時間も減少している[15]。

また，本社の常用労働者が30人以上の民営企業において完全週休2日制が適用されている労働者数の割合は，1985年27.1％，1990年39.2％，1995年57.8％，1999年58.7％，2005年60.4％，2010年54.9％，2013年61.0％と推移しており，特に1980年代から1990年代前半にかけて急速に増加している[16]。

③ 高齢化の進展

全人口に占める65歳以上人口の割合をみると，1950年4.9％，1960年5.7％，1970年7.1％，1980年9.1％，1990年12.0％，2000年17.4％，2005年20.2％，2010年23.0％と推移し，さらに2015年26.8％，2020年29.1％，2025年30.3％，2030年31.6％，2035年33.4％，2040年36.1％，2045年37.7％，2050年38.8％まで増加すると予測されている[17]。

また，高齢単身世帯数（65歳以上の単独世帯数）は，1970年389千世帯，1980年835千世帯，1990年1,623千世帯，2000年3,032千世帯，2005年3,865千世帯，2010年4,980千世帯と推移し，さらに2015年6,008千世帯，2020年6,679千世帯，2025年7,007千世帯，2030年7,298千世帯，2035年7,622千世帯まで激増すると予測されている[18]。

④ 女性の社会進出

20歳から59歳における女性の労働力人口比率の推移をみると，1970年57.3％，1975年54.0％，1980年57.6％，1985年60.7％，1990年64.4％，1995年65.5％，2000年66.2％，2005年68.1％，2010年69.9％となっており，1975年以降着実に増加している[19]。

第3節　サービス経済化の日米比較

1　先進諸国と比較したわが国のサービス経済化

図表1-3-1は，OECDの統計に基づいて，先進諸国の雇用に占める第三次産業（電気・ガス・水道業を除く）の割合をみたものである。2010年においては，米国が80.3％と最も高く，イギリス，カナダ，フランス，ドイツが米国よりもやや低いものの70％台，次いで日本，イタリアが60％台と続いている。1980年と比べた2010年の割合は，日本が15.7ポイント増であるのに対して，米国は14.4ポイント増となっている。

図表1-3-1　先進諸国の雇用に占める第三次産業割合の推移

（単位：％）

	日本	米国	カナダ	フランス	ドイツ	イタリア	イギリス
1980年	54.0	65.9	66.1	58.4	51.0	47.8	59.7
1985年	56.0	68.8	69.5	63.6	54.4	55.2	62.3
1990年	58.2	70.9	71.1	67.6	56.7	58.8	64.8
1995年	60.4	73.1	73.0	71.4	60.2	60.3	70.1
2000年	63.7	74.4	74.1	73.5	63.7	62.2	73.0
2005年	66.4	77.8	75.3	71.5	67.9	65.0	76.3
2010年	69.7	80.3	77.4	74.9	70.0	67.5	79.7

（注1）第三次産業には，「電気・ガス・水道業」を含まない。
（注2）ドイツは，1990年までは旧西ドイツの数字，1991年以降は統一ドイツの数字のため，データの接続性に問題がある。
（注3）フランスは，被雇用者のデータを使用。
出所：2000年までは経済産業省編『通商白書2002年』ぎょうせい，2002年，p.33。2005年および2010年は労働政策研究・研修機構『データブック国際労働比較』2007年，2012年。

わが国におけるサービス経済化は，雇用面では他の先進諸国と比較して特にすすんでいるとはいえない。図表1-3-2に基づいてGDPに占める割合をみても，2010年現在で71.3％とカナダに次いで低い。1970年から2010年にかけての40年間の推移をみると，日本が1970年の49.8％から2010年には71.3％へと21.8ポイントの増加，同期間に米国は63.1％から78.3％へと25.2ポイントの増加となっており，その格差は広がっている。日本の2010年の割合71.3％は，米国の

図表1-3-2　先進諸国のGDPに占める第三次産業割合の推移

(単位：％)

	日本	米国	カナダ	フランス	ドイツ	イタリア	イギリス
1970年	49.8	63.1	49.9	47.4	42.8	48.9	47.6
1975年	54.5	64.1	52.1	50.9	48.1	51.5	52.8
1980年	51.2	64.6	52.9	57.0	49.5	53.5	50.3
1985年	53.0	68.1	54.1	60.9	52.6	58.0	51.5
1990年	53.9	71.1	57.3	63.6	53.9	61.1	57.2
1995年	57.4	73.7	62.4	66.9	62.5	63.2	59.1
2000年	67.2	75.9	67.0	77.0	71.6	72.1	75.0
2005年	68.9	76.8	68.5	79.3	72.6	73.9	77.6
2010年	71.3	78.3	69.4	78.1	71.3	72.8	77.5

(注1) 第三次産業には，「電気・ガス・水道業」を含まない。
(注2) 2005年については，カナダは2004年の数字。
(注3) ドイツは，1990年までは旧西ドイツの数字，1991年以降は統一ドイツの数字のため，データの接続性に問題がある。
出所：United Nations, National Accounts Statistics: Main Aggregates and Detailed Tables.（経済産業省『通商白書2002年』ぎょうせい，2002年，p.33，および矢野恒太記念会編『世界国勢図会』矢野恒太記念会（各年版））より作成。

1990年の水準とほとんど同じであり，日本は米国よりも20年程度サービス経済化進展のスピードが遅いといえる。

2　就業者数の推移（日米比較）

図表1-3-3は産業大分類別に日米の「就業者数」（日本は就業者数，米国は雇用者数であるが，以下就業者数と呼ぶ）の推移をみたものである。日本は2002-2012年，米国は2000-2010年のそれぞれ10年間の増減をみた。

全産業の就業者数は，日本では▲60千人，▲1.0％の減少，米国では▲2,250千人，▲1.7％の減少となっている。日米ともに，第一次産業，第二次産業が減少し，第三次産業が増加するサービス経済化がすすんでいる。日本では，「製造業」▲170千人，「建設業」▲115千人の雇用が失われたのに対して，「サービス業（他に分類されないもの）」88千人，「医療，福祉」68千人の雇用が創出されている。

他方，米国では「製造業」▲5,739千人，「建設業」で▲1,261千人と大幅に雇用が失われたのに対して，「医療，福祉」で3,696千人，「レジャー・ホスピタ

図表1-3-3 産業大分類別の就業者数の増減

(単位：千人)

	日本		米国	
	就業者数 (2012年)	増減 (2002- 2012年)	雇用者数 (2010年)	増減 (2000- 2010年)
第一次産業（農林水産業）	240	▲60	2,136	▲261
第二次産業	1,538	▲287	17,706	▲6,864
鉱業	3	▲2	656	136
建設業	503	▲115	5,526	▲1,261
製造業	1,032	▲170	11,524	▲5,739
第三次産業	4,430	111	112,730	4,875
電気・ガス・熱供給・水道業	31	▲3	552	▲50
情報通信業（情報）	188	30	2,711	▲920
運輸業，郵便業（輸送・倉庫）	340	13	4,183	▲227
卸売業，小売業（卸売業）	1,042	▲66	5,456	▲477
卸売業，小売業（小売業）			14,414	▲866
金融業，保険業（ファイナンシャルサービス）	163	▲6	7,630	▲57
不動産業・物品賃貸業（ファイナンシャルサービス）	112	11		
学術研究，専門・技術サービス業 　（専門・事業所向けサービス）	205	1	16,688	22
宿泊業，飲食サービス業	376	▲20		
生活関連サービス業，娯楽業	239	▲4		
（レジャー・ホスピタリティ）			13,020	1,158
教育，学習支援業（教育サービス）	295	18	3,150	759
医療，福祉（健康維持・社会的支援サービス）	706	68	16,415	3,696
複合サービス事業	47	▲29		
サービス業（他に分類されないもの）	462	88		
（他のサービス）			6,031	106
公務（連邦政府）	224	7	2,968	103
公務（州政府・地方自治体）			19,513	1,588
全産業計	6,270	▲60	132,572	▲2,250

出所：日本は，総務省統計局「労働力調査」（厚生労働省『労働経済の分析2013年』，主要労働統計表 p.11，全産業計には分類不能の産業を含む）。米国は，U.S. Bureau of Labor Statistics, "Employment Projections Program. Employment outlook: 2010-2020, Industry employment and output projections to 2020," *Monthly Labor Review*, January 2012.

リティ」1,158千人，「公務（州政府，地方自治体）」でも1,588千人の雇用が創出されている。

　これまで，サービス業による雇用創出が大きいことを明らかにしてきたが，

図表1-3-4　雇用増減業種の日米比較（年平均）

		雇用増加業種		雇用減少業種	
		中分類	小分類	中分類	小分類
日本	対個人サービス	医療業64千人(2.0%)	病院44千人(2.7%)		
		社会保険・社会福祉・介護事業120千人(5.1%)	老人福祉・介護事業77千人(5.0%)		
				飲食店▲73千人(▲1.7%)	バー・キャバレー・ナイトクラブ▲30千人(▲6.3%)
					酒場・ビヤホール▲24千人(▲3.4%)
				娯楽業▲30千人(▲3.0%)	遊戯場▲19千人(▲4.6%)
	対事業所サービス			道路貨物運送業▲87千人(▲4.9%)	一般貨物自動車運送業77千人(▲4.7%)
				情報サービス業▲21千人(▲1.9%)	ソフトウェア業▲44千人(▲4.8%)
				その他の事業サービス業▲37千人(▲1.6%)	他に分類されないその他の事業サービス業（注3）▲39千人(▲4.5%)
米国	対個人サービス	健康維持276千人(2.3%)	ホームヘルスケア52千人(7.1%)		
			医院43千人(2.2%)		
			看護・介護施設45千人(1.6%)		
			社会的支援66千人(3.2%)		
		宿泊・飲食サービス158千人(1.5%)	飲食153千人(1.8%)		
	対個人・事業所サービス	教育サービス72千人(2.7%)			
				遠距離電気通信▲34千人(▲2.9%)	
	対事業所サービス	専門・技術サービス143千人(2.2%)	コンピュータシステム設計56千人(5.0%)		
			経営技術コンサルティング45千人(6.2%)		
		管理サービス（注4）31千人(0.4%)	人材派遣32千人(1.4%)		

（注1）中分類あるいは小分類・細分類レベルで年平均3万人以上の増減がある業種と，その主な詳細分類業種を掲載した。
（注2）カッコ内は，年平均増加率。日本は2009-2012年の年平均，米国は2003-2012年の年平均をとった。
（注3）「他に分類されないその他の事業サービス業」は，集金業，取立業，鉄くず破砕請負業，プリペイドカード等カートシステム業，トレーディングスタンプ業，メーリングサービス業，サンプル配布業，ポスティング業，パーティ請負業，バンケットサービス業など。

(注4)「管理サービス」は，雇用関係サービス，ビジネスサポート，ビルメンテナンスなど。
出所：日本は，総務省『経済センサス基礎調査2009年』，同『経済センサス活動調査2012年』，米国は U.S. Bureau of Labor Statistics, Employees on nonfarm payrolls by industry sector and selected industry detail.より作成した。

より詳細な業種レベルで，どのような業種が雇用を創出してきたかをみることとする。図表1-3-4は，サービス業における雇用増減業種の日米比較である。産業小分類レベルで年平均3万人以上の雇用が創出されている，あるいは雇用が失われている業種に着目した。日本では，雇用増加業種は高齢化の進展を背景とした「老人福祉・介護事業」「病院」にとどまっている。他方，対個人サービスでも酒食を伴う「バー・キャバレー・ナイトクラブ」「酒場・ビヤホール」，および「遊戯場」において雇用が減少している。対事業所サービスにおいても「一般貨物自動車運送業」「ソフトウェア業」「他に分類されないその他の事業サービス業」は大幅に減少している。

他方，米国では日本と同様に「健康維持」に関連する業種の雇用が増加しており，その他「飲食」も雇用が増加している。また，対個人サービスでは「教育サービス」，対事業所サービスでは「コンピュータシステム設計」「経営技術コンサルティング」「人災派遣」などにおいて雇用が増加している。

3 労働生産性の推移（日米比較）

図表1-3-5は，非製造業の主要産業の労働生産性（労働投入1単位あたりの生産量性指標），およびTFP（Total Factor Productivity，労働だけでなく原材料や資本といったすべての生産要素を考慮した生産性指標）について，2009年現在の対米比と，ピーク時の対米比との差をまとめたものである。

労働生産性は，「建設」が対米比84.4，TFPでは「金融・保険」が100.8と米国とほぼ同じ，「建設」が対米比90.8であるが，「卸売・小売」「飲食・宿泊」など多くの非製造業ではTFPは対米比5割程度の水準にとどまっている。ただし，非製造業ではサービスの質的な差異が十分には反映されていない恐れもあるため，この結果は注意してみる必要がある[20]。

図表1-3-5　非製造業主要産業の労働生産性水準，TFP水準の対米比

	労働生産性		TFP水準	
	対米比（2009年）	ピーク年の対米比（ピーク年）	対米比（2009年）	ピーク年の対米比（ピーク年）
電力・ガス・水道	38.1	51.5（1985年）	55.2	64.4（1984年）
建設	84.4	84.4（2009年）	90.8	90.8（2009年）
卸売・小売（卸売）	41.5	52.5（1995年）	56.4	66.2（1997年）
卸売・小売（小売）			61.1	68.1（1993年）
飲食・宿泊	26.5	27.1（1987年）	51.0	60.2（1981年）
運輸・倉庫	61.7	96.3（1982年）	67.0	77.8（1982年）
金融・保険	71.2	98.0（1995年）	100.8	113.1（2005年）

（資料）労働生産性は，EU KLEMS 2012年，EU KLEMS 2008年，TFPはEU KLEMS 2012年，EU KLEMS 2008年，GGDCデータベース，Bureau of Economic Analysisから作成。
出所：経済産業省『通商白書2013』，p.14。

4　生産性の向上とICT

図表1-3-6は，GDPの成長率を，労働要因（労働時間，労働の質），資本要因（一般資本，情報資本），TFP（全要素生産性）要因に分解したものである。さらに，図表1-3-7はTFP（全要素生産性）の成長率をICT[21]要因と非ICT要因に分解し，その寄与度をみたものである。例えば，1987-1989年の日本の経済成長率は6.05％であるが，それを寄与度に分解すると，労働要因

図表1-3-6　GDP成長率の寄与度分解

（単位：％）

	日本						米国					
	GDP成長率	労働要因		資本要因		TFP成長率	GDP成長率	労働要因		資本要因		TFP成長率
		労働時間	労働の質	一般資本	情報資本			労働時間	労働の質	情報資本	一般資本	
1987-1989年	6.05	0.39	0.40	2.00	0.52	2.74	3.53	1.63	0.19	0.59	0.89	0.23
1990-1992年	3.50	▲0.02	0.29	2.34	0.33	0.56	1.51	▲0.14	0.23	0.49	0.62	0.31
1993-1995年	0.82	▲0.54	0.27	1.28	0.22	▲0.41	2.68	1.36	0.23	0.63	0.84	▲0.37
1996-1998年	1.24	▲0.47	0.45	1.03	0.48	▲0.25	3.88	1.36	0.37	1.13	1.01	0.01
1999-2001年	0.64	▲0.72	0.47	0.58	0.32	▲0.01	3.19	0.59	▲0.01	1.02	0.84	0.76
2002-2004年	1.44	▲0.48	0.52	0.68	0.23	0.49	2.56	▲0.05	0.32	0.38	0.52	1.39
2005-2007年	1.89	▲0.15	0.35	0.88	0.15	0.66	2.57	0.90	0.18	0.45	0.68	0.36

（注）2005-2007年の欄は，日本については2006年の数字である。
出所：総務省『情報通信白書2012年』，p.85。

0.79％（労働時間0.39％，労働の質0.40％），資本要因2.52％（一般資本要因2.00％，情報資本要因0.52％），TFP要因2.74％となっている。さらに，TFP成長率2.74％は，ICT要因0.98％，非ICT要因1.75％に分解される（図表1-3-7参照）。このように，ICT資本の蓄積が成長に与える効果は，「直接効果」と，ICT資本の蓄積がTFPの向上に貢献する「間接効果」の2つからなる。

　米国と日本を比較すると，日本はいずれの期間においても労働時間および労働の質からなる労働要因の寄与率が上回っており，逆に情報資本要因においてはいずれの期間においても米国を下回っている。他方，TFP成長率に対するICT要因の影響は，期間によって米国が大きい期間と日本が大きい期間がある。すなわち，ICTによる影響の日米の差異は，ICT資本投資が直接にGDPの成長をもたらす「直接効果」において大きく，ICT投資がTFP成長率の向上に貢献する「間接効果」においては日米にそれほど大きな差はないといえる。

図表1-3-7　TFP（全要素生産性）成長率の寄与度分解（日米比較）

(単位：%)

（年）	日　本			米　国		
	TFP成長率	ICT要因	非ICT要因	TFP成長率	ICT要因	非ICT要因
1987-1989年	2.74	0.98	1.75	0.23	0.27	▲0.04
1990-1992年	0.56	0.30	0.26	0.31	0.32	0.00
1993-1995年	▲0.41	0.25	▲0.66	▲0.37	0.31	▲0.68
1996-1998年	▲0.25	0.35	▲0.60	0.01	0.19	▲0.18
1999-2001年	▲0.01	0.11	▲0.13	0.76	0.50	0.26
2002-2004年	0.49	0.47	0.02	1.39	0.39	1.00
2005-2006年	0.66	0.29	0.37	0.36	0.67	▲0.31

（注1）2005-2007年の欄は，日本については2006年の数字である。
（注2）TFP成長率に対するICT要因を，全産業のTFP成長率＝（ICT産業の名目GDPシェア×ICT産業のTFP成長率）+（非ICT産業の名目GDPシェア×非ICT産業のTFP成長率）によって算出。
出所：総務省『情報通信白書2012年』，p.85。

第4節　サービス業の労働生産性と雇用創出

1　サービス業の労働集約性

　これまでみてきたように、サービス業の低生産性、また生産性上昇率の低さは、サービス生産の特性として労働集約性が強いことに起因している。「産業連関表」によると、サービス業は207兆円の生産額に対して、粗付加価値額は128兆円（付加価値率61.9％）、雇用者への分配額（雇用者所得）は84兆円（労働分配率—粗付加価値額に占める雇用者所得の割合65.6％）である。これに対して、製造業は307兆円の生産額に対して、粗付加価値額は93兆円（付加価値率30.3％）、雇用者への分配額（雇用者所得）は47兆円（労働分配率、50.8％）である。生産額に占める雇用者所得の割合は、サービス業40.6％、製造業15.4％となっており、サービス業の労働集約性を示している（図表1-4-1参照）。

　図表1-4-2によると、2012年における製造業の名目GDPは86兆円、他方サービス業では94兆円と大きな差はない。このGDPを製造業は1,000万人、サービス業は2,011万人と、2倍近い就業者によって産出している。そのため、労働生産性（就業者1人あたりGDP）は、製造業が856万円、サービス業が466万円と、サービス業は製造業の54.4％の生産性にとどまっており、他産業と比較しても低い水準となっている[22]。

図表1-4-1　サービス業、製造業の付加価値率と労働分配率（2005年）（93SNA）

			サービス業	製造業
国内生産額	（10億円）	①	207,385	307,039
粗付加価値額	（10億円）	②	128,459	92,903
雇用者所得	（10億円）	③	84,217	47,195
粗付加価値率	（％）	②／①×100	61.9	30.3
労働分配率	（％）	③／②×100	65.6	50.8
国内生産額対雇用者所得	（％）	③／①×100	40.6	15.4

（注）「粗付加価値率」は国内生産額に占める粗付加価値額の割合、「労働分配率」は粗付加価値額に占める雇用者所得の割合。
出所：総務省『産業連関表2005年』13部門表より作成。

figure 1-4-2 産業別名目GDP, 就業者数, 労働生産性 (2012年) (93SNA)

	名目GDP (10億円)	就業者数 (万人)	労働生産性 (万円)
農林水産業	5,730	308	186
鉱業	306	3	900
製造業	85,637	1,000	856
建設業	26,653	521	512
電気・ガス・水道業	8,084	50	1,617
卸売・小売業	68,122	1,154	590
金融・保険業	21,559	185	1,165
不動産業	56,871	106	5,365
運輸業	23,677	348	680
情報通信業	26,294	186	1,414
サービス業	93,789	2,011	466
産業計	416,723	5,872	710

(注)「労働生産性」は就業者1人あたり名目GDP。
出所:内閣府経済社会総合研究所『国民経済計算年報2012年』より作成。

　図表1-4-3に基づいて,就業者と労働生産性の推移を長期的にみると,「製造業」では1970年までは就業者数が増加し,かつ労働生産性も向上していた。それ以降は1990年まで就業者数が停滞傾向にある中で労働生産性が向上し,1990年以降は就業者数が減少する一方で,労働生産性が向上している。すなわち,就業者数は1970年まで増加,1990年まで停滞,それ以降は減少となってい

figure 1-4-3 就業者数と労働生産性の推移

(単位 万円, 万人)

	製造業		卸売・小売業		サービス業	
	労働生産性	就業者数	労働生産性	就業者数	労働生産性	就業者数
1955年	95	754	41	503	247	383
1960年	124	1,025	64	631	312	438
1970年	330	1,468	216	882	431	698
1980年	510	1,356	341	1,040	545	1,040
1990年	718	1,488	503	1,104	553	1,445
2000年	892	1,249	619	1,141	545	1,884
2008年	1,232	1,100	640	1,066	572	2,252

(注1) 労働生産性は実質GDPを就業者数で除したもの。
(注2) 1980年基準の値(実質・固定基準年方式)に過去の指数を接合して遡及系列とした。
(資料) 内閣府「国民経済計算」をもとに厚生労働省労働政策担当参事官室にて推計。
出所:厚生労働省『労働経済の分析2010年』, p.113。

るが，労働生産性は一貫して増加していることが特徴である。

「卸売・小売業」の就業者数は1990年までは増加，それ以降は停滞，ないしは近年では減少傾向にあるのに対して，労働生産性は製造業ほどの伸びはないものの2000年までは増加，それ以降は微増にとどまっている。

「サービス業」は労働生産性そのものが低いうえに，その伸びは1980年で止まり，以降は横ばいとなっている。そうした中で，就業者数は一貫して，かつ大きく増加していることが特徴である。しかし，就業者数の増加は非正規雇用

図表1-4-4　労働生産性（マンアワーあたり実質GDP）の推移

		1970年	1975年	1980年	1985年	1990年	1995年	2000年	2005年	2008年
実質GDP指数	製造業	50.1	61.8	73.0	71.4	98.3	116.4	100.0	77.0	67.1
	金融業	15.4	24.3	32.7	47.8	74.3	93.2	100.0	112.8	100.4
	道路運送業	58.7	62.9	69.8	85.2	96.4	114.3	100.0	96.7	100.9
	広告業	47.6	51.3	57.2	57.8	73.0	81.1	100.0	104.7	101.5
	業務用物品賃貸業	7.3	11.8	13.3	23.0	44.6	56.8	100.0	215.8	246.2
	情報サービス業	3.5	6.5	16.1	26.8	43.5	49.8	100.0	122.1	131.7
	娯楽業	64.8	57.9	68.1	96.5	135.6	107.3	100.0	113.4	102.5
	旅館業	40.1	50.7	56.9	65.8	79.3	88.4	100.0	95.6	94.9
	洗濯・理容・美容・浴場業	57.4	38.8	49.5	65.0	72.3	76.7	100.0	92.7	95.9
マンアワー指数	製造業	129.9	115.3	119.4	124.9	129.1	111.7	100.0	88.1	87.9
	金融業	72.8	86.3	101.1	108.6	111.2	108.2	100.0	91.1	100.5
	道路運送業	67.3	75.3	79.1	89.5	99.5	103.7	100.0	96.0	95.2
	広告業	36.6	39.1	46.5	55.7	94.5	93.7	100.0	100.8	104.1
	業務用物品賃貸業	12.2	26.3	36.0	53.5	81.3	91.2	100.0	115.2	122.1
	情報サービス業	4.4	9.2	16.8	38.6	72.9	75.8	100.0	125.0	136.7
	娯楽業	54.0	54.3	59.3	74.8	94.2	105.2	100.0	91.8	92.2
	旅館業	74.2	78.6	81.7	88.2	108.0	107.9	100.0	94.1	93.6
	洗濯・理容・美容・浴場業	90.1	76.7	84.5	92.3	94.7	94.5	100.0	100.6	99.4
実質労働生産性指数	製造業	56.8	74.3	81.4	74.2	104.3	98.7	100.0	108.1	100.9
	金融業	21.2	28.1	32.4	44.0	66.8	86.1	100.0	123.7	99.9
	道路運送業	87.2	83.5	88.3	95.2	97.0	110.1	100.0	100.7	106.0
	広告業	129.9	131.1	123.1	103.6	77.2	86.5	100.0	103.9	97.5
	業務用物品賃貸業	59.6	44.8	37.0	43.1	54.9	62.3	100.0	187.3	201.6
	情報サービス業	80.0	71.6	96.0	69.4	59.7	65.7	100.0	97.7	96.3
	娯楽業	120.0	106.6	115.0	129.0	143.9	102.0	100.0	123.5	111.1
	旅館業	54.0	64.5	69.6	74.5	73.4	82.0	100.0	101.6	101.4
	洗濯・理容・美容・浴場業	63.8	50.6	58.6	70.5	76.4	81.2	100.0	92.2	96.4

(注)　情報サービス業には，インターネット附随サービス業を含む。
出所：内閣府経済社会総合研究所『国民経済計算2010年度（2005年基準・93SNA）』より作成。

によるものが大きく，労働生産性が停滞する中で，相対的に賃金コストの低い非正規労働を増やしてきたといえる。

そこで，マンアワーあたりの労働生産性をみることとしたい。図表1-4-4によると，「製造業」は1990年代まではマンアワー指数が横ばいの中で実質GDPが増加し，実質労働生産性指数も1970年の56.8から1990年には104.3へと大きく上昇した。しかし，2000年以降は製造業の実質GDPは大幅に減少し，実質労働生産性指数もほぼ横ばいとなっている。

「サービス業」の実質労働生産性指数をみると，リース業を中心とする「業務用物品賃貸業」において1995年の62.3から2008年には201.6へと大きく上昇，「旅館業」および「洗濯・理容・美容・浴場業」において2000年まで上昇，その後横ばいとなっているが，「広告業」「情報サービス業」「娯楽業」では長期にわたって横ばいとなっており，生産性上昇のスピードは鈍い。

2　サービス価格

物価指数の推移について，「モノ」「対事業所サービス」「対個人サービス」を比較したものが図表1-4-5である。「モノ」および「対事業所サービス」は類似した傾向を示しており，1990年代になって横ばい，近年は下落傾向さえ示している。他方，「対個人サービス」は2000年までは大きく上昇傾向にあった

表1-4-5　物価指数の推移（2010年＝100）

	モノ	対事業所サービス	対個人サービス
1985年	99.1	102.2	77.1
1988年	97.1	103.7	81.8
1991年	105.7	116.2	89.1
1994年	107.0	117.4	95.4
1997年	106.3	115.0	99.7
2000年	104.5	112.1	100.8
2003年	100.3	105.1	101.1
2006年	100.7	102.9	100.6
2009年	100.6	101.5	100.9
2012年	99.3	99.0	100.0
2013年	100.0	99.0	99.9

出所：総務省「消費者物価指数」（商品および対個人サービス），日本銀行「企業向けサービス価格指数」（対事業所サービス）。

が，それ以降は横ばい傾向となっている。しかし，2000年以降は「モノ」「対事業所サービス」ともにかなりの下落傾向を示していることを考えると，「対個人サービス」の相対的な割高感は強まっているといえる。

対個人サービスは，対事業所サービスよりも業務量の変動が大きく[23]，また労働集約性も強い[24]ために，労働生産性の向上が難しく，賃金の上昇が価格の上昇につながりやすい特質がある。そのため，「サービス」の価格は，「モノ」と比べて相対的に割高なものとなってきており，賃金の上昇をカバーしうる労働生産性の向上が課題となっている。

「対事業所サービス」の物価の推移をみると，1994年以降下落傾向にあるが，

図表1-4-6 対事業所サービス価格の推移
(2005年=100とした2013年12月の指数)

情報通信	(91.8)	固定電気通信	(98.3)
		移動電気通信	(60.1)
		アクセスチャージ	(62.7)
		放送	(88.5)
		ソフトウェア開発	(97.6)
		情報処理・提供サービス	(95.5)
		インターネット附随サービス	(83.0)
広告	(90.8)	4媒体広告	(89.6)
		その他の広告	(93.0)
リース・レンタル	(81.7)	リース	(77.9)
		レンタル	(99.5)
諸サービス	(101.4)	自動車整備	(100.3)
		機械修理	(102.2)
		法務・会計サービス	(102.7)
		土木建築サービス	(104.0)
		その他の専門サービス	(98.0)
		教育訓練サービス	(105.1)
		建物サービス	(90.8)
		労働者派遣サービス	(102.1)
		警備	(94.8)
		プラントエンジニアリング	(106.3)
		テレマーケティング	(99.6)
		宿泊サービス	(97.5)
		洗濯	(99.9)

出所：日本銀行「企業向けサービス価格指数」。

特に近年は大きく下落している。そこで，図表1-4-6において，2005年を100とした2012年末の対事業所サービス価格をみた。

大分類では，「リース・レンタル」が81.7と大幅に下落し，「広告」「情報通信」でも，それぞれ90.8，91.8まで下落している。他方，「諸サービス」は101.4とわずかではあるが上昇している。

より詳細な分類でみて下落幅の大きなサービスは，携帯電話使用料などの「移動電気通信」60.1，通信事業者間の通信ネットワーク接続料金である「アクセスチャージ」62.7，1998年以降をピークとして売上高が減少ないしは停滞傾向にある「リース」77.9などとなっている。

3　サービス業による雇用創出

図表1-4-7は，「日本標準産業分類1993年」における「製造業」と「サービス業」，「日本標準産業分類2002年」における「製造業」と「サービス業」（情報通信業，飲食店，宿泊サービス業，医療，福祉，教育，学習支援業，サービス業（他に分類されないもの）），および「日本標準産業分類2007年」における「製造業」と「サービス業」（情報通信業，学術研究・専門・技術サービス業，飲食店，宿泊サービス業，生活関連サービス業，娯楽業，医療，福祉，教育，学習支援業，複合サービス業，サービス業（他に分類されないもの））の就業者数の推移をみたものである。

2002年までの推移をみると，「製造業」は1990年の1,505万人をピークに就業者数が減少し，2002年には1,222万人へと▲283万人もの減少となっている。これに対して，「サービス業」は一貫して増加しており，製造業が減少していた1990年から2002年にかけての期間でも，1,394万人から1,804万人へと410万人増，製造業の就業者減▲283万人を168万人上回る就業者数の増加を達成している。

1998年から2007年までの推移をみると，「製造業」は1998年の1,359万人から2007年には1,165万人へと，9年間で▲194万人もの減少となっている。「サービス業」では，同期間に「サービス業（他に分類されないもの）」が144万人増，「医療，福祉」が137万人増，「情報通信業」42万人増などとなっており，製造業の就業者数の減少分を十分に吸収する雇用創出がなされている。

「日本標準産業分類2007年」では，「サービス業（他に分類されないもの）」

図表1-4-7　産業別就業者数の推移

(単位：万人)

	日本標準産業分類1993年		日本標準産業分類2002年，同2007年								
	製造業	サービス業	製造業	情報通信業	学術研究，専門・技術サービス業	飲食店，宿泊業	生活関連サービス業,娯楽業	医療,福祉	教育,学習支援業	複合サービス事業	サービス業(他に分類されないもの)
1970年	1,377(100.0)	751(100.0)	—	—	—	—	—	—	—	—	—
1975年	1,346(97.7)	855(113.8)	—	—	—	—	—	—	—	—	—
1980年	1,367(99.3)	1,001(133.3)	—	—	—	—	—	—	—	—	—
1985年	1,453(105.5)	1,173(156.2)	—	—	—	—	—	—	—	—	—
1990年	1,505(109.3)	1,394(185.6)	—	—	—	—	—	—	—	—	—
1995年	1,456(105.7)	1,566(208.5)	—	—	—	—	—	—	—	—	—
1998年	1,382(100.4)	1,685(224.4)	1,359	155		363		442	263	73	789
2000年	1,321(95.9)	1,718(228.8)	1,299	157		363		451	268	75	805
2002年	1,222(88.7)	1,804(240.2)	1,202	159		358		474	282	76	844
2004年			1,150	172		347		531	284	81	881
2006年			1,161	181		337		571	287	75	938
2007年			1,165	197		342		579	284	72	933
2008年			1,151	190	(200)	372	(237)	600	284	56	(486)
2010年			1,060	197	(198)	386	(240)	656	289	45	(456)
2012年			1,032	188	(205)	376	(239)	706	295	47	(462)

(注1) 1998～2007年は「日本標準産業分類2002年」，2008～2012年は「日本標準産業分類2007年」による。
(注2) カッコ内は，1970年を100とした指数。
(注3) 労働力調査における就業者とは「従業者」および「休業者」の合計。「従業者」は，賃金，給料，諸手当，内職収入などの収入を伴う仕事を1時間以上した者（家族従業者は無給であっても仕事をした者とする）。「休業者」は，雇用者で，給料，賃金の支払いを受けている者または受けることになっている者，自営業主で自分の経営する事業をもったまま，その仕事を休み始めてから30日になる者。
(注4) 日本郵政公社が2007年10月に民営・分社化されたことに伴い，「複合サービス事業」から「運輸業，郵便業」，「金融業，保険業」，および「サービス業（他に分類されないもの）」への産業分類間の移動がある。
出所：総務省『労働力調査年報』より作成。

がさらに分割され，「学術研究・専門・技術サービス業」および「生活関連サービス業，娯楽業」が新設された。

　2008年から2012年までの推移をみると，「製造業」はさらに▲119万人減少，他方で「医療，福祉」が106万人増となっており，製造業の就業者数の減少分を医療，福祉が吸収する形となっている。

　図表1-4-8は，「日本標準産業分類1993年」に基づいて事業所・企業統計調査を組み替え，長期にわたって，産業分類大分類レベルで民営事業所の従業者

図表1-4-8　産業大分類別にみた民営従業者数の増減（日本標準産業分類1993年）

(単位：千人)

	1975-2006年	(1975-1986年)	(1986-1996年)	(1996-2006年)
第一次産業	24	17	7	0
第二次産業	▲2,739	1,239	528	▲4,506
鉱業	▲113	▲44	▲38	▲31
建設業	▲16	628	986	▲1,630
製造業	▲2,610	655	▲420	▲2,845
第三次産業	16,085	7,612	7,574	899
電気・ガス・熱供給・水道業	▲14	6	18	▲38
運輸・通信業	502	251	439	▲188
卸売・小売業，飲食店	4,204	3,345	2,536	▲1,677
金融・保険業	▲42	290	170	▲503
不動産業	485	243	220	22
サービス業	10,950	3,477	4,190	3,283
全産業計	13,371	8,869	8,108	▲3,606

(注1) 2006年の数字は，「日本標準産業分類2002年」に基づいて公表された数字を「日本標準産業分類1993年」に組み替えて算出。
(注2) 時系列的な比較のため，旧国鉄（現JR），旧電信電話公社（現NTT），旧専売公社（現日本たばこ産業）は民営従業者数に算入し，郵政公社は民営従業者数から除外した。
出所：総務省『事業所統計調査報告』（1975年，1986年），同『事業所・企業統計調査報告』（1996年，2006年）より作成。

数の推移をみたものである。「1975-2006年」の期間に，全産業の授業者数は13,371千人の増加となっているが，「製造業」が▲2,610千人減少する一方で，第三次産業では16,085千人増，第三次産業の中では「サービス業」10,950千人増，「卸売・小売業，飲食店」4,204千人増が目立っている。

「1996-2006年」に限ってみると，全産業の従業者数は▲3,606千人減少している。業種別にみて大きく減少しているのは，第二次産業の「製造業」▲2,845千人減，「建設業」▲1,630千人減，第三次産業でも「卸売・小売業，飲食店」▲1,677千人減，「金融・保険業」▲503千人減となっている。他方で，従業者数が増加している業種は，「サービス業」3,283千人増である。

業種別の動向を年代区分別にみると，「製造業」では「1986-1996年」から減少に転じ，「1996-2006年」にはさらに減少傾向を強めている。「建設業」「電気・ガス・熱供給・水道業」「運輸・通信業」「卸売業・小売業，飲食店」「金融・保険業」は，「1996-2006年」から減少に転じている。3期間とも一貫して

増加している業種は,「サービス業」および「不動産業」である。「サービス業」は「1975-1986年」3,477千人増,「1986-1996年」4,190千人増,「1996-2006年」3,283千人増と一貫して増加しているが,「不動産業」は「1996-2006年」にはわずかの増加にとどまっている。

図表1-4-9は,「日本標準産業分類2007年」に基づいて事業所・企業統計調査を組み替え,2001年から2012年までの11年間において産業分類大分類レベルで民営事業所の従業者数の推移をみたものである。同期間に,製造業▲1,703

図表1-4-9　産業大分類別にみた民営従業者数の推移（日本標準産業分類2007年）

(単位：千人)

	2001年	2006年	2009年	2012年	増減(2001-2012年)
第一次産業	236	238	378	356	120
第二次産業	15,939	14,099	14,178	13,143	▲2,796
鉱業,採石業,砂利採取業	47	33	31	21	▲26
建設業	4,944	4,144	4,320	3,877	▲1,067
製造業	10,948	9,921	9,827	9,245	▲1,703
第三次産業	38,737	39,848	43,887	42,340	3,603
電気・ガス・熱供給・水道業	209	181	211	201	▲8
情報通信業	1,435	1,562	1,724	1,626	191
運輸業,郵便業	2,923	2,918	3,572	3,302	379
卸売業,小売業	12,933	12,076	12,696	11,752	▲1,181
金融業,保険業	1,625	1,428	1,588	1,589	▲36
不動産業,物品賃貸業	1,290	1,297	1,547	1,474	184
学術研究,専門・技術サービス業	1,630	1,606	1,782	1,664	34
宿泊業,飲食サービス業	5,462	5,166	5,701	5,421	▲41
生活関連サービス業,娯楽業	2,604	2,532	2,713	2,546	▲58
教育,学習支援業	1,282	1,536	1,726	1,722	440
医療,福祉	3,674	4,822	5,630	6,179	2,505
複合サービス事業	388	695	407	342	▲46
サービス業（他に分類されないもの）	3,281	4,029	4,591	4,522	1,241
全産業	54,912	54,184	58,442	55,838	926

(注1)「日本標準産業分類2007年」に組み換えたもの。
(注2)「経済センサス基礎調査」は,「事業所・企業統計調査」よりも捕捉率が高くなっているため,必ずしも連続的に捉えることはできない。
出所：総務省『事業所・企業統計調査報告』(2001年,2006年),同『経済センサス基礎調査』(2009年),同『経済センサス活動調査』(2012年)。

千人減，建設業▲1,067千人減など第二次産業全体で▲2,796千人の減少となっている。

他方，第三次産業全体では第二次産業全体の減少を上回る3,603千人の増加となっている。第三次産業の業種別にみると，「医療，福祉」2,505千人増，「サービス業（他に分類されないもの）」1,241千人増が目立ち，他方「卸売業，小売業」では▲1,181千人減となっている。

4　労働生産性・雇用の増減に基づくサービス業分類

　サービス業が大きく雇用の創出に貢献していることを明らかにしてきたが，その中には労働集約性が強く労働生産性の低い業種も多く含まれている。サービス経済化の進展によって雇用が創出されたとしても，その雇用が生産性の低い業種に偏ったものであれば，GDPが低下していく恐れもある。そこで，サービス業を"生産性の向上に貢献している業種かどうか"，"雇用の創出に貢献している業種かどうか"の2軸によって分類することとした。

　分類にあたっては，生産性については「経済センサス活動調査2012年」に基づいて従業者1人あたりの付加価値を算出し，これが全産業の平均439万円よりも高いか低いか，雇用の創出については「経済センサス基礎調査 2009年」および「経済センサス活動調査 2012年」に基づいて，従業者が増加しているか減少しているか（2009-2012年）を基準にした。

　そして，1）高い生産性をあげ雇用の創出にも貢献している業種（高生産性雇用増型），2）高い生産性をあげているが雇用は減少している業種（高生産性雇用減型），3）生産性は低いが雇用の創出に貢献している業種（低生産性雇用増型），4）生産性は低く雇用も減少している業種（低生産性雇用減型）の4つに分類した。さらに，「サービス業基本調査2004年」に基づいて，主たるサービスの提供先が個人か事業所かによって「対個人サービス業」「対事業所サービス業」，そしてその中間的な「対個人・事業所サービス業」に分類した。

　図表1-4-10によると，「高生産性雇用増型」および「高生産性雇用減型」は対事業所サービス業に多く，「低生産性雇用増型」は対個人サービス業，「低生産性雇用減型」は対個人サービス業，および対事業所サービス業でも労働集約的で代行業的な性格をもつ業種に多い。

図表1-4-10 従業者1人あたり付加価値および従業者数増加率による
サービス業の業種分類

①高生産性雇用増型

		2012年	2009-2012年
		従業者1人あたり付加価値（万円）	従業者数増加率（％）
対事業所サービス業	632 農林水産金融業	2,680	1.7
	728 経営コンサルタント業, 純粋持株会社	2,412	3.7
	701 各種物品賃貸業	1,978	12.8
	649 その他の非預金信用機関	1,681	3.8
	62A 銀行業	1,656	3.7
	38A 放送業（有線放送業を除く）	1,235	0.7
	461 航空運送業	1,199	0.2
	662 信託業	1,090	138.1
	851 社会保険事業団体	950	79.8
	672 損害保険業	827	12.0
	631 中小企業等金融業	780	2.2
	721 法律事務所, 特許事務所	700	3.7
	416 映像・音声・文字情報制作に附帯するサービス業	688	2.6
	818 学校教育支援機関	682	1.0
	454 船舶貸渡業	656	21.2
	663 金融代理業	633	143.0
	724 公認会計士事務所, 税理士事務所	563	1.4
	489 その他の運輸に附帯するサービス業	555	31.9
	482 貨物運送取扱業（集配利用運送業を除く）	539	63.1
	882 産業廃棄物処理業	530	3.8
	802 興行場（別掲を除く），興行団	527	1.3
	444 集配利用運送業	518	6.7
	674 保険媒介代理業	499	0.1
	392 情報処理・提供サービス業	490	39.4
	934 政治団体	485	3.1
	451 外航海運業	456	5.4
	431 一般乗合旅客自動車運送業	450	0.1
対個人・事業所サービス業	859 その他の社会保険・社会福祉・介護事業	2,042	4.4
	371 固定電気通信業	1,575	26.8
	849 その他の保健衛生	464	61.6
対個人サービス業	372 移動電気通信業	6,770	10.4
	421 鉄道業	1,063	6.5
	813 中学校	658	2.1
	932 労働団体	624	9.4
	812 小学校	544	1.8
	832 一般診療所	531	5.7
	831 病院	517	8.1
	692 貸家業, 貸間業	470	2.0
	933 学術・文化団体	445	9.6

②高生産性雇用減型

		2012年	2009-2012年
		従業者1人あたり付加価値（万円）	従業者数増加率（％）
対事業所サービス業	661 補助的金融業，金融附帯業	4,882	▲19.3
	673 共済事業，少額短期保険業	2,754	▲3.5
	485 運輸施設提供業	1,934	▲17.0
	651 金融商品取引業	1,308	▲8.2
	691 不動産賃貸業（貸家業，貸間業を除く）	1,226	▲20.5
	643 クレジットカード業，割賦金融業	1,188	▲5.2
	711 自然科学研究所	1,173	▲3.1
	412 音声情報制作業	1,170	▲16.7
	383 有線放送業	1,095	▲16.0
	703 事務用機械器具賃貸業	1,088	▲23.8
	731 広告業	1,012	▲6.6
	704 自動車賃貸業	899	▲4.5
	889 その他の廃棄物処理業	898	▲28.7
	702 産業用機械器具賃貸業	796	▲20.1
	452 沿海海運業	784	▲29.0
	902 電気機械器具修理業	674	▲3.7
	391 ソフトウェア業	661	▲14.4
	481 港湾運送業	652	▲9.6
	749 その他の技術サービス業	647	▲20.8
	411 映像情報制作・配給業	644	▲16.0
	901 機械修理業（電気機械器具を除く）	634	▲12.0
	373 電気通信に附帯するサービス業	610	▲20.9
	729 その他の専門サービス業	604	▲22.9
	743 機械設計業	599	▲15.9
	483 運送代理店	578	▲35.9
	712 人文・社会科学研究所	545	▲30.8
	694 不動産管理業	530	▲3.0
	871 農林水産業協同組合（他に分類されないもの）	526	▲24.0
	744 商品・非破壊検査業	503	▲1.8
	415 広告制作業	494	▲0.4
	745 計量証明業	468	▲9.9
	931 経済団体	454	▲1.7
	881 一般廃棄物処理業	451	▲7.5
	822 職業・教育支援施設	445	▲11.8
	442 特定貨物自動車運送業	443	▲25.9
対個人・事業所サービス業	652 商品先物取引業，商品投資顧問業	915	▲55.7
	791 旅行業	696	▲13.0
	675 保険サービス業	607	▲21.7
	682 不動産代理業・仲介業	595	▲15.5
	939 他に分類されない非営利の団体	509	▲0.8
対個人サービス業	671 生命保険業	1,235	▲4.0
	401 インターネット附随サービス業	1,041	▲16.6
	806 遊戯場	724	▲13.9
	814 高等学校，中等教育学校	600	▲0.7
	642 質屋	587	▲12.9
	795 火葬・墓地管理業	553	▲11.6
	816 高等教育機関	529	▲1.0

③低生産性雇用増型

		2012年	2009-2012年
		従業者1人あたり付加価値（万円）	従業者数増加率（％）
対事業所サービス業	462 航空機使用業（航空運送業を除く）	436	45.3
	959 他に分類されないサービス業	430	211.9
	472 冷蔵倉庫業	408	26.5
	911 職業紹介業	386	0.0
	836 医療に附帯するサービス業	370	1.6
	725 社会保険労務士事務所	325	5.5
	951 集会場	298	13.4
	433 一般貸切旅客自動車運送業	280	6.1
	922 建物サービス業	207	1.2
	723 行政書士事務所	194	4.9
対個人・事業所サービス業	891 自動車整備業	368	3.0
	709 その他の物品賃貸業	300	2.1
	854 老人福祉・介護事業	293	14.9
	705 スポーツ・娯楽用品賃貸業	263	39.5
	803 競輪・競馬等の競走場，競技団	243	11.4
対個人サービス業	741 獣医業	435	4.1
	815 特別支援学校	417	2.2
	789 その他の洗濯・理容・美容・浴場業	397	16.5
	805 公園，遊園地	397	5.9
	833 歯科診療所	396	0.6
	811 幼稚園	357	3.5
	821 社会教育	314	7.3
	855 障害者福祉事業	302	22.6
	853 児童福祉事業	302	12.5
	834 助産・看護業	299	8.7
	752 簡易宿所	205	46.8
	835 療術業	191	2.4
	823 学習塾	161	4.3
	794 物品預り業	150	52.7
	943 キリスト教系宗教	25	5.6

④生産性雇用減型

		2012年	2009-2012年
		従業者1人あたり付加価値（万円）	従業者数増加率（％）
対事業所サービス業	471 倉庫業（冷蔵倉庫業を除く）	436	▲9.6
	842 健康相談施設	436	▲24.1
	929 他に分類されない事業サービス業	435	▲13.5
	742 土木建築サービス業	434	▲9.7
	441 一般貨物自動車運送業	406	▲14.0
	921 速記・ワープロ入力・複写業	378	▲20.6
	722 公証人役場，司法書士事務所，土地家屋調査士事務所	362	▲6.6
	484 こん包業	352	▲11.5
	952 と畜場	351	▲28.0

	726 デザイン業	341	▲ 12.5
	449 その他の道路貨物運送業	320	▲ 25.3
	872 事業協同組合（他に分類されないもの）	299	▲ 29.3
	909 その他の修理業	295	▲ 15.3
	439 その他の道路旅客運送業	288	▲ 9.2
	912 労働者派遣業	244	▲ 4.0
	432 一般乗用旅客自動車運送業	244	▲ 10.3
	443 貨物軽自動車運送業	231	▲ 22.1
対個人・事業所サービス業	86 郵便局	412	▲ 2.3
	491 郵便業（信書便事業を含む）	364	▲ 1.7
	746 写真業	264	▲ 9.5
	781 洗濯業	185	▲ 5.1
	727 著述・芸術家業	149	▲ 7.3
対個人サービス業	796 冠婚葬祭業	424	▲ 0.4
	817 専修学校，各種学校	421	▲ 3.5
	29 他に分類されない教育，学習支援業	360	▲ 4.0
	759 その他の宿泊業	298	▲ 14.0
	804 スポーツ施設提供業	261	▲ 6.6
	751 旅館，ホテル	256	▲ 8.9
	693 駐車場業	256	▲ 7.3
	824 教養・技能教授業	250	▲ 3.9
	785 その他の公衆浴場業	233	▲ 7.8
	809 その他の娯楽業	225	▲ 8.0
	799 他に分類されない生活関連サービス業	214	▲ 12.4
	783 美容業	202	▲ 6.1
	784 一般公衆浴場業	199	▲ 4.0
	801 映画館	178	▲ 4.5
	753 下宿業	165	▲ 7.4
	782 理容業	149	▲ 6.7
	793 衣服裁縫修理業	123	▲ 11.1
	941 神道系宗教	20	▲ 5.2
	942 仏教系宗教	19	▲ 6.5
	949 その他の宗教	2	▲ 21.7
	641 貸金業	▲ 139	▲ 49.4

（注1）付加価値額は，売上高から売上原価および販売費および一般管理費（給与総額および租税公課を除く）を差し引いたもの。
（注2）「対個人サービス業」（企業内取引を除く事業収入額のうち，個人からの収入が3分の2以上を占める業種），「対事業所サービス業」（同事業所からの収入が3分の2以上を占める業種），「対個人・事業所サービス業」（同個人からの収入および事業所からの収入がいずれも事業収入額の3分の2未満の業種）（サービス業基本調査2004年）。なお，サービス業基本調査における調査対象外業種については，類似の業種のデータをもとに筆者が分類した。
（注3）業種の前の数字は，「日本標準産業分類2013年」におけるコード番号を示す。
出所：総務省『経済センサス基礎調査2009年』，同『経済センサス活動調査2012年』，同『サービス業基本調査報告2004年』より作成。

注

(1) 総務省『日本標準産業分類（2002年3月改定）』全国統計協会連合会，2002年。
(2) 総務省『日本標準産業分類（2007年11月改定）』全国統計協会連合会，2007年。

(3)　総務省『日本標準産業分類（2013年10月改定）』全国統計協会連合会，2013年。
(4)　第2章において詳述するが，「サービス財生産産業」とは，サービス財を生産し，その生産は特定のサービス対象（顧客または顧客の所有物）に向けた機能の提供であり，生産の成果を在庫できない産業，「サービス財販売産業」とは，当該産業が貨幣と交換する対象はサービス財で，物財販売とは独立にサービス機能のみを販売する産業をいう。
(5)　製造業においては，部品加工も含むすべての製造業務を自社内で行うことは一般的に少ない。そのため，部品メーカーによる部品販売と，完成品メーカーによる完成品販売は，二重に販売額に計上される。さらに，部品メーカー間でも二重・三重の下請け構造になっている場合も多いため，販売額は重複して計上されることになる。このことから考えると，サービス業は製造業と比べても遜色のない販売額をあげている産業といえる。
(6)　IDC Japan「国内ビジネスサービス市場 2012年の推定と2013年～2017年の予測」2013年5月14日，p.26。
(7)　IDC Japan，前掲報告書，p.34。
(8)　島田達巳「外部経営資源の戦略的活用とアウトソーシングビジネス」『企業診断』第51巻第11号，2004年11月，p.32。
(9)　島田達巳，前掲論文，pp.32-33。
(10)　南方建明・堀良『IT革命時代のサービス・マーケティング』ぎょうせい，2002年，p.5。なお，経済産業省ビジネス支援サービス活性化研究会では，ビジネス支援サービスが提供する価値として次の4点を指摘している。1）コスト削減（自社で行うより，業務が効率的になり，コストが削減される），2）柔軟性の確保（繁閑に応じて活用することで固定費を変動費化するといった柔軟性を向上させるメリットがある），3）専門知識の確保（自社で行っていただけでは得られないような専門知識による質の高いサービスを受けられる），4）コンサルティング（蓄積した専門ノウハウをもとに質の高いコンサルティングサービスを提供する）（経済産業省ビジネス支援サービス活性化研究会『ビジネス支援サービスの戦略的活用による新・日本型経営モデルと企業競争力強化』2005年7月，p.15）。
(11)　経済産業省ビジネス支援サービス活性化研究会,前掲報告書，pp.29-30。
(12)　経済産業省編『通商白書2004年』ぎょうせい，2004年，p.24。
(13)　医療サービス費の増加は，医療費の一部自己負担金が増加している要因も大きい。健康保険の被保険者本人については，1984年にそれまでの定額負担に代わって1割の定率負担となり，1997年には2割，2004年には3割に引き上げられた。老人医療についても，1973年の老人福祉法の制定により無料化されたが，1983年に定額制の自己負担が導入され，以降，自己負担金額の小刻みな引き上げが行われた。2002年からは定率1割の自己負担となり，対象年齢も段階的に75歳に引き上げられた。そして，2008年からは75歳以上の高齢

者すべてを対象とする後期高齢者医療制度が創設されることになる。
(14) 家計最終消費支出は，内閣府経済社会総合研究所『国民経済計算年報』，人口は，総務省『国勢調査報告』。
(15) 厚生労働省『毎月勤労統計調査年報』。
(16) 厚生労働省『就労条件総合調査（1999年までは賃金労働時間制度総合調査）』。なお，2000年は調査が実施されていない。また，2008年調査以降，調査対象が「本社の常用労働者が30人以上の民営企業」から「常用労働者30人以上の民営企業」に拡大されている。
(17) 2010年までは総務省『国勢調査報告』，将来予測は国立社会保障・人口問題研究所『日本の人口の将来推計』（2012年1月推計），死亡中位，出生中位仮定。
(18) 2010年までは総務省『国勢調査報告』，将来予測は国立社会保障・人口問題研究所『日本の世帯数の将来推計』（2013年1月推計）。
(19) 総務省『労働力調査年報』，同『国勢調査報告』による。「労働力人口比率」は，人口に占める労働力人口（就業者と完全失業者の合計）の割合。
(20) 「米国は90年代を通じ，国を挙げてサービス産業の生産性改善に取り組んできた。マッキンゼー・グローバル・インスティテュートが1992年に発表したレポート「サービス部門の生産性」は，日米独3国の製造業とサービス業の生産性を分析することによって，米国のサービス業は世界で最も生産性が高いこと，雇用の拡大するサービス産業の生産性を高めていけば，米国経済は確実に復活できることを明らかにした。（中略）1990年代の日本の「失われた10年」を，バブル崩壊に始まる資産デフレと，金融不安による不況だと思っている方は多いであろう。しかし，本当のところ，日本にとってこの10年は「サービス産業の生産性向上を怠った10年だった」と言った方が正しい」（「サービス化経済　離陸の条件—こんなに開いた労働生産性の日米格差—」『日経ビジネス』号外，2003年6月30日，pp.44-47）。なお，生産性の測定にあたっては質的向上を加味することは困難であるとして，経済産業省では次のように指摘している。「情報化の生産性効果を測定するためには，各産業のアウトプットを正確に把握することが必要であるが，サービス業を中心にその質的向上を把握することは困難であり，生産性の評価が適切でない可能性があることから，産業レベルにおける生産性動向の比較には引き続き検討する余地が大きい」（経済産業省編『通商白書2004年』ぎょうせい，2004年，p.30）。
(21) インターネットや携帯電話などの「情報通信技術」を表す英語としては，ITとICTがある。国際的には，欧州や中南米，アジアの各国および国連をはじめとする各種国際機関において「ICT」（Information & Communication Technology）が広く定着している。一方，わが国では米国や韓国と同様に，「IT」（Information Technology）の語が広く普及している（総務省・ユビキタスネット社会の実現に向けた政策懇談会編『よくわかるu-Japan政策』ぎょうせい，2005年，p.12）。

(22) 「サービス産業は大きな雇用吸収力が期待できる分野であるが、知識集約型・高賃金労働と労働集約型・低賃金労働とに二極化する傾向にあり、さらに労働生産性と雇用者所得には正の相関関係がある一方、雇用者所得と雇用伸び率には負の相関関係がある。このことは、サービス産業の生産性向上が図られなければ、サービス経済化が必ずしもマクロ的な所得の拡大に直結せず、同時にサービス経済化が所得格差の拡大をもたらす可能性があることを示唆しており、留意する必要がある」（経済産業省産業構造審議会新成長政策部会（第3期）中間取りまとめ、2002年7月、p.46）。

(23) 「業務量の変動がほとんどない」とする割合は、1日の変動では「対個人サービス業」47.0％（「対事業所サービス業」68.4％）、1週間の変動では同40.6％（同57.2％）、1年の変動では同37.0％（同28.3％）となっており、「対個人サービス業」のほうが1日および1週間単位の業務量の変動が大きい（労働省（現厚生労働省）編『産業労働事情調査結果報告書1998年（サービス業就業実態調査）』1999年6月）。

(24) 経営組織が個人および会社のものを対象として、収入総額に対する賃金総額の割合をみると、次のようになっている。「対個人サービス業（個人からの収入が事業収入額の3分の2以上を占める52業種）」28.2％、「対事業所サービス業（事業所からの収入が事業収入額の3分の2以上を占める45業種）」24.6％、「対個人・事業所サービス業（個人からの収入および事業所からの収入がいずれも事業収入額の3分の2未満である12業種）」24.2％となっており、「対個人サービス業」における賃金の割合は、「対事業所サービス業」よりも3.6ポイント高い。ただし、消費者への戻し分も事業収入額に含まれる「パチンコホール」「競輪・競馬等の競走場、競技団」、給与収入額が秘匿数字となっている「ゲームセンター」「自動車賃貸業」「スポーツ・娯楽用品賃貸業」「音楽・映像記録物賃貸業」「他に分類されない物品賃貸業」は除く（総務省『サービス業基本調査報告2004年』より算出）。

第2章

サービス業の分類

第1節　サービス特性

　サービスという用語は，様々な意味で使われており，その概念については明確ではないが，清水滋はサービスといわれる概念を整理し，次の4つの系統に分類している[1]。
　1）精神的サービス
　　サービスを提供する上で基本となる精神的なあり方。
　2）態度的（環境的）サービス
　　店舗施設，陳列装飾，照明，暖冷房，BGMなどの物的環境因子群および接客員の表情，表現，身だしなみ，動作などの人的環境因子群により構成される購買環境条件。
　3）業務的（機能的）サービス
　　それ自身が一つの仕事として成立し，経済価値（交換価値）を有し，支払いを前提とした購入の対象となる。
　4）犠牲的サービス
　　特定の有形物もしくは無形物の低価格あるいは無料の提供を内容とした企業の犠牲的行為としてのサービス。これは企業の営業政策としてとらえられるものであり，本来のサービスの概念には含まれない。
　これらの概念に従って現実のサービス業をみると，サービスの核商品として

の業務的(機能的)サービスに加えて,付随的サービスとしての態度的(環境的)サービス,およびサービス提供の精神的なあり方を規定する精神的サービスによりサービス商品がつくられていると考えることができる。

このようにサービスの概念を概略的に整理することができるが,本章ではより厳密なサービスのとらえ方について考えてみたい。サービスをどのようにとらえるかについては,「物」と「サービス」を対比することによってその属性を明らかにするものと,これらサービスに特有の属性を考慮した上で,サービスを物的存在から発する機能として認識するものがある。これらは,対立する概念ではなく,サービスの概念を「属性」から説明するのか,「機能」から説明するのかという違いである。

属性からみたサービスについて,ザイタムルは26人・46本のサービス・マーケティングに関する論文をもとに,サービス特性として指摘されている内容を整理した。そして,無形性(Intangibility),不可分性(Inseparability),異質性(Heterogeneity),消滅性(Perishability)を多くの論者によって指摘されている特徴とした[2]。

岡崎好典は,サービス特性に関する先行研究の分析をもとに,これらの4つのサービス特性が独立のものか従属関係にあるかについて次のように指摘している[3]。「無形性」を最も基本的な特質とし,サービスの無形性ゆえに,生産と消費は同時にならざるを得ず,また提供時点で消滅することから,「同時性(不可分性)」と「消滅性」は無形性から派生する。さらに,「異質性」は生産者と消費者との相互作用であるため,「同時性」から生じる。

他方,機能によってサービスを眺める場合は,「物」を構造的実体,「サービス」を物から発する機能(作用)として認識することを基本としている[4]。

野村清[5]は,「サービスとは利用可能な諸資源が有用な機能を果たすその働き」と定義している。そして,利用可能な諸資源を広義の「もの」とよび,「もの」は物質的財のみならず,人も含めて理解されている。「もの」は有用な機能を果たす働き,すなわちサービスを内包しており(機能のストック),それ自身で存在できる「自存性」がある。一方,「サービス」はサービス主体とサービス対象との間における機能のフローとしてとらえられるものであり,それ自身では存在できない「非自存性」があるとしている。

さらに，サービスが存在するためには，サービス機能を発揮する主体である「サービス主体」と，サービス機能を享受する主体である「サービス対象」がなくてはならないと指摘している。サービス主体とは有用な機能を果たす働きを内包している「もの」であり，それが主として「ヒト」であるサービスを「人的サービス」，主として「モノ」であるサービスを「物的サービス」，主として情報やノウハウなどの抽象物からなる「システム」であるサービスを「システム的サービス」と呼んでいる。

　サービス対象は「人」だけではなく，「物」の場合もある。例えば，理容業においては，サービス機能を享受する主体（サービス対象）は，髪を手入れしてもらいたいという「人」である。この場合，サービス機能を享受するサービス対象と，これにより効用実現を図る効用実現主体は同一の主体である。これに対して，自動車整備業においては，サービス対象は修理や点検を必要とする自動車そのものであり，サービス機能を享受する対象は「物」である。この場合，サービス機能を享受するサービス対象（自動車）と，これにより効用実現を図る効用実現主体（整備の依頼者）は別の主体となる。

　ここで，「もの」は「人」と「物」に分けることができるが，「人」は市場で取引される財とはなり得ない。そこで，市場で取引される「物」を「物財」，市場で取引される「サービス」を「サービス財」とよぶ。

第2節　サービス業分類の先行研究

　サービス業の分類視点には様々なものがあるが，わが国の産業分類の基本となっている日本標準産業分類は，次の視点から分類している[6]。
　1）生産される財貨または提供されるサービスの種類（用途，機能など）
　2）財貨生産またはサービス提供の方法（設備，技術など）
　3）原材料の種類および性質，サービスの対象および取り扱われるもの（商品など）の種類

　日本標準産業分類は，「供給される財の素材や物的性質および生産技術の構造などに主眼をおいて体系化されており，第一次，第二次産業中心のものとなっている」[7]，という問題が指摘されてきた。2002年3月および2007年11月の日本標準産業分類の改定では，特にサービス業を中心に大幅な改定が行われた。最新の「日本標準産業分類2013年」における細分類業種数をみると，製造業が595業種であるのに対して，サービス業関係は「情報通信業」45業種，「不動産業，物品賃貸業」28業種，「学術研究，専門・技術サービス業」42業種，「宿泊業，飲食サービス業」29業種，「生活関連サービス業，娯楽業」69業種，「教育，学習支援業」35業種，「医療，福祉」41業種，「複合サービス事業」10業種，「サービス業（他に分類されないもの）」66業種，合計でも365業種と未だ少ない。そのため，新しく生まれた業種が産業分類上該当する業種が存在しないために，「その他」に分類されてしまうことが多いという問題もある。

　サービス業は，極めて多様な機能や特性をもった産業が混在しているため，サービス業の分類については，多くの論者によって様々な視点に基づく提案がなされてきた。これらは，それぞれが特定の分析目的に応じて作られたものであり，その目的に沿った活用がなされている。サービス業の主な分類視点を整理すると，次のようになる。

1　基本的分類

①　サービスの供給主体

　営利を目的とした営利的サービスか，営利を直接の目的とはしない非営利的

サービスか。
　② **サービスの需要主体**
　サービスの需要者は最終消費者（対個人サービス）か，あるいは企業や官公庁などの事業所（対事業所サービス）か。
　③ **物財関連かどうか**
　提供するサービス機能が物財に関連するかどうかで，卸・小売業，貨物輸送，修理業などは物財の販売，輸送，修理などの機能を果たしており，物財に関連したサービス業としてとらえるものである（亀山直幸・横山徹）[8]。
　④ **流通関連かどうか**
　サービス産業を「ネットワーク部門」と「知識・サービス部門」に分類するもので，「ネットワーク部門」は，電気・ガス・水道業，運輸・通信業，商業，金融・保険・不動産業，「知識・サービス部門」は，マネジメントサービス，医療・健康関連サービス，教育サービス，レジャー関連サービス，家事代替サービス，公務・その他に分類されている（経済企画庁総合計画局）[9]。

2　サービス機能に着目した分類

　① **サービス機能**
　サービス機能による分類として，次のものが挙げられる（清水滋）[10]。
- 「物」の移動に関連したサービス
- 「人」の移動に関連したサービス
- 「金」の移動に関連したサービス
- 「情報」の移動に関連したサービス
- 「物」の貸与を内容としたサービス
- 「行為」の代行を内容としたサービス
- 特殊専門技術，労役，便益を提供するサービス
- 「レジャー」「娯楽」「社交」施設あるいは手段もしくは関連便益を提供するサービス
- 「教育」に関連した支援サービス

　② **サービス行為の特質**
　サービス機能を直接享受するサービス対象が「人」か「物」か，サービス行

為は「有形のものに向けられる」か「無形のものに向けられる」かの組み合わせによって，「人の身体向けのサービス（旅客運送，ヘルスケア，美容院，フィットネスクラブなど）」，「人の心向けのサービス（広告・PR，芸術・娯楽，放送，教育，宗教など）」，「物的所有物向けのサービス（貨物運送，修理やメンテンナンス，クリーニングなど）」，「無形資産向けのサービス（会計，銀行，データ処理など）」に分類するものである（ラブロック）[11]。

③ サービスの事業分野

フィスク他は，サービスの事業分野の類似性に基づいて，サービス業を図表2-2-1に示す10のカテゴリーに大きく分類している。

3 サービス生産の労働集約性に着目した分類

① サービス生産要素

トーマスは，サービス生産要素に着目して，サービス産業を「人間ベース・サービス産業」と「設備ベース・サービス産業」に大別している。「人間ベース・サービス産業」は，さらに「プロフェッショナル」「熟練労働」「未熟練労働」に，「設備ベース・サービス産業」は，さらに「熟練したオペレーターで操作」「未熟練のオペレーターで監視」「自動化されたもの」に分類している[12]。

② 顧客・従業員の役割の重要度

ビトナーは，サービス生産にあたっての顧客・従業員の役割の重要度に着目して次の3つに分類している。1）「セルフサービス」（顧客のみ，ゴルフ・コース，ATMなど），2）「人的関係サービス」（顧客と従業員の両方，病院・クリニック，学校など），3）「リモート・サービス」（従業員のみ，電話会社，ガス・水道・電気など）[13]。

③ サービス・オペレーションの次元

シルベストロ他は，以下に掲げる6つのサービス・オペレーションの次元に着目して，「プロフェッショナル」「サービス・ショップ」「マス・サービス」の3つに分類している。1）主として人によって提供されるか設備によって提供されるか，2）顧客との接触時間の長さ，3）カスタマイゼーションの程度，4）顧客の個別的ニーズに対応するにあたってサービス要員に与えられている権限の程度，5）価値を付加する源泉が主として「フロントオフィス」か

図表2-2-1　サービスの事業分野による分類

1）健康管理サービス		病院，診療所，健康維持機関，医師
2）金融サービス		銀行，保険会社，証券会社
3）専門サービス		会計士事務所，法律事務所，不動産会社，広告会社，建築設計事務所，エンジニアリング会社，建築会社，コンサルティング会社
4）教育，調査サービス	（教育）	託児所，家庭教師，小学校，職業学校，単科大学，総合大学，従業員教育
	（調査）	経営情報サービス会社，調査会社，情報提供サービス会社，図書館
5）ホスピタリティ，旅行，観光サービス		ホテル，レストラン，航空会社，旅行代理店
6）スポーツ，芸術，エンタテインメント・サービス	（スポーツ）	自動車レース，サイクリング，野球，バスケットボール，フットボール，ホッケー，オリンピック競技
	（芸術）	バレエ，オペラ，演劇
	（エンタテインメント）	ロックコンサート，サーカス，モンスタートラック（大きなタイヤを付けた改造トラック）ショー
7）通信サービス		ラジオ，テレビ，ケーブルテレビ，電話，衛星放送，コンピュータ・ネットワーク，インターネット・サービス
8）流通サービス，物流サービス，レンタル・リースサービス	（流通サービス）	小売，卸売，フランチャイズ，代理店
	（物流サービス）	海運，運送
	（レンタル・リースサービス）	貸衣装，レンタカー，建設機械レンタル
9）対個人サービス，修理・メンテナンスサービス	（対個人サービス）	職業紹介，美容院，スポーツジム，葬儀屋，家事代行
	（修理・メンテナンスサービス）	自動車修理，配管工事，芝刈りサービス
10）行政サービス，準行政サービス，非営利サービス	（行政）	国家政府，州政府，地方自治体，電気・ガス・下水道等公益サービス，警察
	（準行政サービス）	社会的マーケティング，政治的マーケティング，郵便サービス
	（非営利サービス）	宗教，慈善事業，博物館・美術館，クラブ組織

出所：Fisk, Raymond P. & Partriya, Tansuhaj, *Service Marketing*, AMA, 1985.（Fisk, Raymond P., Grove, Stephen J. & John, Joby, *Interactive Service Marketing*（2nd ed.）, Houghton Mifflin Company, 2003, pp.8-9）．

「バックオフィス」か，6）「プロダクト」（サービス生産の成果）」が重要か「プロセス（サービス生産の過程）」が重要か。そして，「プロフェッショナル」は，1）主として人に提供され，2）顧客との接触時間は長く，3）カスタマ

イゼーションの程度は大きい，4）サービス要員に与えられている権限は大きい，5）主としてフロントオフィスにおいて価値が創出，6）プロセスが重要という性格をもつサービスであり，「マス・サービス」はその正反対のサービス，「サービス・ショップ」は，それらの中間的な性格をもつサービスととらえるものである[14]。

4 顧客との相互作用に着目した分類

① サービスの相互作用度

ラルソン・ボーエンは，需要の多様性と，顧客がサービス生産に参加し，そのサービスを受けるための準備が必要とされる程度を不確実性ととらえている。需要の多様性が大きいほど，また顧客がサービス生産に参加し，サービスを受けるための準備が必要とされる程度が大きいほど，サービス企業は高い不確実性に対処しなければならないとするものである[15]。そして，この2軸の組み合わせによって，サービスの相互作用パターンによる分類を行い，それぞれの分類ごとに「顧客」，「フロントオフィス」（顧客と直接接触するサービス生産

図表2-2-2　サービスの相互作用パターンによる分類

		サービス生産の参加に必要とされる顧客側の準備	
		小	大
需要の多様性	大	「カスタマイズサービス」（自動車整備，クリーニングなど） 顧客の需要は多様であるが，顧客がサービス生産に参加するための準備は少ない。フロントオフィスで顧客の要望を把握し，バックオフィスでサービス生産を行う形である。	「相互作用サービス」（医療，法律，高等教育など） 顧客の需要は多様であり，また顧客がサービス生産に参加するための準備も必要とされ，最も不確実性の高いサービスである。顧客とフロントオフィスの相互作用によって，サービス生産が行われる。
	小	「共同利用サービス」（銀行，保険，劇場，放送など） 顧客の需要は画一的であり，顧客がサービス生産に参加するための準備も少なく，最も不確実性の低いサービスである。サービス生産は，主としてバックオフィスで行われる。	「標準化サービス」（コインランドリー，レンタカーなど） 顧客の需要は画一的であり，そのサービスを利用するための顧客の能力と，顧客が果たす役割が明確である。サービス生産は，顧客がセルフサービスで行い，それをフロントオフィスとバックオフィスがサポートする形である。

出所：Larson, Richard & Bowen, David E., "Organization and Customer: Managing Design and Coordination of Services," *Academy of Management Review*, Vol.14, No.2, 1989, pp.220-223.

過程),「バックオフィス」(顧客とは直接接触しないサービス生産過程) の役割を明らかにしている。

② 顧客との相互制御関係

上原征彦は，顧客との相互制御関係の性格と，相互制御関係の広がりとその持続性に着目したサービスの分類を提起している[16]。顧客との相互制御関係の性格については，「ルール型サービス」と「プロセス型サービス」に区分している。ここで,「ルール型サービス」とは，売り手と買い手との相互制御関係が，あらかじめルールとして固定化されており，これ以外の相互制御関係の新たな発生が抑止されているサービス,「プロセス型サービス」とは，あらかじめ相互制御関係が固定化されているというよりも，むしろその暫次的な新たな発生が予定されており，その都度これを調整・維持することによって，顧客の欲求とその充足レベルを高次化することが期待されているサービスをいう。また，顧客との相互制御関係の広がりとその持続性については,「クラブ型サービス」と「オープン型サービス」に区分している。「クラブ型サービス」とは，限定された特定の買い手とのみ長期にわたる関係を築く (例えば会員制サービスなど),「オープン型サービス」とは，不特定多数の買い手と一過的な関係を築く (いわゆる流動客相手のサービスなど) ものをいう。

そして，この2軸の組み合わせによって，顧客との相互制御関係づくり (戦略的観点から，顧客との適切な相互制御関係を構築していくマーケティング) という視点から，サービスを4つのタイプに分類している。このうち「ルー

図表2-2-3 顧客との相互制御関係による分類

「ルール・クラブ型」(会員制テニスコート) 限定した顧客と長期的な関係を維持しつつ，顧客との人的接触による相互調整過程をできる限り少なくし，むしろ，顧客に特定の仕組み・施設・機器を利用してもらう。	「ルール・オープン型」(映画館) 不特定多数の顧客と一過的な関係を結ぶ。顧客との人的接触による相互調整過程をできるだけ少なくし，これを特定の仕組み，施設・機器の顧客による利用に置き換えていく。
「プロセス・クラブ型」(主治医によるサービス) 限定した顧客と長期的な関係を維持しつつ，顧客との人的接触による相互調整過程にできる限り力を入れ，ここでの差別化を図る。	「プロセス・オープン型」(一般病院のサービス) 顧客との人的接触による相互調整過程に力を入れ，ここでの差別化を図るが，不特定多数の顧客にサービスを提供していく。

出所：上原征彦「サービス概念とマーケティング戦略」『明治学院論叢』第459号, 1990年3月, p.83。

ル・オープン型」「プロセス・クラブ型」が安定的な戦略タイプで，「ルール・クラブ型」「プロセス・オープン型」は経過的な戦略タイプであると指摘している。

③ 提供者による顧客のコントロールの程度

藤村和宏は，「提供者の顧客に対するコントロールの程度（サービス提供組織は，そのサービスを提供する顧客をどの程度選択できるか）」，「顧客のサービス提供過程（サービス生産）に対するコントロールの程度（顧客はサービス提供過程で起こるであろう出来事の内容とその順序に対してどの程度影響を与えることができるか）」の2軸によるサービスの分類を提起している[17]。提供者が顧客をコントロールできる程度が大きなサービスでは標準化が可能であり，逆に顧客がサービス提供過程（サービス生産）をコントロールできる程度が大きいサービスでは標準化が困難であり，不確実性が強まるというものである。

図表2-2-4　提供者による顧客のコントロールの程度による分類

		顧客のサービス生産に対するコントロールの程度	
		小	大
提供者の顧客に対するコントロールの程度	大	「工業化型サービス」標準化することと，サービスの範囲を限定することとが可能である。顧客はあらかじめ決められたオペレーションに従って提供されるサービスを受けるだけ，あるいは決められたオプションから選択できるだけである。顧客の特性，ニーズ，あるいはサービス品質に対する期待の同質性の観点から顧客の選択が行われていれば，それらに見合った標準的なサービスを提供することで顧客の満足を得ることができる。	「相互依存型サービス」相応しくない顧客を排除することはできるが，サービス提供過程は顧客の積極的な役割を演じる意志や役割遂行の内容と水準に大きく依存しているために，標準化することは困難である。そのため，従業員の行動を標準化し，マニュアル化することも困難である。なお，その結果は，顧客の参加の仕方にかなり依存しているために，顧客は不満や苦情を出しにくいということがある。
	小	「提供者主導型サービス」顧客を選択することはできないが，あらかじめ設定した活動の流れに沿ってサービスを提供することができる。かなりの程度に標準化することが可能である。	「顧客主導型サービス」標準化が困難である。多様な顧客が広範囲に参加するために，その提供組織は大きな不確実性に直面することになり，状況に応じてオペレーションを変更する必要がある。

出所：藤村和宏「サービスの生産過程とオペレーション」サービス企業生産性研究委員会編『サービス企業生産性向上のために』社会経済生産性本部，1994年，pp.60-61。

5　労働集約性と顧客との相互作用度に着目した分類

先にみた「サービス生産の労働集約性」，および「顧客との相互作用度」を2つの軸とする分類が，図表2-2-5に示すシュメナーによる「労働集約性と顧客との相互作用度による分類」である[18]。それぞれのタイプによってサービスマネジャーの意思決定課題が異なることに着目したものである。「顧客との相互作用度」が高い場合には，コスト増，品質の維持，顧客対応，サービス生産過程への介在，人的サービスの優位性の発揮，従業員のロイヤルティの獲得など，逆に「顧客との相互作用度」が低い場合には，マーケティング，物的環境への配慮などが課題となる。また，「労働集約性」が強い場合には，採用，

図表2-2-5　労働集約性と顧客との相互作用度による分類

		顧客との相互作用度	
		低	高
労働集約度	低	「サービス工場」（航空輸送，トラック輸送，ホテル，リゾート・レクリエーション） 大規模な資本が必要されるが，顧客との相互作用度は低く，画一的なサービスが提供される。 「施設の稼働率が低コスト化の鍵。提供能力の適正な管理と無駄なサービスの排除が行われる」。	「サービス・ショップ」（病院，自動車等修理サービス） 大規模な資本が必要とされ，顧客との相互作用度も高いサービス。 「資本の効率的な利用とともに相互作用の管理が必須。ニーズを明確にしながら，焦点を絞ったオペレーションで資本効率を上げてニーズの多様性を減少させる戦略がしばしば採用される」。
	高	「マス・サービス」（小売，銀行，教育） 労働集約度が強いが，顧客との相互作用度は低く，画一的なサービスが提供される。 「顧客の一定のニーズに対応しながら機械的に処理を行う従業員が必要とされてきた。しかし，近年の情報革命などによって，多くの資本投下を要求され，サービス工場やサービス・ショップに近いオペレーションを採用することで低コスト化を実現しようとしている」。	「専門サービス」（医師，弁護士，会計士，建築士） 労働集約度が強く，顧客との相互作用度が高いサービス。 「情報ネットワークの進展によって急速に資本集約的になってきており，サービス生産において人間に頼る部分が低下しつつある。また，顧客のニーズを絞って専門化していくことでサービス品質を維持しつつ低コスト化を目指す戦略も，しばしば採用される」。

出　所：Schmenner, Roger W., "How can Service Businesses Survive and Prosper?," *Sloan Management Review*, Vol.27, No.3, 1986, pp.24-25. 表中の鍵カッコ内は，山本昭二「サービス・オペレーションの構造を考慮した戦略分類」『商学論究（関西学院大学）』第47巻第5号，2000年3月，pp.30-31。

教育，従業員福祉，労働力管理，遠方立地の管理，成長の管理など，逆に「労働集約性」が弱い場合には，投資決定，技術的優位，繁忙期を避け閑散期に誘導する需要管理，サービス提供のスケジューリングが課題になると指摘している。

第3節　サービス業のとらえ方

1　サービス産業の範囲

　クラークは，素材を収集する第一次産業，それを加工する第二次産業，その他の残余の部分を第三次産業とする産業の三分法を提示した[19]。その後，フュックスは，第三次産業を残余の部分としてとらえるのではなく，財貨を生産する財貨産業と，非財貨のサービスの生産・供与を行うサービス産業に区分する二分法を提示した[20]。

　一般的な産業の分類は，クラークの流れをくむ三分法をとり，農林水産業を第一次産業，鉱業，製造業および建設業を第二次産業，その他の産業を第三次産業すなわちサービス産業とするものである。しかし，電気・ガス・水道業をいずれに区分するかについては，議論が分かれている。クラークは，これを第二次産業に分類し，フュックスも財貨産業として分類した。各国の標準産業分類をみると，「国際連合が作成している国際標準産業分類（ISIC）では第二次産業として扱われているが，米国，日本の産業分類では第三次産業，ドイツでは第一次産業として扱われるといった大きな違いがみられる」[21]。

　山本昭二は，「無体財の特徴として指摘されてきたもののうち，生産と消費の同時性は情報のように消費する以前に生産が完了している財もあることから無体財全般にあてはまるとは言えないだろう」[22]と指摘している。そして，「サービス」を狭義にとらえ，「人間の労働の成果を市場で交換するもの。サービスが提供される対象は人間であったり有体財であったりする。顧客との間で直接に交換されなくても顧客の所有物に働きかけるサービスも含まれる」[23]，と定義している。そして，効用を発生する源が物質財か非物質財か，効用を発生する源の所有権の移転があるか否かに基づいて，図表2-3-1のように有体財と無体財とに分け，無体財をさらに「有体財利用権」「情報」「情報利用権」「サービス」に分類している。

図表2-3-1　有体財と無体財

	効用を発生する源が物質財	効用を発生する源が非物質財
効用を発生する源の所有権の移転あり	「有体財」 （物質から構成される財で、その取引においては所有権が移転する）	「情報」 （一般に媒体に記録された記号や信号で、媒体とともに所有権が移転する）
効用を発生する源の所有権の移転なし	「有体財利用権」 （一定の時間や空間を限って有体財を利用する権利が交換される）	「情報利用権」 （情報の利用権のみが交換される） 「サービス」 （人間の労働の成果が市場で交換される）

（注）アミ掛け部分は無体財の領域。
出所：山本昭二『サービス・クォリティ』千倉書房，1999年，pp.40-49をもとに作成。

　野村清は，付加価値（その産業で生産された付加価値）に基づいて，物財を商品として生産する産業を「物財産業」，サービス財を商品として生産する産業を「サービス産業」に二分し，さらに交換価値（その産業が貨幣と交換する取引対象）に基づいて区分している[24]。

　本書でも，この考え方に基づいて，「サービス財生産」か「物財生産」かによって区分し，さらに「サービス財販売」か「物財販売」によって区分する。

2　サービス財の生産・販売概念

(1)　「サービス財生産」「物財生産」

　「サービス財生産」「物財生産」の概念は，「サービス財生産」は特定のサービス対象（顧客または顧客の所有物）に向けた機能の提供であり，生産の成果を在庫できないのに対して，「物財生産」は特定のサービス対象に向けた機能の提供ではなく，生産の成果を在庫できるというものである。

　「サービス財生産」においては，自動車整備業のようにサービス対象が「物」で，サービス機能を直接享受する「サービス対象（自動車）」と，それによりニーズを充足する「効用実現主体（整備の依頼者）」が分離する場合と，「サービス対象」と「効用実現主体」が同一主体の場合がある。しかし，いずれの場合も特定のサービス対象に向けて機能を提供するものである。

　一方，「物財生産」は，特定のサービス対象に向けたものではなく，一般的に不特定多数の効用実現主体のニーズを充足するために生産される。製造業に

含まれるメッキ業などの受託賃加工業も,「物財生産産業」ととらえることができる。加工業における生産作業は,特定のサービス対象に向けた機能の提供ではなく,完成品メーカーで生産される「物」と同様に不特定多数を対象とした「物」の生産工程の一部であると考えられる。ただし,ある特定顧客の所有物にメッキ作業を行う場合は,「サービス財生産産業」と考えざるを得ない。

電気・ガス・水道業についても,「物財生産産業」と考えることとする。「ガス」や「水道」は,物財（物質）を生産しており,またそれは特定のサービス対象に向けた機能の提供ではなく,不特定多数のサービス対象に向けて生産しており,生産の成果を在庫できるからである。「電気」は,一般的に在庫できないが,これは技術的な限界からくる問題と考えるべきで,巨大な蓄電器があれば在庫できると考えることもできる。日常的に行っている携帯電話の充電は,小規模ではあるが電気の在庫といえる。

なお,多くの物財は見込み生産されることが多いが,特定の効用実現主体のニーズを充足するために受注生産される場合もある。そこで,受注生産も「物財生産」と考えてもよいのかという問題,さらに,「物財の受注生産」と,やはり特定の効用実現主体のニーズを充足するために生産される「ソフトウェアの受託開発」とは何が違うのかという問題が生じる。

ここで,「物財の受注生産」においては,製造業において付加されたサービス機能（物財の加工）は物に体化され,そのサービス機能そのものを取り出すことはできない。一方,「ソフトウェアの受託開発」においては,受託開発ソフトウェア業において付加されたサービス機能（開発されたソフトウェア）は特定の媒体に保管された形で提供されるであろうが,その媒体からサービス機能（ソフトウェア）を取り出すこともできるし,別の媒体に移し替えることもできるという違いがある[25]。この場合,サービス機能そのものを取り出すことができるかどうかという基準によって,取り出すことができない「物財の受注生産」は「物財生産産業」,取り出すことができる「ソフトウェアの受託開発」は「サービス財生産産業」ととらえることとする。

建設業は,受注生産型の「物財生産産業」と考えることができる。ただし,営繕は特定のサービス対象に向けた機能の提供であり,「サービス財生産産業」としてとらえることが妥当[26]である。しかし,業界の実態からみて新築（新

設）と営繕が明確には分かれておらず，また日本標準産業分類上も両者を区分できないため，後述の産業分類においては建設業全体を「物財生産産業」とした。

(2) 「サービス財販売」「物財販売」

「サービス財販売」「物財販売」の概念は，「サービス財販売」は，貨幣と交換する対象はサービス財で，物財販売とは独立にサービス機能のみを販売するもの，「物財販売」は，サービス機能は物財価格に含めて販売され，販売により所有権が移転するものである。

飲食店は，飲食物という物財の生産に加えて，スペースや什器，あるいは雰囲気などのサービス財も提供しているが，サービス財生産の対価を飲食物という物財の価格に押し込める形で販売している。その意味では，飲食店が貨幣と交換する対象は物財であり，「物財販売産業」とみることができる。小売業も同様に，品揃えや商品情報の提供というサービス財生産の対価を物財価格に含めて販売しており，「物財販売産業」といえる。

製造業に含まれるメッキ業などの受託賃加工業は，修理業と同様に「サービス財販売産業」と考えることができよう。これは，当該産業が貨幣と交換する対象は加工サービスというサービス財であり，サービス機能の対価（例えば，メッキ料）を受け取るだけで，所有権が移転するわけではないためである。

電気・ガス・水道業については，当該産業が貨幣と交換する対象はサービス機能の提供（電気・ガス・水道の提供）であるが，販売により所有権が移転すると理解することもできる。しかし，サービス機能の提供とサービス対象（効用実現主体）の機能享受が同時に行われることに着目すると，「サービス財販売産業」と位置づけることが妥当であろう[27]。

ここで，特定の効用実現主体のニーズを充足するために生産され，サービス財生産産業といえる「ソフトウェアの受託開発」と，一般的な物財生産と同様に特定のサービス対象に向けて生産されるものではなく，生産の成果を在庫することが可能であって物財生産産業といえる「パッケージソフト」について，それぞれの販売概念をどのように考えればよいのであろうか[28]。

「ソフトウェアの受託開発」においては，ソフトウェアというサービス機能

が保管された媒体の所有権が移転する「物財販売産業」であるという見方もできる。しかし，そのサービス機能は媒体から取り出すこともできるため，販売しているのはソフトウェアというサービス機能そのものであるとの解釈が可能であり，「サービス財販売産業」と考えることができよう。なお，この場合はソフトウェアという無形の財の所有権も移転しているとみることができる。これに対して，「パッケージソフト」においては，購入により所有権が移転し，その財がもつ機能を享受するという意味で，一般的な物財販売産業と同じと考えることができる。ソフトウェアの受託開発と異なるのは，所有権が移転するといっても，あくまでもソフトが保存された有形の財の所有権についてであり，ソフトウェアという無形の財の所有権ではないという点である。

また，不動産業のうち「建物売買業」および「土地売買業」[29]については，土地や建物といった物財にサービス財を付加して販売しているが，サービス財の価格を物財の価格に押し込める形で販売しており，その意味では，卸・小売業や飲食店と同じ「物財販売産業」ととらえることができる。なお，不動産業の中でも，「不動産代理業・仲介業」および「不動産賃貸業・管理業」は，「サービス財販売産業」と位置づけられる。

(3) サービス業の範囲

以上のような考察に基づき，本書では「当該産業で付加される価値が主としてサービス財か物財か」，また「当該産業が貨幣と交換する対象が主としてサービス財か物財か」の組み合わせによって産業を分類することとする（図表2-3-2参照）。それぞれの産業の概念は次のとおりである。

1）サービス財生産産業

　　当該産業はサービス財を生産し，その生産は特定のサービス対象（顧客または顧客の所有物）に向けた機能の提供であり，生産の成果を在庫できない産業。

2）物財生産産業

　　当該産業は物財を生産し，その生産は特定のサービス対象に向けた機能の提供ではなく，生産の成果を在庫できる産業。

図表2-3-2　産業の分類視点

	サービス財生産産業	物財生産産業
サービス財販売産業	サービス財生産・サービス財販売産業 「サービス業（他に分類されないもの）」「運輸業，郵便業」「金融・保険業」「学術研究，専門・技術サービス業」「生活関連サービス業，娯楽業」「医療，福祉」「教育，学習支援業」「複合サービス事業」「情報通信（通信業，放送業，組込みソフトウェア業，パッケージソフトウェア業，ゲームソフトウェア業を除く情報サービス業，インターネット附随サービス業，映像・音声・文字情報制作業のうち，テレビジョン番組制作業，アニメーション制作業，映画・ビデオ・テレビジョン番組配給業，ラジオ番組制作業，映像・音声・文字情報制作に附帯するサービス業）」「不動産業，物品賃貸業（不動産代理業・仲介業，不動産賃貸業・管理業，物品賃貸業）」「宿泊業，飲食サービス業（宿泊業）」	物財生産・サービス財販売産業 「電気・ガス・熱供給・水道業」
物財販売産業	サービス財生産・物財販売産業 「卸売・小売業」「不動産業，物品賃貸業（建物売買業，土地売買業）」「宿泊業，飲食サービス業（飲食店，持ち帰り・配達飲食サービス業）」	物財生産・物財販売産業 「農林水産業」「鉱業」「製造業」「建設業」「情報通信業（組込みソフトウェア業，パッケージソフトウェア業，ゲームソフトウェア業，レコード制作業，新聞業，出版業」

（注）アミ掛け部分は，本書における「サービス業」の範囲を示す。

3）サービス財販売産業

　　当該産業が貨幣と交換する対象はサービス財で，物財販売とは独立にサービス機能のみを販売する産業。

4）物財販売産業

　　当該産業が貨幣と交換する対象は物財で，サービス機能は物財価格に含めて販売され，販売により所有権が移転する産業。

　以下，本書では「サービス財生産・サービス財販売産業」を「サービス業」としてとらえ，これに「サービス財生産・物財販売産業」を加えた「サービス財生産産業」を，「サービス産業」としてとらえることとする。すなわち，本

書における「サービス業」は，「日本標準産業分類2013年」の大分類R「サービス業（他に分類されないもの）」に加えて，H「運輸業，郵便業」，J「金融・保険業」，L「学術研究，専門・技術サービス業」，N「生活関連サービス業，娯楽業」，O（教育，学習支援業），P（医療，福祉），Q（複合サービス事業），G（情報通信業）のうち製造業的性格をもつ「組込みソフトウェア業」「パッケージソフトウェア業」「ゲームソフトウェア業」「レコード制作業」「新聞業」「出版業」以外の業種，K「不動産業，物品賃貸業」のうち「不動産代理業・仲介業」「不動産賃貸業・管理業」「物品賃貸業」，M「宿泊業，飲食サービス業」のうち「宿泊業」である。

第4節　サービス業の戦略的業態分類

1　サービス業の戦略的業態分類視点

　本節においてサービス業を分類する目的は，そのタイプに応じた経営課題，さらには戦略構築に際して考慮すべき条件の共通性を見出すためのものである。もちろん，マーケティング戦略は，個々の企業がおかれている環境条件によって異なることが当然であり，その一般的方向を明らかにすることはできない。そのため，競争上のポジションや商品・サービスのライフサイクルなどによって，ある程度一般化された戦略構築の方向を提示するにとどまらざるを得ない。しかし，マーケティング戦略構築の一般的方向を提示することはできないとしても，サービス特性によっては，以下に述べるような戦略構築に際しての制約条件があることも確かである。

(1)　サービス機能の体化

　理容業ではサービスを利用する目的である理容師による調髪という「サービス機能の提供」と，サービス機能を直接享受する対象である利用者の「サービス機能の享受」が同時になされる。すなわち，サービス生産と利用者による機能享受が同時になされるサービスであり，サービス機能は利用者に体化され，サービス機能の提供によって利用者の状態に何らかの変化が生じる「サービス機能体化型サービス」といえる。

　これに対して，AVレンタル業ではサービスを利用する目的はDVDを楽しむことであり，DVDを借りるという行為は，あくまでもそのための手段である。借りたDVDを楽しむことによってはじめて，サービス利用の目的であるDVDを楽しむというサービス機能を享受することができ，利用者の状態に何らかの変化が生じると考えることができる。

　しかし，DVDを楽しむという行為は，小売業でDVDを購入して所有権を得る場合でも，AVレンタル業からDVDを借りて使用権を得る場合でも，また家族や友人から無償で借りる場合でも，DVDという「物」にストックされてい

る有用な機能を享受しているという点では同じである。DVDを楽しむという行為は，AVレンタル業によって提供されるサービス機能を直接享受するのではなく，DVDという「物」のもつ有用な機能の享受である。また，DVDを借りる人とDVDを楽しむ人は，必ずしも同一である必要はない。すなわち，DVDのレンタルというサービス機能が提供されただけでは，利用者の状態に変化が生じるわけではない，すなわちサービス機能が利用者に体化されない「サービス機能非体化型サービス」といえる。

「サービス機能体化型サービス」と「サービス機能非体化型サービス」を区分するにあたって，サービス機能の「物」への体化という概念を用いる[30]。例えば，クリーニング業ではサービス機能（クリーニング行為）がサービス対象である「物」（汚れた衣料）に体化され，きれいな状態になる。サービスは，「物」だけではなく，「人」にも体化するとみることができる。理容業ではサービス機能（理容行為）がサービス対象である「人」に体化され，調髪される。学習塾においても，サービス機能（教育行為）がサービス対象（学習塾の生徒）に体化され（生徒に知識が教授される），サービス対象の知的レベルに変化がもたらされる。貨物運送業においても，サービス機能（貨物の輸送）がサービス対象（輸送対象の貨物）に体化され，サービス対象の空間的状態に変化がもたらされる。これらのサービスにおいては，サービス機能を直接享受するサービス対象が明確であり，サービス機能がサービス対象に体化されるため，サービスがひとたび提供されると元へは復元できない「不可逆性」をもつ。このようなサービスを「サービス機能体化型サービス」と呼ぶ。

これに対して，サービス機能が提供されただけでは，サービス対象の状態に何らかの変化が生じないサービスもある。例えば，受託開発ソフトウェア業では，ユーザーの個別的ニーズにマッチしたソフトウェアを開発するというサービス機能を提供しているが，サービス機能の提供（ソフトウェアの開発）だけでは，ユーザーの状態に何らかの変化が生じるわけではない。開発されたソフトウェアを利用して情報処理を行うことによってはじめて，その機能を享受し，ユーザーの状態に変化が生じると考えることができる。すなわち，サービス機能が提供されただけでは，特定されたサービス対象の状態に何らかの変化が生じないサービス，いわばサービス機能がサービス対象に体化されない「サービ

ス機能非体化型サービス」といえる。

　なお,「サービス機能体化型サービス」においてはサービス機能を直接享受する対象であるサービス対象の概念は明確であるが,「サービス機能非体化型サービス」においては, サービス企業と接触する主体と, そのサービス利用の目的となるサービス機能を享受する主体は分離することも多い。例えば, AVレンタル業においては, 当該企業と接触して実際に「物」を借りる主体と, 賃貸された「物」を利用して, その機能を享受する主体は異なる場合もある。同様に, ソフトウェア開発においても, 受託開発ソフトウェア業と接触してソフトウェアを開発する主体と, そのソフトウェアを利用してその機能を享受して情報処理を行う主体は必ずしも同一ではない。

　ここで,「サービス機能のサービス対象への体化」という視点から, サービスを分類すると, 次のように大別することができる。

　1) サービス機能体化型サービス

　　　サービス機能はサービス対象に体化され, サービス機能の提供により, サービス対象の状態に何らかの変化が生じるサービス。

　2) サービス機能非体化型サービス

　　　サービス機能はサービス対象に体化されず, サービス機能が提供されただけでは, 特定されたサービス対象の状態に変化が生じないサービス。

(2)　サービス利用の目的

　理容業では, 調髪してもらうことがサービスを利用する目的であり, 理容師による調髪というサービス機能の提供と, 調髪してもらうという利用者の目的の達成は同時になされる。すなわち, サービス生産とサービス利用の目的となる効用実現主体の効用実現が同時になされる「目的的サービス」といえる。

　これに対して, AVレンタル業はDVDを借りることが目的ではなく, そのDVDの内容を楽しむために利用されるサービスである。すなわち, AVレンタル業によるDVDを賃貸するというサービス機能の提供と, DVDの内容を楽しむというサービス利用の目的を達成すること, すなわちサービス生産とサービス利用の目的となる効用実現主体の効用実現が分離する「手段的サービス」といえる。

貨物運送業は，サービス生産（貨物の輸送）はサービス対象（貨物）と切り離すことができず，サービス生産とサービス対象の機能享受が同時になされる「サービス機能体化型サービス」である。しかし，貨物運送業を利用する目的は，貨物を移動させることによって何らかの目的を達成する（相手先に書類を届け，その書類を見てもらう）ための手段として利用されるものであり，貨物の移動はあくまでもその目的を達成するための手段にすぎない。すなわち，サービス生産とサービス利用の目的となる効用実現主体の効用実現が分離する「手段的サービス」といえる。

ここで，サービス利用の目的という視点からサービスを分類すると，次のように大別することができる。

1）目的的サービス

　　当該サービスの利用そのものが目的であり，サービス生産とサービス利用の目的となる効用実現主体の効用実現が同時になされるサービス。

2）手段的サービス

　　何らかの目的を達成するための手段として利用されるサービスであり，サービス生産とサービス利用の目的となる効用実現主体の効用実現が分離するサービス。

(3) サービス機能の体化とサービス利用の目的による分類

これまで述べてきた，「サービス機能体化型サービス」「サービス機能非体化型サービス」，「目的的サービス」「手段的サービス」という2軸のサービス特性の組み合わせによって，サービスを3つのタイプに大別する。なお，目的的サービスは，当該サービスの利用そのものが目的であり，かつその目的となっているサービス生産時において，サービス機能を発揮する主体である「サービス主体」と，サービス機能を直接享受する対象である「サービス対象」が同一時間・同一空間に存在することが必要なサービスであり，そのサービス機能は特定のサービス対象に体化する。そのため，目的的サービスにおいては，サービス機能がサービス対象に体化されない「サービス機能非体化型サービス」は存在しない。

1）目的的サービス機能体化型サービス

当該サービスの利用そのものが目的であり，サービス生産とサービス利用の目的となる効用実現主体の効用実現が同時になされるサービスをいう。サービス生産時において，サービス機能を発揮する「サービス主体」と，サービス機能を直接享受する「サービス対象」が同一時間・同一空間に存在することが必要というサービス特性をもつ[31]。

2）手段的サービス機能体化型サービス

サービス生産（効用実現主体からみればサービスの利用）そのものは効用実現主体の直接の目的ではなく，何らかの効用実現を図るための手段として利用されるサービスであり，サービス生産とサービス利用の目的となる効用実現主体の効用実現が分離するサービスをいう。ただし，サービス生産時において，サービス機能を発揮する主体である「サービス主体」と，サービス機能を直接享受する対象である「サービス対象」が同一時間・同一空間に存在することが必要というサービス特性をもつ。

3）手段的サービス機能非体化型サービス

サービス生産（効用実現主体からみればサービスの利用）そのものは効用実現主体の直接の目的ではなく，何らかの効用実現を図るための手段として利用されるサービスであり，サービス生産とサービス利用の目的となる効用実現主体の効用実現が分離するサービスをいう。さらに，サービス機能はサービス対象に体化されず，サービスが提供されただけでは，特定されたサービス対象の状態に変化が生じないというサービス特性をもつ。

「手段的サービス機能非体化型サービス」においては，サービス企業と接触する主体と，そのサービス利用の目的となるサービス機能を享受する主体は分離することも多い。サービス機能が特定されたサービス対象に体化されるわけではなく，サービス機能が提供されただけでは特定されたサービス対象の状態に変化が生じないサービスという点で，「サービス機能非体化型サービス」ととらえる。

図表2-4-1は，主としてこれまで述べてきたサービス特性の相違に着目したサービス業分類であり，それぞれのタイプによって共通する経営課題や戦略構築に際して考慮すべき条件の共通性を見出すことを目的としている。その意味から，このタイプ分類を「サービス業の戦略的業態分類」と呼ぶこととする。

第2章 サービス業の分類

図表 2-4-1 サービス業の戦略的業態分類

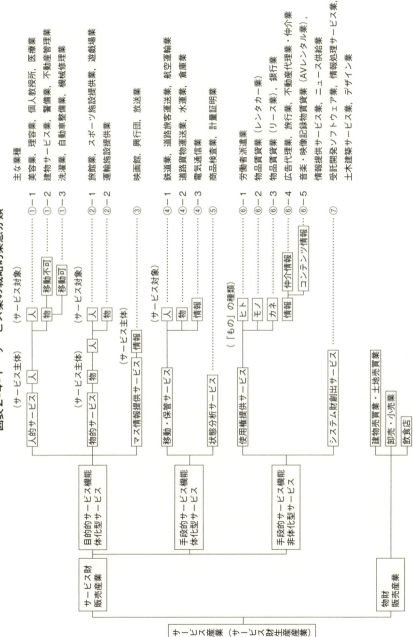

ここで分類対象としているサービス業の範囲は，先に定義した「サービス財生産・サービス財販売産業」である。すなわち，「当該産業はサービス財を生産し，その生産は特定のサービス対象（顧客または顧客の所有物）に向けた機能の提供であり，生産の成果を在庫できない産業」（サービス財生産産業），かつ「当該産業が貨幣と交換する対象はサービス財で，物財販売とは独立にサービス機能のみを販売する産業」（サービス財販売産業）である。以下，これを単に「サービス業」と呼ぶ。

2　目的的サービス機能体化型サービス

「目的的サービス機能体化型サービス」とは，当該サービスの利用そのものが目的であり，サービス生産とサービス利用の目的となる効用実現主体の効用実現が同時になされるサービスである。サービス生産時において，サービス機能を発揮する「サービス主体」と，サービス機能を直接享受する「サービス対象」が同一時間・同一空間に存在することが必要というサービス特性をもつ。

「目的的サービス機能体化型サービス」は，さらにサービス主体とサービス対象によって細分する。サービス主体は，サービス対象に向けて有用な機能を提供する主体であり，「人」「物」「情報」に大別することができる。しかし，それらが単独でサービス主体となることは少なく，「人」「物」「情報」が複合してサービス主体となることが多い。例えば，カプセルホテルやテニスコートは，「物」によって提供されるサービス機能の割合が大きいものの，若干の人的サービスも必要である。逆に，美容業は人的サービス部分が極めて大きいものの，サービス提供にあたっては店舗施設や美容器具などの物的サービスも必要である。

サービス主体によってサービスを分類する目的は，物的サービスであれば，サービス提供に先立ってその品質を事前に計画し，管理できる可能性が大きい，逆に人的サービスであればサービス品質の管理がサービス要員にゆだねられる部分が大きく，経営課題や戦略構築に際して考慮すべき条件などにおいても異なる点に着目するものである。

ここで，物的サービスと人的サービスを厳密に区分することは不可能としても，それを区分する基準を明らかにしておく必要があろう。その基準としては，

どちらの割合が大きいかが基本となろうが，これを量的に明らかにすることが困難なサービスも多い。そのため，サービス機能を「基本的機能」（企業が買い手に提供する機能のうち，買い手がその支払いの対象として当然受け止るべきと期待している機能）と，「付随的機能」（それがなくても，当ビジネスの存立に直接関わるものではないが，あればそれに越したことのない機能）に分け[32]，基本的機能が主として物的サービスか，あるいは人的サービスかというとらえ方をする。例えば，ホテルや旅館は宿泊スペースの提供が基本的機能（これに特化し，付随的機能部分を極力削除したものがカプセルホテル）であり，これはあくまでも物的サービスである。それに対して，美容業は調髪が基本的機能であり，これは人的サービスによって行われる。

　以上のような視点に基づいて，「目的的サービス機能体化型サービス」は，主なサービス主体が「人」「物」「情報」のいずれかによって，「人的サービス」「物的サービス」「マス情報提供サービス」に大別する。

　サービス主体が「人」の場合は，サービス品質の安定が難しいと同時に，サービス要員の技術・技能や接客態度などの個人差によってサービス品質の「ばらつき」が生じやすいのに対して，サービス主体が「物」の場合は，サービス品質はサービス提供に先立って計画されるものであり，その品質は安定しているという点に着目したものである。サービス主体が「情報」の場合も，サービス提供に先立って計画される情報量および情報の質によって，サービス品質はサービス提供に先立って計画される。

　「人的サービス」は，さらにサービス対象が「人」か「物」かによって細分する。サービス対象が「人」の場合は，サービス生産・提供過程においてサービス対象の個別的ニーズに基づく生産の微調整が必要であり，しかもサービス対象のサービス生産への参加レベルが提供品質を規定することになる。すなわち，サービス主体が「人」であることによる品質の不安定性と，サービス対象が「人」でありサービス生産に参加することによる品質の不安定性が相まって提供品質の管理が最も難しいタイプのサービスといえる。例えば，美容業，理容業，個人教授所，医療業などが挙げられる。

　それに対して，サービス対象が「物」の場合は，効用実現主体がサービス生産に直接参加することはなく，サービス対象が「人」の場合よりもサービス品

質の安定や生産の効率化を図りやすい。さらに，サービス対象である「物」が移動可能な場合，物財の生産と同様の効率的生産が可能となる。サービス対象である「物」が移動可能なタイプとして，建物サービス業，警備業，不動産管理業など，サービス対象である「物」が移動不可能なタイプとして，洗濯業，自動車整備業，機械修理業などが挙げられる。

同様に，「物的サービス」は，サービス提供に先立ってサービス品質が事前に計画される部分が多く，「人的サービス」と比較するとサービス品質は安定している。「物的サービス」は，さらにサービス対象が「人」か「物」かによって細分する。サービス対象が「人」の場合は，サービス対象の個別的ニーズによって，事前に計画された「物的サービス」に対する評価は異なってくる。例えば，旅館業，スポーツ施設提供業，遊戯場業などが挙げられる。

それに対して，サービス対象が「物」の場合は，サービス主体が「物」で提供品質が安定していること，さらにサービス対象が「物」で効用実現主体がサービス生産に直接参加しないこともあって，サービス品質を事前に計画し，またその品質を管理することが最も容易なサービスといえる。例えば，運輸施設提供業などが挙げられる。

また，「マス情報提供サービス」は，サービス主体が「情報」，サービス対象が「人」のサービスで，例えば映画館，興行団，放送業などが挙げられる。

3　手段的サービス機能体化型サービス

「手段的サービス機能体化型サービス」は，サービス生産（効用実現主体からみればサービスの利用）そのものは効用実現主体の直接の目的ではなく，何らかの効用実現を図るための手段として利用されるサービスであり，サービス生産とサービス利用の目的となる効用実現主体の効用実現が分離するサービスをいう。ただし，サービス生産時において，サービス機能を発揮する主体である「サービス主体」と，サービス機能を直接享受する対象である「サービス対象」が同一時間・同一空間に存在することが必要というサービス特性をもつ。

「手段的サービス機能体化型サービス」は，さらに人，物，情報の移動・保管によって価値を創出する「移動・保管サービス」（鉄道業，道路旅客運送業，道路貨物運送業，倉庫業，電気通信業など）と，人や物の状態を分析すること

によって価値を創出する「状態分析サービス」(商品検査業,計量証明業など)の2つに分けることができる[33]。

(1) 移動・保管サービス

移動・保管によって付加価値を創出するサービスであり,「もの」の移動・保管そのものが目的ではなく,何らかの目的を達成するための手段として利用されるサービスである。「人」をサービス対象とするものとして,鉄道業,道路旅客運送業,航空運輸業,「物」をサービス対象とするものとして,道路貨物運送業,倉庫業など,「情報」をサービス対象とするものとして,電気通信業が挙げられる。いずれがサービス対象となる場合でも,サービス機能の安全・確実な提供が課題となる。

(2) 状態分析サービス

状態分析によって付加価値を創出するサービスであり,「もの」の状態を分析することが目的ではなく,何らかの目的を達成するための手段として利用されるサービスである。サービス対象を「物」とする状態分析サービスとして,商品検査業,計量証明業,非破壊検査業などが挙げられる。サービス機能を直接加える対象が「物」であり,いかにサービス生産の効率化と品質の安定・向上を図るかが課題となる。また,健康診断や人間ドックなどは,サービス対象を「人」とする状態分析サービスといえる。

4 手段的サービス機能非体化型サービス

「手段的サービス機能非体化型サービス」は,サービス生産(効用実現主体からみればサービスの利用)そのものは効用実現主体の直接の目的ではなく,何らかの効用実現を図るための手段として利用されるサービスであり,サービス生産とサービス利用の目的となる効用実現主体の効用実現が分離するサービスをいう。さらに,サービス機能はサービス対象に体化されず,サービスが提供されただけでは,特定されたサービス対象の状態に変化が生じないというサービス特性をもつ。

「手段的サービス機能非体化型サービス」は,さらにサービス生産の成果を

一時的に保管することが可能かどうかによって区分する。例えば，受託開発ソフトウェア業ではサービス生産空間は特定されず，効用実現主体と分離された状態でサービスを生産することが可能であり，外注を利用することもできる。そして，そのサービス生産の成果（開発されたソフトウェア）は，磁気媒体に一時的に保管することができるという特性をもつ。いわば，「物財」と同様の生産が可能といえる。これに対して，AVレンタル業によるサービス生産（DVDのレンタル）は効用実現主体と分離することはできず，サービス生産の成果を一時的に保管することはできない。

　サービス生産の成果を一時的に保管することが不可能なサービスとして，「もの」[34]の使用権を提供する「使用権提供サービス」（労働者派遣業，物品賃貸業，広告代理業，旅行業など），一時的に保管することが可能なサービスとして，ユーザーの個別的なニーズにマッチした情報を創出するサービスで，サービス生産空間が特定されない「システム財創出サービス」（受託開発ソフトウェア業，情報処理サービス業，土木建築サービス業，デザイン業など）が挙げられる。

(1) 使用権提供サービス

　使用権提供サービスは，顧客からみれば「もの」がもっている有用な機能を享受するという目的を達成するための手段として「もの」を賃借するサービス，逆に事業者からみれば，「もの」の使用権を顧客に賃貸するサービスである。使用権提供サービスは，使用権提供の対象となる「もの」の種類によって，さらに次の4つに細分する。

　　1）「ヒト」の使用権提供サービス（労働者派遣業）
　　2）「モノ」の使用権提供サービス（レンタル業）
　　3）「カネ」の使用権提供サービス（リース業，銀行業など）
　　4）「情報」の使用権提供サービス（広告代理業，旅行業，情報提供サービス業など）

　以下，使用権提供サービスと，これに類似したサービス機能を提供しているサービスとの相違を考察することによって，使用権提供サービスの概念と特性を明確にしたい。

① 「ヒト」の使用権提供サービス

　労働者派遣業は，自社と雇用関係にある「ヒト」を他社で使用させるサービスであり，「ヒト」の使用権提供サービスととらえることができる。労働者派遣業を利用する目的は，派遣労働者が何らかの有用な機能を発揮することによって達成され，「ヒト」を借りるのはそのための手段である。「労働者派遣」では，派遣元事業主（人材派遣会社）と派遣先事業主の間に派遣契約が結ばれ，これに基づいて派遣元事業主が労働者を派遣する。派遣労働者は，派遣先事業主の命を受けて派遣先の業務を処理するが，そのサービス品質は派遣労働者の使用権をもっている派遣先事業主も責任を負っている。確かに，派遣先事業主のニーズにマッチした能力をもつ派遣労働者を派遣することは派遣元事業主（人材派遣会社）の責任であるとしても，派遣先事業主の方も業務指示の的確性や職場環境などの面で責任の一端を担っている。

　なお，「労働者派遣」に類似した形態に「請負」がある。「請負」は顧客先に出向いて業務を行う形態であるが，顧客先に業務の指揮命令権はなく，労働者を使用する関係ではない。したがって，「ヒト」の使用権提供サービスではなく，そのサービス品質は全面的に請負元企業が責任を負う「人的サービス」と位置づけることができる。

② 「モノ」の使用権提供サービス

　レンタル業は，顧客からみれば「モノ」がもっている有用な機能を享受するという目的を達成するための手段として「モノ」を賃借するサービスであり，典型的な「モノ」の使用権提供サービスと位置づけることができる。具体的には，レンタカーやスポーツ・娯楽用品のレンタル業などが該当する。

　物財の購買と，「モノ」の使用権提供サービスの利用は，両者とも「モノ」がもっている有用な機能を享受することによって効用実現を図るという点では同じである。しかし，物財は購買によって所有権が移転し，必要な時にその機能を享受したり，また処分することもできるのに対して，「モノ」の使用権提供サービスは使用権を得ることによって有用な機能を享受するものである。すなわち，両者は「モノ」のもつ有用な機能を享受するという点では同じであるが，それが「所有権」なのか，「使用権」なのかという違いがある。

　なお，「ファイナンスリース」は，特定顧客のために「モノ」を購入し，そ

れを長期間にわたって賃貸するサービスである。形式的には「モノ」の使用権提供サービスという形をとるが，その本質的機能はリース物件を顧客に代わって購入し，リース料という形で購入代金や金利などの返済を求める金融機能であり，「カネ」の使用権提供サービスといえる。

また，AVレンタル業においては，顧客が求める機能は音楽や映像という「コンテンツ情報」の使用権を得ることであり，DVDは「コンテンツ情報」を提供するための媒体にすぎない。そのため，AVレンタル業は「コンテンツ情報」の使用権提供サービスとして位置づける。

③ 「カネ」の使用権提供サービス

銀行業は，「カネ」の使用権を提供するサービスと考えることができる[35]。銀行は「カネ」の使用権提供サービスというサービス財の「購入者」としての側面（預金業務）と，「提供者」としての側面（貸付業務）を合わせもっており，両者の利息の差が銀行の差益ということになる。すなわち，「預金業務」では，「カネ」の使用権の提供者は預金者であり，「カネ」の使用権を得ることによって，その有用な機能を享受するのは銀行である。一方，「貸付業務」では，「カネ」の使用権の提供者は銀行であり，「カネ」の使用権を得ることによって，その有用な機能を享受するのは借入者である。

消費者金融業は，預金を受け入れることができないため貸付資金は別途調達しているが，その資金を貸し付けることによって収益を得るサービス，すなわち「カネ」の使用権提供サービスと位置づけることができる。

④ 「情報」の使用権提供サービス

「情報」の使用権提供サービスは，使用権提供の対象となる情報の性格によって，さらに需要者と供給者を結びつける「仲介情報」を提供する旅行業，広告代理業，不動産代理業・仲介業，「コンテンツ情報」を提供するAVレンタル業，情報提供サービス業などに細分化することができる。

使用権提供サービスを利用することによって，前者はサービスの使用権（ホテルの部屋，航空機の座席，テレビ放送のCM枠），後者は情報の使用権（あくまでも情報の使用権であり，その情報を転売できる所有権を得たわけではない）を得る。

ここで，情報提供サービス業などの「コンテンツ情報」の使用権提供サービ

スと，映画館や放送業などの「マス情報提供サービス」との相違点として，次の2点を挙げることができる。

　第一は，情報を得ることそのものが目的である目的的サービス（マス情報提供サービス）か，あるいは何らかの目的を達成するための手段として利用される手段的サービス（情報の使用権提供サービス）かである[36]。「マス情報提供サービス」，例えば放送業がテレビを通して提供する情報は，顧客にとっては提供される情報そのものを得ることが目的であり，サービスが提供された結果，顧客（効用実現主体）の状態に何らかの変化（テレビをみて，心の中に何らかの感動が残った，気分転換になったなど）がもたらされる。すなわち，サービス機能（情報の提供）が効用実現主体に体化される「目的的サービス機能体化型サービス」といえる。

　これに対して，「情報の使用権提供サービス」，例えば情報提供サービス業は，その情報を利用して何らかの効用実現を図るための手段として利用されるサービスであり，サービスの提供だけでは，サービス対象の状態に変化が生じるわけではない。すなわち，サービス機能（情報の提供）が効用実現主体に体化されない「手段的サービス機能非体化型サービス」といえる。

　第二は，不特定多数を対象として提供される情報（マス情報提供サービス）か，顧客の個別的ニーズに基づいて提供される情報（情報の使用権提供サービス）かという点である。「マス情報提供サービス」において提供される情報は，特定の顧客に向けて生産・提供される情報ではない。これに対して，「情報の使用権提供サービス」において提供される情報は，顧客の個別的ニーズによって生産された情報ではないとしても，情報提供サービス業がもっている情報の中から顧客ニーズに基づいて選択された情報である。そして，その情報を用いてどのような効用実現を図るかは顧客にゆだねられている。

(2) システム財創出サービス

　「システム財創出サービス」は，特定のユーザーのニーズにマッチしたシステム財を創出し，ユーザーはそのシステム財を利用することにより有用な機能が享受するサービスである。例えば，受託開発ソフトウェア業，情報処理サービス業，土木建築サービス業，デザイン業などが挙げられる。「物」の受注生

産と異なる点は,「物」は付加されたサービス機能を取り出すことができないのに対して,「システム財創出サービス」はサービス機能がある媒体に一時的に保管されているだけであり,これを取り出すこともできるし,別の媒体に移し替えることもできるという特性をもっている。

図表2-4-2 「サービス業の戦略的業態分類」と
「日本標準産業分類2013年」との対応

大分類	中分類	コード番号	業種名
①人的サービス	1. サービス主体「人」サービス対象「人」	483	運送代理店
		721	法律事務所,特許事務所
		722	公証人役場,司法書士事務所,土地家屋調査士事務所
		723	行政書士事務所
		724	公認会計士事務所,税理士事務所
		725	社会保険労務士事務所
		728	経営コンサルタント業,純粋持株会社
		7291	興信所
		7292	翻訳業(著述家業を除く)
		7293	通訳業,通訳案内業
		7294	不動産鑑定業
		741	獣医業
		782	理容業
		783	美容業
		7892	エステティック業
		7893	リラクゼーション業(手技を用いるもの)
		7894	ネイルサービス業
		8094	芸ぎ業
		8221	職員教育施設・支援業
		823	学習塾
		824	教養・技能教授業
		831	病院
		832	一般診療所
		833	歯科診療所
		834	助産・看護業
		835	療術業
		854	老人福祉・介護事業
		9211	速記・ワープロ入力業
		9294	コールセンター業
	2. サービス主体「人」サービス対象「物(移動不可)」	694	不動産管理業
		7952	墓地管理業
		8493	消毒業
		8813	浄化槽清掃業
		8814	浄化槽保守点検業
		922	建物サービス業
		923	警備業
		9292	産業用設備洗浄業

第2章 サービス業の分類

大分類	中分類	コード番号	業　種　名
	3．サービス主体「人」サービス対象「物（移動可）」	4841	こん包業（組立こん包業を除く）
		7811	普通洗濯業
		7812	洗濯物取次業
		7891	洗張・染物業
		793	衣料裁縫修理業
		7951	火葬業
		7991	食品賃加工業
		7993	写真プリント，焼付業
		8361	歯科技工所
		8811	し尿収集運搬業
		8812	し尿処分業
		8815	ごみ収集運搬業
		8816	ごみ処分業
		882	産業廃棄物処理業
		889	その他の廃棄物処理業
		891	自動車整備業
		901	機械修理業（電気機械器具を除く）
		902	電気機械器具修理業
		903	表具業
		9091	家具修理業
		9092	時計修理業
		9093	履物修理業
		9094	かじ業
		9212	複写業
		952	と畜場
②物的サービス	1．サービス主体「物」サービス対象「人」	691	不動産賃貸業（貸家業，貸間業を除く）
		692	貸家業，貸間業
		751	旅館，ホテル
		752	簡易宿所
		753	下宿業
		759	その他の宿泊業
		784	一般公衆浴場業
		785	その他の公衆浴場業
		7962	結婚式場業
		804	スポーツ施設提供業
		805	公園，遊園地
		806	遊戯場
		8091	ダンスホール
		8093	遊漁船業
		8095	カラオケボックス業
		951	集会場
	2．サービス主体「物」サービス対象「物」	4842	組立こん包業
		485	運輸施設提供業
		693	駐車場業
		8092	マリーナ業

大分類	中分類	コード番号	業種名
③マス情報提供サービス	サービス主体「情報」	382	民間放送業（有線放送業を除く）
		383	有線放送業
	サービス対象「人」	801	映画館
		802	興行場（別掲を除く），興行団
		803	競輪・競馬等の競走場，競技団
④移動・保管サービス	1．サービス対象「人」	42（中分類）	鉄道業
		43（中分類）	道路旅客運送業
		46（中分類）	航空運輸業
	2．サービス対象「物」	44（中分類）	道路貨物運送業
		45（中分類）	水運業
		47（中分類）	倉庫業
		481	港湾運送業
		482	貨物運送取扱業（集配利用運送業を除く）
		491	郵便業（信書送達業を含む）
		794	物品預り業
	3．サービス対象「情報」	371	固定電気通信業
		372	移動電気通信業
		373	電気通信に附帯するサービス業
⑤状態分析サービス		744	商品・非破壊検査業
		745	計量証明業
		8492	検査業（保健衛生）
⑥使用権提供サービス	1．「ヒト」の使用権提供サービス	912	労働者派遣業
	2．「モノ」の使用権提供サービス	7019	その他の各種物品賃貸業
		7022	建設機械器具賃貸業
		704	自動車賃貸業
		705	スポーツ・娯楽用品賃貸業
		7091	映画・演劇用品賃貸業
		7093	貸衣しょう業（別掲を除く）
		7099	他に分類されない物品賃貸業
		7813	リネンサプライ業
	3．「カネ」の使用権提供サービス	J（大分類）	金融業，保険業（金融商品取引業，商品先物取引業以外のもの）
		7011	総合リース業
		7021	産業機械器具賃貸業（建設機械器具を除く）
		703	事務用機械器具賃貸業
	4．「情報（仲介情報）の使用権提供サービス	4891	海運仲立業
		65（中分類）	金融商品取引業，商品先物取引業
		682	不動産代理業・仲介業
		731	広告業
		791	旅行業
		7992	結婚相談業，結婚式場紹介業
		911	職業紹介業
	5．「情報（コンテンツ情報）」の使用権提供サービス	3922	情報提供サービス業
		4114	映画・ビデオ・テレビジョン番組配給業
		4161	ニュース供給業
		7092	音楽・映像記録物賃貸業（別掲を除く）

大分類	中分類	コード番号	業　種　名
⑦システム財創出サービス		3911	受託開発ソフトウェア業
		3921	情報処理サービス業
		3923	市場調査・世論調査・社会調査業
		4112	テレビジョン番組制作業（アニメーション制作業を除く）
		4113	アニメーション制作業
		4122	ラジオ番組制作業
		415	広告制作業
		726	デザイン業
		727	著述・芸術家業
		746	写真業
		742	土木建築サービス業
		743	機械設計業
		9291	ディスプレイ業
		9293	看板書き業
公　益		381	公共放送業（有線放送業を除く）
		71（中分類）	学術・開発研究機関
		81（中分類）	学校教育
		821	社会教育
		8222	職業訓練施設
		8229	その他の職業・教育支援施設
		841	保健所
		842	健康相談施設
		8491	検疫所（動物検疫所，植物防疫所を除く）
		851	社会保険事業団体
		852	福祉事務所
		853	児童福祉事業
		855	障害者福祉事業
		8591	更生保護事業
		8599	他に分類されない社会保険・社会福祉・介護事業
		86（中分類）	郵便局
		87（中分類）	協同組合（他に分類されないもの）
		8817	清掃事務所
		93（中分類）	政治・経済・文化団体
		94（中分類）	宗教
		96（中分類）	外国公務
		97（中分類）	国家公務
		98（中分類）	地方公務
そ　の　他		3929	その他の情報処理・提供サービス業
		401	インターネット附随サービス業
		4169	その他の映像・音声・文字情報制作に附帯するサービス業
		4899	他に分類されない運輸に附帯するサービス業
		7299	他に分類されない専門サービス業
		749	その他の技術サービス業
		7899	他に分類されない洗濯・理容・美容・浴場業
		792	家事サービス業
		7961	葬儀業
		7963	冠婚葬祭互助会

大　分　類	中　分　類	コード番号	業　　種　　名
		7999	他に分類されないその他の生活関連サービス業
		8096	娯楽に附帯するサービス業
		8099	他に分類されない娯楽業
		829	他に分類されない教育，学習支援業
		8369	その他の医療に附帯するサービス業
		8499	他に分類されない保健衛生
		8599	他に分類されない社会保険・社会福祉・介護事業
		9099	他に分類されない修理業
		9299	他に分類されないその他の事業サービス業
		959	他に分類されないサービス業

(注1)「管理，補助的経済活動を行う事業所」は除く。
(注2) 標準産業分類コード3912「組込みソフトウェア業」，3913「パッケージソフトウェア業」，3914「ゲームソフトウェア業」，4111「映画・ビデオ制作業（テレビジョン番組制作業，アニメーション制作作業を除く）」，4121「レコード制作業」，413「新聞業」，414「出版業」は，不特定多数を顧客対象として大量に生産するものであり，製造業と類似の特性をもっているため，本表から割愛した。
出所：総務省『日本標準産業分類（2013年10月改定）』全国統計協会連合会，2013年より作成。

注

(1) 　清水滋『サービスの話』日本経済新聞社，1978年，pp.12-22。
(2) 　Zeithaml, Valarie A., Parasuraman, A. & Berry, Leonard L., "Problems and Strategies in Services Marketing," *Journal of Marketing*, Vol.49, No.2, 1985, pp.33-35.
(3) 　岡崎好典「サービスの特性に関する基礎的研究」『商学研究論集（明治大学大学院商学研究科）』第22号，2005年2月，pp.211-212。デスメットらも，同様の指摘をしている。「無形性」は「消滅性」を包含する。サービスは物のように在庫できない。「同時性」は「異質性（変動性）」を包含する。サービス提供プロセスにおいてサービス提供者と顧客が相互に作用することから，サービスは変動する可能性がある」(Desmet, Steven, Looy, Bart Van & Dierdonck, Roland Van, "The Nature of Services," in Looy, Bart Van, Gemmel, Paul & Dierdonck, Roland Van (eds.), *Service Management*, Financial Times, 1998, p.5.)。
(4) 　浅井慶三郎・清水滋編『サービス業のマーケティング』同文舘，1985年，p.9。ショスタックは，「物は時間と空間を越えて存在する有形のものである。サービスは特定時間のみに存在する行為あるいはプロセスである。物体（things）とプロセス（processes）の基本的な相違が，サービスに焦点を当てた研究の出発点である。サービスは提供されるものであり，物は所有されるものである。サービスは所有することはできず，ただ経験，創造，参加できるだけである」と述べている (Shostack, G. Lynn, "How to Design A Service", Donnelly, James H. & George, William R. (eds.), *Marketing of Services*, AMA, 1981, p.221.)。
(5) 　野村清『サービス産業の発想と戦略』電通，1983年，pp.37-41およびp.67。
(6) 　総務省編『日本標準産業分類（2013年10月改定）』全国統計協会連合会，2014年，p.27。

(7) 竹内啓チーム『ソフト化時代における経済統計の課題』大蔵省印刷局,1985年,p.1およびp.14。
(8) 亀山直幸・横山徹『サービス産業』東洋経済新報社,1980年,p.40。
(9) 経済企画庁総合計画局『21世紀への基本戦略』東洋経済新報社,1987年,p.39。
(10) 清水滋『サービスの話』日本経済新聞社,1978年,pp.32-33。
(11) Lovelock, Christopher H., *Services Marketing* (3rd.ed.), Prentice-Hall, 1996, pp.28-29.
(12) Thomas, Dan R. E., "Strategy is different in Service Businesses," *Harvard Business Review*, Jul.-Aug., 1978, p.161.
(13) Bitner, Mary Jo, "Servicecapes: The Impact of Physical Surroundings on Customers and Employees," *Journal of Marketing*, Vol.56, No.22, 1992, pp.58-59.
(14) Silvestro, Rhian, Fitzgerald, Lin, Johnston, Robert & Voss, Christopher, "Towards a Classification of Service Processes," *International Journal of Service Industry Management*, Vol.3, No.3, 1992, pp.62-75.
(15) Larson, Richard & Bowen, David E., "Organization and Customer: Managing Design and Coordination of Services," *Academy of Management Review*, Vol.14, No.2, 1989, pp.219-220. および山本昭二「顧客参加とサービス・オペレーション」『マーケティング・ジャーナル』第62号,1996年9月,pp.9-11。
(16) 上原征彦「サービス概念とマーケティング戦略」『明治学院論叢』第459号,1990年3月,pp.79-85。
(17) 藤村和宏「サービスの生産過程とオペレーション」サービス企業生産性研究委員会編『サービス企業生産性向上のために』社会経済生産性本部,1994年,p.58。
(18) Schmenner, Roger W., "How can Service Businesses Survive and Prosper?," *Sloan Management Review*, Vol.27, No.3, 1986, pp.25-27.
(19) Clark, Colin, *The Conditions of Economic Progress*, (2nd. ed.), Macmillan, 1951. (クラーク,コーリン『経済進歩の諸条件』(大川一司他[監訳]),勁草書房,上巻(1953年)・下巻(1955年))。
(20) Fuchs, Victor R., *The Service Economy*, National Bureau of Economic Research, 1968. (フュックス,V.R.『サービスの経済学』(江見康一[訳]),日本経済新聞社,1974年)。
(21) 櫛田豊「サービス経済の理論」斉藤重雄『現代サービス経済論』創風社,2001年,p.43。
(22) 山本昭二『サービス・クォリティ』千倉書房,1999年,p.41。
(23) 山本昭二,前掲書,p.45。
(24) 野村清『サービス産業の発想と戦略』電通,1983年,pp.120-126。
(25) 「加工サービスは製造業製品として体化されるのだが,それから逆にサービスを取り出すことはできない。サービスそれ自身はとってはおけないことはこの事実からもわかる。

その点では，情報を媒体から取り出すことは容易である。それだけでなく何度でも取り出すことができる。さらに情報は情報通信手段等を使って伝達することができる」(井原哲夫『サービス・エコノミー（第2版）』東洋経済新報社，1999年，p.29)。

(26) 野村清『サービス産業の発想と戦略』電通，1983年，pp.124-125。

(27) 野村清は，電気・ガス・水道業について，「ガスも水道も物質であり，それらをつくり，それらと貨幣を交換するわけである。しかし，同時にサービス財的要素を持ちあわせていることも見逃せない。つまり，配管を通しての配給は流通業の機能と考えられる」(前掲書，p.125)，また，「電気（電力）は＋から－に流れるエネルギーである。元来，エネルギーというものは，物質の運動から生まれる力であり，時間軸の上に乗って初めて存在する。したがって，エネルギーそれ自身は「サービス」と捉える扱いが正しい。電力はフロー量であり，サービス財である」(前掲書，pp.44-45) としている。また，山本昭二は，「ガスや水道の供給については，供給組織が流通も同時に担当するが顧客に提供する製品はあくまでも有体財であると考えられる。同じく電力会社も流通を統合しているが，提供するものは物質から構成されているものであり有体財であることに変わりはない」としている（山本昭二『サービス・クォリティ』千倉書房，1999年，pp.44-45)。

(28) 「日本標準産業分類2013年」では，パッケージソフトウェアやゲーム用ソフトウェアを作成している事業所は，大分類「情報通信業」の中分類「情報サービス業」に含まれる「パッケージソフトウェア業」に，主としてレコードの企画・制作を行う事業所は，大分類「情報通信業」の中分類「映像・音声・文字情報制作業」に含まれる「レコード制作業」に分類されている。

(29) 「日本標準産業分類2013年」の定義では，建物売買業は「自ら建築施工する事業所を除く，主として建物の売買を行う事業所をいう。自ら労働者を雇用して建物を建設し，それを分譲する事業所は大分類『建設業』に分類される」，土地売買業は「主として土地の売買（分譲を含む）を行う事業所をいう（土地を売るために土地の開発を行う事業所も含む）。自ら労働者を雇用し土地造成を行い，それを分譲する事業所及び農地の開発工事を行う事業所は大分類『建設業』に分類される」。

(30) 井原哲夫『サービス経済学入門』東洋経済新報社，1979年，p.23。同書では，サービスの「物」への体化の説明として，「サービスの最も基本的なものは労働サービスである。製造業は，労働，資本設備および原材料を投入して，ある具体的な商品を生産する。この時，労働サービスは製造業製品に体化するということができる」と述べている。

(31) 「サービス機能体化型サービス」においても，情報の提供をサービス機能とするものは，必ずしもサービス主体とサービス対象が同一空間に存在する必要はない。例えば，テレビ電話を用いた教育サービス，設備の遠隔修理サービスなどである。しかし，この場合でも，サービス主体とサービス対象が同一時間に存在する必要があるという時間の特定性は免れ

ない。

(32) 嶋口充輝『統合マーケティング』日本経済新聞社，1986年，pp.151-152。
(33) 「手段的機能体化型サービス」は，サービス対象を移動・保管することによって"空間価値"を創出する「移動・保管サービス」と，サービス対象である「人」や「物」の状態を分析することによってその状態に関する情報を創出する「状態分析サービス」に分けることができる。後者において，状態分析によって創出された情報は，サービス対象である「人」や「物」の不確実性を減らす情報であり，"時間価値"の創出ととらえることもできよう。
(34) 「この世の中に存在する利用可能な諸資源を広義の「もの」と呼ぶ。「もの」には，「人」「物」「システム」の三つがあり，それ以外は存在しない。「システム」とは，言語，数式，情報，ノウハウ等の抽象的に把握されるシステムのすべてを指す」(野村清『サービス産業の発想と戦略』電通，1983年，p.37)。
(35) 民法上は，「金銭消費貸借契約」では借主が所有権を取得することになるが，ここでは「カネ」の使用権提供サービスとして捉えることとする。
(36) 野口悠紀雄によると，経済的考察の対象となる情報は，「不確実性を減らす情報」と「不確実性を減らす働きをしない情報」に区別される。「不確実性を減らす情報」は，同一内容の情報の反復が無価値であるのに対して，「不確実性を減らす働きをしない情報」は，音楽，小説，絵画，映画などが含まれ，同一内容の情報の反復消費にも価値があることである(野口悠紀雄『情報の経済理論』東洋経済新報社，1974年，pp.26-27)。「情報の使用権提供サービス」は「不確実性を減らす情報」，「マス情報提供サービス」は「不確実性を減らす働きをしない情報」と位置づけることができよう。

第3章

サービス業のマーケティング戦略

第1節　サービスの特色とサービス提供の基本的課題

1　サービスの特色と品質特性

(1)　サービス特性

　サービスのマーケティングは，伝統的なモノのマーケティングと異なる特性を有している。「モノ」は，それ自身に有用な機能を果たす働きをストックできるのに対して，「サービス」は，無形性の特性ゆえにサービス主体からサービス対象に提供される機能のフローとなる。したがって，機能がストックできる「モノ」の場合には，使用者，場所，時間に関わらず，一定の機能を発揮することが可能であるが，「サービス」の場合，サービス機能を享受する顧客とサービス提供者が同一時間・同一空間に存在してはじめてサービス提供行為が可能となる。ザイタムル他は先行研究レビューを通じて，「モノ」とは異なる4つの特性を抽出しており[1]，その4つとは無形性，不可分性，異質性，消滅性である（図表3-1-1参照）。

①　無形性

　サービスは，有形物と比較し，活動，もしくは行為の要素が強い。例えば，自動車を購入前に試乗することが可能であるが，新しくできた美容室や初めて利用する旅行のパッケージ・ツアーの品質を事前に確認することはできない。

図表3-1-1　サービス特性から生じる課題へのマーケティング戦略

サービス特性	発生するマーケティング上の課題	対応するためのマーケティング戦略
無形性 (Intangibility)	・サービスは貯蔵できない ・特許でサービスを保護することができない ・サービスを容易に見せること，あるいはコミュニケーションすることができない ・価格設定が難しい	・有形的な手がかりの強調 ・非人的資源ではなく人的資源の利用 ・口コミの利用，促進 ・確固とした組織イメージの創造 ・価格設定を支援するための原価計算の利用 ・購買後のコミュニケーション活動
不可分性 (Inseparability)	・顧客の生産への関与 ・他の顧客の生産への関与 ・集中的な大量生産の困難性	・接客要員の選抜と訓練に力点を置く ・消費者を管理する ・多数の立地場所を設ける
異質性 (Heterogeneity)	・標準化と品質管理の困難性	・サービスの工業化 ・サービスの特注化
消滅性 (Perishability)	・在庫の困難性	・変動する需要に対処するための戦略を用いる ・需要と供給能力とが釣り合うようにそれらを同時に調整する

出所：Zeithaml, Valarie A., A. Parasuraman, and Leonard L. Berry, "Problems and Strategies in Services Marketing," *Journal of Marketing*, Vol.49, No.2, 1985, p.35 をもとに修正。

そのため，サービス提供者には，顧客がサービス品質を事前に評価することを容易にする努力が求められる。例えば，病院の内装・清潔さやホテルにおけるスタッフのユニフォームや送迎車として高級車を使用するといった有形の手がかり（キュー）をサービス提供企業が提供することにより，サービスに対する消費者の事前評価をサポートすることが可能となる。

② 不可分性

モノの場合，顧客から遠く離れた場所で生産されていたとしても，近くの小売店で大半のモノを購入することは可能である。しかし，サービスの場合，サービス生産の際にサービス提供者と顧客を切り離すことができない。また，サービス生産にはサービス提供者とそれを受ける顧客だけではなく他の顧客も関与している。例えば，航空会社におけるサービスがどんなにすばらしくても，隣の家族の子供が大声で泣いていたら，他の顧客にとってのサービス品質は低下するであろう。そのため，顧客にサービス提供企業へのアクセスやサービスへの参加を容易にする，サービスを提供する際にミスがでないようにサービス

要員を訓練する，共通した価値観をもった顧客を集めるといった対応がサービス提供企業に求められる。

③ 異質性

異質性とは，サービス提供者によってサービス品質が異なること，もしくはサービス提供者は同じでも，安定的なサービスを提供できるとは限らないということである。また，特に労働集約型のサービス提供企業の場合，サービス要員の教育が不可欠であるが，同じ教育マニュアルに則って教育しても，サービス要員によって能力が異なり，顧客からすると同じ料金を支払っているにも関わらず，人によってサービス品質が異なるということが発生する。さらに，優秀なサービス要員であっても，その日の体調や気分によって，提供するサービスの水準が大きく異なる。そのため，それぞれの顧客独自のニーズに対応するためのカウンセリングの実施のように，そもそも顧客によってサービス内容が異なる「サービスの特注化」，もしくはマニュアルの作成，サービスの構成要素を図式的に表現する「サービス・ブループリント」，機械の導入というように安定したサービスを提供する「サービスの工業化・標準化」，このような異質性への対応が企業に求められる。

④ 消滅性

消費者に効用を与える機能がストックできる「モノ」と異なり，サービスは消費者に効用を与える機能を保存・在庫することができない消滅性という特性を有している。例えば，客室数100のホテルが，ある晩に60室しか販売できなかった場合，翌日に売れ残った40室を足した140室を販売することはできない。そのため，サービス提供企業は，閑散期・繁忙期の価格設定，臨時職員やパートの雇用のように，変動する需要に対処するための戦略を行うことにより，消滅性に関する課題解決の戦略が可能となる。

(2) 物財・サービス財の品質特性

サービス財は，物財と比較し，サービス品質を管理することは難しいと言われている。何故なら，サービスは，不可分性，消滅性という特徴により，安定したサービスを提供できないからである。ガービン[2]は，財の品質特性を，「超越的（Transcendent）」「製品ベース（Product-based）」「ユーザーベース

(User-based)」「製造者ベース（Manufacturing-based)」「価値ベース（Value-based)」と5つの製品品質に分類している。この中で，サービスの品質管理と特に関わりが強いのは，ユーザーベースである。このアプローチは顧客の視点により品質が顧客のニーズを満たしているかというマーケティング視点から考察しており，品質管理と顧客満足をリンクさせている。しかし，ガービンが述べている品質の類型化は，製造業の「サービス部門」について考慮されているが，あくまで製造業を前提とした品質類型であり，サービス自体に焦点を当てる際，この類型では限界がある。

一方，ザイタムル[3]は，物財・サービス財を，探索品質（Search Qualities)，経験品質（Experience Qualities)，信用品質（Credence Qualities)，これら大きく3つの品質特性によって評価することが可能であるとした（図表3-1-2参照)。探索品質とは，顧客が購買に先立ち容易に評価できる品質のことである。例えば，自動車の型式や排気量，ドレスアップの形が挙げられる。一方，顧客がサービスの提供を受けたときに評価できるものを経験品質という。例えば，パッケージ・ツアーやヘアカット，クリーニング・サービスは，利用してはじめてサービス品質を評価することができる。そして最後に，サービスの知覚後ですらすぐには評価できない品質が存在する。例えば，大学教育の品質は，

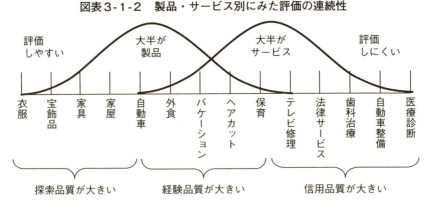

図表3-1-2　製品・サービス別にみた評価の連続性

出所：Zeithaml, Valarie A., "How Consumer Evaluation Processes Differ Between Goods and Services," in James H. Donnelly and William R. George (eds.), *Marketing of Services*, American Marketing Association, 1981, p.186.

大学施設，大学が公開しているホームページ等，事前に把握できることもあるが，実際に良い教育を行っているかはサービスを受けても分からない時もある。教育サービスの品質は，顧客（学生）が卒業してからでないと分からない場合がある。この場合はサービス提供者を信用するしかないが，このような品質特性のことを信用品質という。

　ザイタムルにおける製品品質の評価プロセスは，有形性，無形性の連続体で捉えている。ザイタムルは，有形の性質が強くなれば，製品が探索品質や経験品質の特徴を有しており，一方，無形の性質が強くなれば，経験品質，信用品質の特徴が強いとしている。この類型方法は，サービスと有形の製品という二分法ではなく，製品の特性に応じた品質の分類をしている。この場合，探索品質，経験品質，信用品質，それぞれに有形，無形の特徴を有している。ザイタムルの分類は，製品が無形の要素が強くなればなるほど「大半がサービス」，有形の要素が強くなればなるほど「大半が製品」に分類される。製品は有形の製品であろうと，無形の製品であろうと，有形性，無形性，両方の要素が存在する。

2　サービス提供の基本的課題と３つのマーケティング

(1)　サービス提供の基本的課題

　モノと異なるサービスの特性として，無形性，不可分性，異質性，消滅性が存在すると前述した。これらの特性はサービス提供を行う際，大きく５つの課題を浮き彫りとさせる。

　１つ目の課題として，「サービス品質の事前評価の難しさ」が挙げられる。モノの場合は，事前に利用してもらうことにより品質や使いやすさを確認してもらうことが可能である。しかし，サービス提供企業の場合，自社のサービス品質を提供前に前もって顧客に把握してもらうことが難しい。さらに，前述したとおり，サービスを実際経験した場合でも評価することが難しいことがある。そのため，モノより把握しづらいサービスの品質を事前に顧客に周知し，評価してもらうために，企業は「価格」「イメージ形成」「物的要素」等の戦略を用いて後述する「手がかり」を提供している。

　２つ目の課題として，「サービス品質の不安定性」が挙げられる。企業は提

供する製品の品質を安定させることで，顧客から信頼を得て，顧客満足を得ることができると同時に，品質を安定させることで，経験効果[4]を享受できる。しかし，サービス品質の管理は，モノと異なり多くの課題を抱えている。例えば，六角穴付ボルトの製造・販売会社が5mmの六角スパナをつくることを目標に設定した際，0.1mm異なったボルトができれば，規格に「ばらつき」が発生していることになる。そこで，企業としては，製造過程で品質を改善するプロセスを組み込むことにより，そのばらつきを一定範囲内に抑えることが可能となる。しかし，サービス提供企業の場合，顧客に提供するサービス品質が従業員という人的要素による場合が多く，従業員の状況によってばらつきが発生する。

3つ目の課題として，「サービス生産における顧客との相互作用」が挙げられる。前述のザイタムルの製品・サービス別にみた評価の連続性の分類の中で「大半がサービス」と分類されたサービス商品は，生産と消費が同時に行われるといったサービスの特性ゆえに，サービス提供者と顧客のインタラクションが必然的に存在することになる。また，サービスはサービス提供者と顧客が同一時間・同一空間にあって生産されるため，需給のミスマッチが生じる。そのため，人的要素の強いサービス提供企業にとってサービス品質のばらつきと同時に顧客の管理という課題への対応が求められる。顧客とのインタラクションに起因する課題は，「モノ」のマーケティングとは異なるサービス・マーケティング独特の課題となる[5]。

4つ目の課題として，「従業員満足」が挙げられる。安定的にサービスを提供し，顧客満足を獲得するためにはサービス生産者の一部である従業員の存在が不可欠である。したがって，サービス生産・提供の計画と実施に関するマネジメントの業務はもちろんのこと，サービス生産・提供現場においても臨機応変な対応を可能とするサービス提供者の教育や動機づけなどの人的資源管理，さらにサービス生産にあたって顧客の積極的な参加を促進し，顧客とサービス提供者間の関係構築のためのマネジメントが重要となってくる。

最後にサービス提供の課題として「知覚品質」[6]が挙げられる。前述したとおり，評価が難しいサービス品質を，顧客は評判，口コミ，立地，価格，担当者の態度といった手がかりから事前に評価する。しかし，その評価がモノと

比較し，より主観的なため，実際受けるサービス品質も提供されるその場，その時に顧客の主観的な判断によって評価される傾向が強い。さらに，サービス品質の手がかりを探す際に，サービスに対して抱く期待が，実際に企業が提供する品質とギャップをもたらす場合がある。それゆえに，サービス提供者と顧客間のコミュニケーション密度を増やし，顧客のサービス生産への参加あるいは協働のレベルを顧客のニーズに合わせることで，サービス提供者と顧客間のギャップを少なくする対策が必要となる。

　このように，サービスの提供はモノと異なる課題が存在している。そのため，サービス・マーケティングにおいては，顧客のニーズを把握しサービスの開発・提案する組織内部の活動とサービスの生産をモノ商品のように切り離して考えることができない。顧客のニーズを把握し，それを満たしたうえで，顧客満足，並びに顧客ロイヤルティを獲得するためには，モノのマーケティング以上により包括的な対応が不可欠である。

(2) サービス業における3つのマーケティングと個別の課題

　マーケティングの基本的な役割は，市場の変化に対応して，環境適応型の舵取りを行い，それに従って企業の経営資源の配分を先導すること[7]，もしくはニーズに応えて利益を上げることであり[8]，マーケティングの出発点は「市場」であり，「顧客」であるといえる。一方，サービスを考察した場合，その特性上，「市場」「顧客」と同時に，前述した「サービス品質の事前評価の難しさ」「サービス品質の不安定性」「サービス生産における顧客との相互作用」「従業員満足」「知覚品質」というサービス提供の課題が存在する。つまり，サービス・マーケティングにおいては，顧客のニーズを把握しサービスの開発・提案を行う組織内部の活動とサービスの生産をモノ商品のように切り離して考えることができず，サービス・マーケティングに組織戦略や経営資源配分といったマネジメントを含めて考えることになる[9]。そのため，サービス・マーケティングには従来の外向きのマーケティング（エクスターナル・マーケティング）とは別に，従業員と顧客とのインタラクション（インタラクティブ・マーケティング）や，従業員に対するマーケティング（インターナル・マーケティング）を考慮にいれた包括的な概念を提案することにより，顧客価

図表3-1-3　サービス業における3つのマーケティング・タイプ

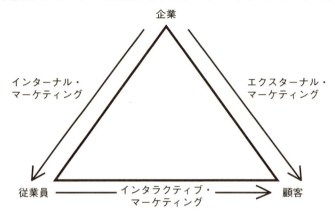

出所：Kotler, Philip and Kevin Lane Keller, *Marketing Management* (*12th ed.*), Prentice Hall, 2006 (コトラー，フィリップ，ケビン・レーン・ケラー『コトラー&ケラーのマーケティング・マネジメント』(月谷真紀［訳］) ピアソン・エデュケーション，2008年)。

値の形成が達成される（図表3-1-3参照）。

　エクスターナル・マーケティングとは，「顧客に提供するサービスの作成，価格設定，流通，プロモーションという通常の業務」のことである。前述したとおり，サービスの特性により，顧客への提供前にその品質を前もって把握することは難しいが，顧客はサービス品質を事前に推測するための「手がかり」[10]を探している。そのため，サービス提供企業は，顧客に「手がかり」を提供することにより，サービス商品への「期待」を形成させ，そして，その「期待」に応えるように，サービス商品，価格設定，流通，プロモーションを統合させて価値を提供する。

　インタラクティブ・マーケティングとは，「企業と顧客が，継続的に相互作用をする状況において，企業が顧客に好意的な印象を与え，購入を継続させるように，サービス・プロセスを計画すること」[11]である。そのテーマとしては，「サービスの工業化」「サービス・ブループリント」等，安定的にサービス商品を提供できる仕組み，顧客満足を得るための「プロセス」の提供等が挙げられる[12]。

　インターナル・マーケティングとは「顧客に優れたサービスが提供できるよ

うに従業員を教育し，動機づけすること」である。そして，インターナル・マーケティングは「従業員が組織の内部市場に存在している」というコンセプトからスタートしており，その内部市場で満足してもらうために，「従業員満足（ES）」「エンパワーメント」「リーダーシップ」等のテーマが扱われる。もし，マーケティング・コミュニケーションやニュー・テクノロジーによって計画されたサービス商品が内部市場で売れないと，効果的なマーケティングは達成されず，外部顧客でも成功を収めないであろう。このように，インターナル・マーケティングはエクスターナル・マーケティング，インタラクティブ・マーケティングを成功させる必要不可欠の条件なのである。

　以上，前述のサービス業における3つのマーケティングについて概説したが，これらを達成することによって，サービス提供者は，顧客から大きな満足感を得ることができる。サービス提供企業にとって，顧客満足をコントロールして，顧客ロイヤルティを高めることは重要なマーケティングの課題である。何故なら，顧客ロイヤルティの向上は高い顧客維持率につながるからである[13]。このように，顧客ロイヤルティを向上させ，顧客維持率を達成するためには，「エクスターナル・マーケティング」「インタラクティブ・マーケティング」「インターナル・マーケティング」，これらのマーケティング活動を連動させ，顧客価値を創出することが不可欠である。

(3) 価値共創の新たな方向性：サービス・ドミナント・ロジック

　これまでのマーケティング研究はモノ商品を前提とした理論の構築が行われてきた。しかし，近年，これまでのマーケティングの既存研究と対比させた形で，「サービス」「モノ」という二分法ではなく，両者を取り入れた「価値」の創出を目的とした「サービス・ドミナント・ロジック（SDロジック）」という概念をヴァルゴ・ラッシュが提案し，その概念がマーケティング研究の中で注目を集めている[14]。

　ヴァルゴ・ラッシュは，モノが交換の中心であった伝統的モノ中心の論理（グッズ・ドミナント・ロジック［GDロジック］）とSDロジックを比較している[15]。例えば，GDロジックでは，モノは働きかけられる資源である「オペランド資源（Operand Resources）」であり，そのモノの交換が中心であるの

に対し，SDロジックでは，モノは「オペラント資源（埋め込まれた知識 [Operant Resources]）」の入れ物であり，顧客（オペラント資源）によって価値生産過程で装置として使用される中間的な生産物である。また，GDロジックでは，顧客はモノの受容者であり，価値は生産者が決定するが，SDロジックでは，顧客はサービスの共同創造者であり，価値に関しては顧客によって，使用価値において認識され定義されるとしている。このSDロジックの中で提唱されているサービス概念は，他者に働きかけて，価値を生み出すものという意味で，経営学におけるリソースやケイパビリティという概念に近いものであり，いわゆるサービス産業における諸サービスや，製造物の付帯サービスとは異なるものである[16]。

　SDロジックは，顧客と企業の双方向的・協働的関係によってサービスのコ・プロダクションとコ・クリエイションの実現，並びにオペランド資源（モノ）とオペラント資源（人・サービス）を組み合わせることによる効率的・効果的な仕組みやシステムを可能にするという意味でサービス・イノベーションに示唆を与えている[17]。このような議論は，サービス・マーケティングの分野ではサービスの不可分性という特徴により顧客との価値共創の必要性やリレーションシップ・マーケティングという文脈で行われている[18]。また，日本においても，野村清の1983年の著書で「『もの』と『サービス』は一体化しているもので，不可分の関係にある。つまり，「『もの』は『サービス』を内包している存在であると言える」[19]と指摘しているように，SDロジックにおける「サービス」「モノ」という二分法ではなく，両者を取り入れた「価値」の創出や顧客との価値共創という議論は以前からテーマとなっている。ただし，SDロジックは，北米，ヨーロッパ，オセアニア，そして日本においてもマーケティング分野で注目を集めているように，サービス・マーケティングの分野で扱われている議論をマーケティング分野に応用し提案することは，マーケティングの新たな理論構築の展開に向けて有力な示唆を与えるように思われる。

第2節 サービス・マーケティング戦略

1 サービス・マーケティング戦略の策定

(1) サービスの中核戦略

　マーケティングの基本的役割は，市場の変化に対応して，環境適応型の舵取りを行い，それに従って企業の経営資源の配分を先導することである[20]。一方，経営戦略とは，市場の中の組織としての活動の長期的な基本設計図である[21]。この2つの定義をみれば，現代マーケティングと経営戦略は極めて類似した考え方が基本になっている。つまり，マーケティングにおける「環境に適合しつつ経営資源の配分を先導する」という考え方は，未来に対して当事者の進むべき適切な方向のレールづくりをするという「経営戦略発想」とほとんど同じといえる[22]。

　一方，サービス・マーケティングにおいては，不可分性というサービスの特性ゆえに，顧客のニーズを把握してサービス商品の開発に反映させるといったマーケティング手続きとサービス生産は分離して考えることはできない。サービスにおいてマーケティング戦略を考えることは，すなわち組織戦略，経営資源配分といったマネジメントまでも含めて考えることとなる。そこで本書では，サービス・マーケティングを包括した広義の概念として考えることとした[23]。また，現代マーケティングと経営戦略の類似性，サービス・マーケティングの幅広い概念という2点から，サービス・マーケティング戦略を，経営戦略論の枠組みを採用しながら組み立てていくことの妥当性は高いといえる。

　伊丹敬之によれば，経営戦略論の枠組みにおいて，戦略は大きく「中核戦略」と「展開戦略」に区分して考えることができるとされる。市場において活動を行おうとする企業は，まず，事業活動の中核戦略を策定することから始めることとなる。中核戦略は，企業活動の基本設計図の最も中心的な部分としての事業活動の基本枠組みを決定するものである。具体的には，①製品・市場ポートフォリオ，②事業活動分野，③経営資源ポートフォリオを設計することである。それぞれ「何を誰に売るのか」「売るために，自分はどんな仕事をす

るか」「その仕事のためにどんな能力と特性をもつか」を決めることとなる[24]。

　これら中核戦略をなす3つの戦略決定は，それぞれがお互いに無関係に決まることはない。事業活動のどの部分を自社で行うのかといった意思決定は，自らの経営資源と照らし合わせて考える必要がある。また，どのような価値を提供するのかを決める際も，自らの経営資源の実力以上の資源投資が求められるサービスを提供しようとすることは意味をもたない。

　この3つの中核戦略を概念化したものが事業コンセプトである。サービスを捉える場合，不可分性や異質性といったサービスの特性上，モノのマーケティングを展開する場合における「商品」としてだけ捉えることには限界がある。そのため，後述するように企業は，自社がどのようなサービスを提供するのかを顧客に伝えることと同時に，企業の意図を従業員にも伝える役割を担う「サービス・コンセプト」を明確にする必要がある。

(2) マーケティング環境

　戦略の成功の本質は，戦略的適合にある[25]。戦略の内容が，戦略を取り巻く様々な要因とうまくマッチした状態になっていることを戦略的適合があるとする考え方である。

　戦略を取り巻く様々な要因とは，企業内部の諸要因，市場，そして企業と市場をつなぐインターフェースのことを指す。企業は，提供しようとしているサービスを，顧客環境および競争環境といった企業外部の環境，すなわち市場に対応するように戦略を策定する必要がある。また同時に経営資源，および組織といった企業の内部環境にも適合させていくことが求められる。そして，ビジネスシステム，技術といった企業と市場をつなぐ部分，すなわちインターフェースが市場と企業の内部環境をうまく結合できるものにするための戦略をつくっていくことが課題とされている。

　ただし，ここでいうインターフェースの適合は，マーケティング戦略におけるサービス・コンセプトの策定，そしてマーケティング・ミックスによる戦略の具体化にあたる概念であると考える。ゆえに，ここでは市場への対応，企業の内部環境への適合の2つの局面を取り上げてマーケティング環境への対応を整理することとする。

2 市場への対応

(1) 顧客環境への対応
① マーケティング・リサーチ

顧客環境に適合したサービスを提供するためには，まず市場を精査しておく必要がある。そのための有効な手続きがマーケティング・リサーチである。マーケティング・リサーチとは，企業が直面する特定の市場状況に関するデータと調査結果の体系的なデザイン，収集，分析，報告のことである[26]。

求められているサービスを知ることは決して容易なことではないが，多くの企業がデータを収集するために労を費やしている。リサーチャーは，一次データ，二次データ，もしくは両方を収集することができる。二次データとは，他の目的のために収集された，すでにどこかに存在する情報源のことであり，一次データとは，特定の目的のために新規に収集されるデータのことである。

例えば，新たに出店を試みる地域に，潜在的利用者がどのくらい存在するかを事前に知るため，「国勢調査」のような二次データから世帯数を割り出すことにより市場規模や潜在顧客を予測することができる。また，美容業あるいは旅行業などでも頻繁にみられることであるが，提供したサービスに対する満足感や，店舗の清潔感，サービス要員の接客態度などのアンケート調査を行うことにより一次データを収集している。このように，情報を収集することにより，企業が提供しようとしているサービスに対するニーズが実際に存在するのか，どのような消費者が強くそのサービスを求めているのか，あるいは実際にサービスを受けた顧客がどのように評価しているのかを知ることができる。

② 市場細分化（セグメンテーション）による絞込み

マス・マーケットを対象にサービスを提供していくことができるのは，ごくわずかな大企業だけであろう。多くのサービス提供企業にとっては，市場を細分化して自社が対象とするマーケットを絞り込む必要がある。何故なら，企業の経営資源には限りがあり，すべての顧客ニーズに応えることは非常に難しいからである。多様な顧客ニーズに合わせてサービスを提供しようとすれば，ニーズの数だけサービス商品が必要となる。必然的に経営資源は分散されてしまい，高品質なサービスを提供することはできなくなってしまう。

ただし，市場細分化の基準を何に求めるかは重要な問題となる。市場細分化（セグメンテーション）は様々な基準で行われる。代表的なものとして，デモグラフィック変数，地理的変数，サイコグラフィックス変数等が挙げられる[27]。

デモグラフィック変数による市場細分化とは，年齢，性別，職業，家族構成などによるグループ化をいう。男性と女性で異なるニーズをもつとき，性別によるセグメンテーションは大きな意味がある。美容業において，ヘアメイクとネイリングを合わせた総合的なサービスを提供しようとするとき，性別によるセグメンテーションが重要なことは明白である。また，介護サービスを展開しようとするときに，年齢によるセグメンテーションが重要な意味をもつことも明らかである。

サービスは，生産と消費を切り離すことができず，また顧客がサービス生産に関与する不可分性といった特性をもつことから，地理的変数によるセグメンテーションは特に重要である。美容業，クリーニング業，介護サービスなど，日常生活に深く関わるサービス業では，消費者との地理的近接性に配慮することが求められる。若い世帯が多い地域で，いくら高品質の介護サービスを提供したとしても，事業活動を続けていくことは難しい。

ア　ターゲット顧客の明確化

顧客ニーズを明確にとらえ，これにマッチしたサービス商品を提供していくためには，主要な顧客層を明確にしておく必要がある。市場を細分化した後には，ターゲットとする顧客層に狙いを定めてサービスを提供していく。

顧客のニーズが多様化し，様々なニーズをもつ顧客が混在している現代の市場に対して，あらゆる顧客ニーズを満たすサービス商品を用意することは，ほとんど不可能に近い。例えば，高価格でも高品質のきめ細やかなサービスを期待する顧客と，画一的なサービスでもよいから低価格のサービスを期待する顧客の両者のニーズに確実に応えるサービス商品を提供することは極めて困難である。

あるサービス商品を提供しようとすれば，そのサービスを利用するターゲット顧客を明確にする必要がある。裏返せば，ターゲット顧客を明確にしなければ，どのようなサービスを提供すればよいのかが明確にならないということでもある。

イ　顧客ニーズの多様性への対応

　顧客のニーズは多様であるが，すべてのニーズに対応しうるサービス商品を用意することは不可能である。もし，それが可能であったとしても，サービス生産性は極めて低く，同業者との競争に勝ち残っていくことはできないだろう。ゆえに，効率的なビジネスを行うために，市場を絞り込み，ターゲット顧客を明確化して多様性の幅を小さくした上で，ニーズに対応していくことが最も現実的である。

　例えば，衣服をきれいしてもらいたいといったクリーニング業へのニーズは様々であるが，すべてのニーズに応えることは非常に難しい。価格が高くても，どんなシミでも抜くことができるといった高品質サービスを提供することと，サービス品質が比較的劣ったとしても安価で提供する低価格サービスを同時に展開することは，経営資源の効率的な配分，またターゲット顧客へのアプローチの双方からみて無理がある。多様性を考慮しながら，できるだけ効率的にビジネスを展開するためには，ターゲット顧客の明確化に加えて，サービスの柔軟性を確保することが課題となる。つまり，サービスオプションを用意することで，カスタマイゼーションを可能にすること，あるいは現場で業務にあたるサービス要員の裁量を大きくすることで，個々の顧客に対するサービス提供に柔軟性をもたせることである。

ウ　顧客ニーズの変化への対応

　顧客ニーズは常に変化する。特定の時点において顧客のニーズに適合したサービスを提供していたとしても，顧客が長期間にわたって，同じニーズを同じ水準でもち続けるということは考えられない。顧客のニーズは，既存客の年齢上昇や所得の上昇による価値観の変化で変わっていく。また。競合するサービス提供企業の新たな出現，あるいはサービス利用経験の蓄積によって期待水準が上昇するといった影響によっても変化する。

　このような顧客ニーズの変化を迅速かつ的確に感じ取れるのは，日常業務で顧客に接しているサービス要員である。サービス要員は，サービス生産・提供現場，すなわちサービス・エンカウンターを構成する要素であり，サービス・マーケティングにおける重要な役割を担っている。サービス生産・提供現場においては，サービス要員は，顧客のサービス生産への参加を促しながら，お互

いに協力し合うことで，良質なサービスを生産する。これは時間軸の中で行われる行為であることから，サービス生産・提供過程と呼ぶこととする。

　顧客ニーズの変化を感じとるには，サービス要員の業務へのコミットメントを高めることが課題となる。その1つの方法が，積極的な現場への権限委譲である。現場への権限委譲は，サービス要員の裁量を広げ，業務遂行のモチベーションを高める。顧客のニーズを積極的に応えようとする姿勢は，ニーズの変化に対する感度を高めることにある。また，常に目新しいサービスを提供し続けることも1つの方法であろう。このサービスに対する顧客の反応をみていくことで，ニーズが変化しているのか変化していないのかといった情報を収集することが可能となる。

　物と同様にサービス商品にも，ライフサイクルが存在している。いつでも同じサービスが評価され続けることはない。良いサービスが模倣されるのは早く，すぐに競争は激化する。顧客ニーズのサイクルを的確に把握して，新たなサービス商品を投入する戦略をとるのか，既存のサービスのライフサイクルを少しでも伸ばす戦略をとるのか，あるいは新たな顧客を探すことを考えるのかといった選択をすることになる。

(2) **競争環境への対応**
① **ポジショニング**
　競争環境への対応として考えられる方向は大きく2つある[28]。1つは競争相手と直接対決して，需要を取り合うという方向，もう1つは，競争相手をつくらないようにする方向である。

　競争相手と直接対決する場合，他企業との間に競争優位を作り上げることが求められる。そのための典型的な戦略は，競争相手に対して「違い」をつくる「差別化」を展開していくことである。一方で，競争相手を作らないという戦略は，自らが新たな市場を創造することである。例えば，他企業が参入してこないような隙間（ニッチ）市場を狙ってビジネスを行うという戦略も考えられる。

　どちらの方向に進むにせよ，企業はまず自社のポジションを明確にする必要がある。例えば，もしある企業が外国人観光客の多い場所に宿泊事業を展開す

図表3-2-1　宿泊サービスにおけるポジショニング

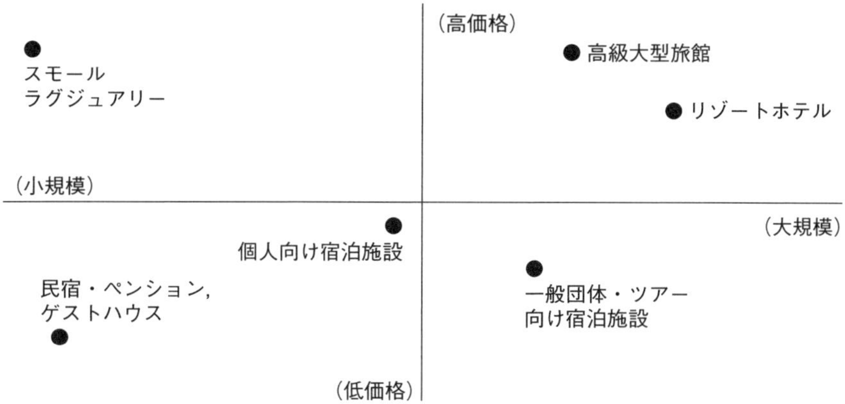

（高価格）

● スモール
　ラグジュアリー

● 高級大型旅館
　　　● リゾートホテル

（小規模）　　　　　　　　　　　　　　　　　　　　　　　（大規模）

　　　　　　　　　　● 個人向け宿泊施設

民宿・ペンション，
ゲストハウス
●

　　　　　　　　● 一般団体・ツアー
　　　　　　　　　向け宿泊施設

（低価格）

るなら，競合他社がどのような宿泊施設を運営しているかを把握する必要がある（図表3-2-1参照）。そして，競合他社を把握した後に，自社のポジショニングを設定する。ポジショニングとは，企業の提供物やイメージを，標的市場のマインド内に特有の位置を占めるように設計する行為であり，このポジショニングを設定することにより，競合する企業が提供するサービスに対して，自社サービスの位置づけを明確にすることができる。

② 差別化

　競争相手と直接対決する場合，企業は競争相手との差別化を図るという対応をとる。差別化には大きく分けて4つの方向があると考えられる[29]。サービスに対する顧客ニーズを4つの要素に分けると，「コア・サービス」「ブランド」「価格」「支援的サービス」となる。これからの要素それぞれについて差別化対応が考えられる。

　「コア・サービス」で差別化ができれば，最も効果的である。例えば，受託開発ソフトウェア業の場合，受託開発したソフトウェアの品質が他社に比べて秀でており，顧客に支持されるものであれば，競争優位を保つことができるのは明らかである。また医療業において，特定分野の医療技術に優れた多くの人材を抱えている病院などは，「コア・サービス」で差別化しているといえるだ

ろう。

　「ブランド」による差別化も効果的である。何故なら，サービスにおいては，事前の品質評価が難しいことはもちろん，利用後においてさえ品質評価が困難であることもしばしば起こるからである。例えば，高度な医療サービスについて考えてみると，患者は自らが処置を受けた手術の品質について的確に評価することができない。患者が評価のために知覚できるのは，手術そのものの品質ではなく，病院の雰囲気，従業員の清潔感あるいは患者に接する態度といった要素である。そして評価が蓄積されたものがブランドとなるが，顧客は，病院の「ブランド」だけが評価の基準となることも少なくはない。サービス業における「ブランド」は，極めて強力な差別化の武器となりうるのである。

　「価格」による差別化は，一般的にはあまり良い戦略ではない。何故なら，低価格でのサービス提供は，企業の収益性を悪化させ，業界全体を価格競争に引き込んでしまうからである。ただし，一概に価格による差別化が悪いともいえないケースがあることも確かである。例えば，コンピュータを導入することによって，業務効率が飛躍的に向上する場合がある。業務効率の向上を価格に反映させて低価格でのサービス提供を可能にする企業も存在する。このケースは，価格による差別化が行われているとみることができるが，サービス提供システムに情報技術を取り入れることによって，企業の収益性を損なうことなく「価格」による差別化を行うことも可能である。

　サービスを提供する際，「支援的サービス」による差別化は頻繁に展開される。何故なら，「コア・サービス」や後述する「促進的サービス」での差別化が困難であることが多いために，支援的サービスによって競合他社との違いを顧客に訴えることになるからである。同質化競争が激化している小口荷物宅配サービスをみると，支援的サービスによる差別化対策が積極的に図られていることがわかる。小口宅配サービス提供企業にとって，コア・サービスは，配達物を依頼者から配達先まで届けることであるが，そこに時間指定の支援的サービスを加えることが行われている。ただし，この支援的サービスについても，模倣は容易であるため，次々と同業者が同じサービスを展開することで，差別化の要因として機能できるのはわずかな期間だけとなる。このように「支援的サービス」だけによる差別化は，本質的な差別化の武器とはなりにくい点が特

徴といえる。

③ 市場創造

競合他社との直接的な対決は，勝利すれば大きな市場を得ることができるが，これはリスクが極めて高い行動である。競合他社と対峙して，打ち勝っていく方向がある一方で，競合他社がいない独自の市場を創造していく方向も選択肢として存在する。

新たなサービスを開発して，新たなニーズを掘り起こしていくといった「市場創造」によって競争を排する方法である。駅前・駅内の10分間散髪は，いまや数多くの企業が参入しているが，これは確かにこれまでになかった新たなニーズを掘り起こし「市場創造」をした好例であろう。ただし，新たなサービスを開発し，市場を創造することは，非常に難しい取組みである。新たなサービスを開発した企業は，市場創造の先駆者利益を得られるものの，ほとんどのサービスは模倣され，同業者によって追随される。新たな市場創造への取組みを絶え間なく続けなければ，継続的に成長していくことは難しい。

市場創造だけでなく，競合を排する戦い方の中には，ニッチ市場での展開という戦略もある。ニッチ市場は，そこから得られる収益が少ないために多くの企業は見向きもしない。あえて，そのニッチ市場を狙ってビジネスを展開する方法である。

3　内部環境への適合

(1) 戦略の経営資源への適合

① 経営資源ベース戦略

サービス・コンセプトを構築して，優れたマーケティング戦略を実行するためには，市場に適合した戦略を構築することと同時に，企業が保有する経営資源を組み合わせ，最も効果的に機能させることが課題となる。経営資源は，企業それぞれにおいて異質なものであって，他社が容易に模倣できない。その経営資源を活用して戦略展開することを経営資源ベース戦略論という[30]。

展開する戦略が経営資源に適合したものとなっているかは，戦略の効果性を確保する上で重要な条件であるため，戦略の実行に際して，必要な経営資源の裏付けが前提になる。この場合は，「戦略遂行に必要な施設や設備があるか」，

あるいは「労働者としてのヒトの人数は十分か」という視点よりも，「見えざる資産」(31)，すなわち「サービス生産技術やノウハウ，顧客に関する情報の蓄積，従業員のモラルの高さ，顧客志向の組織風土，顧客からの信頼，ブランドなどの点で裏付けがあるか」という視点のほうが重要である。

この「見えざる資産」は，ほとんどの場合「ヒト」が担っていることが多いが(32)，機械設備，顧客情報データベース，サービス生産マニュアルなどに置き換わっているケースもある。しかし，いずれも他社が容易に模倣できない資源となっている。戦略の裏づけとなる「見えざる資産」は，信頼のように「顧客」が担っている場合もある。さらに，顧客と企業との関係の強さ，顧客および従業員の企業へのロイヤルティの強さとして存在する場合もある。

資源の有効活用と資源の蓄積につなげるという2つの視点から，戦略の資源適合を整理する。第1は，戦略の実行において経営資源を十分に有効活用しているかどうかである。これは，2つの場合が考えられる。1つは施設や設備が遊休化していないか，あるいは遊休人員がいないかといった点である。もう1つは，潜在能力という点で資源を有効に活用しているかという点である。例えば，極めて高度なサービス生産技術や接客技術をもっている人材を有しているにも関わらず，マニュアル化した画一的なサービス生産に従事させていないかといった視点である。もし，企業内にこのような人材が揃っているならば，「画一的人的サービス戦略」を志向することは，経営資源にあった戦略とはいえない。むしろ，多様な個別ニーズに応えてフレキシブルなサービスを提供する「個別ニーズ対応型人的サービス戦略」のほうが有効である。

第2は，戦略を実行することで経営資源が効率的に蓄積されているかといった点である。戦略を実行する上で有効に活用された経営資源が，その戦略によって新たに蓄積されていくことが重要である。企業の競争力を高めていく上で，「見えざる資産」を常に高度化してくことが課題となる。受託開発ソフトウェア業を例にとれば，つぎのような状況が考えられる。企業が住宅関連業務に特化したプログラム開発を請け負うことで，プログラマーは多様なニーズに対応できる開発技術を蓄積していくことができる。大きな受託開発プロジェクトを受ける機会には，複数のプログラマーが組織化されて業務にあたる。そのとき，組織はプロジェクト運営のノウハウを習得することになる。個人に蓄積

されたプログラム開発スキル，組織に蓄積されたプロジェクト運営スキルは貴重な資源となるのである。また，情報の蓄積に着目すれば，人材派遣会社の派遣人材情報データベースは効率的な経営資源の蓄積にあたる。

② **組み合わせ効果の向上**

戦略の組み合わせによって，2つの効果が生まれる。1つは「戦略の組み合わせによって経営資源を有効に活用できるという効果」，もう1つは「一方の戦略で蓄積された見えざる資産をもう一方の戦略で活躍できるという効果」である。前者は「コンプリメント効果」，後者は「シナジー効果」と呼ばれる[33]。

コンプリメント効果とは，いいかえれば「足し算的効果」ともいえる。これは，季節，曜日，あるいは1日の時間帯別に需要の発生にムラがあり，1つのサービス商品だけでは物的施設あるいはマンパワーを有効に使うことができない場合に，2つ以上のサービス商品を組み合わせることによって，物的資源や人的資源を有効に活用するという戦略である。

他方で，シナジー効果は「掛け算的効果」といえるものである。一方のサービス商品が良くなれば，もう一方のサービス商品も良くなるという効果である。双方で蓄積された経営資源をお互いが活用しながら，さらに質の高いサービスを提供していくという戦略である。例えば，コンテンツ制作・配給の場合，マンガというコンテンツがあれば，雑誌，テレビでのアニメ映像化，劇場映画での上映等の「メディア・ミックス」により，それぞれのメディアがシナジー効果を生み出す。

また，美容業とレンタルブティックを同時に経営している企業において，自分をいかに魅力的に見せるかという点で，顧客ニーズは共通している。この場合，顧客のファッション志向やライフスタイル等についての顧客情報はもちろんのこと，サービス提供に際してのノウハウあるいは企業に対する信頼など，それぞれの事業で蓄積した経営資源を相互に利用することが可能というシナジー効果が生まれる。

(2) **戦略の組織への適合**

① **顧客志向の組織風土の醸成**

伊丹敬之によれば，組織風土とは，人々に共通なものの見方，意思決定のパ

ターン，価値観である(34)。様々な役割を担うサービス要員が協力しながら顧客にサービスを提供するという組織風土が定着しているサービス提供企業ならば，あるサービス要員が犯したミスを他のサービス要員がさりげなくカバーするということが極めて自然に実行されているはずである。顧客志向という組織風土が醸成されていれば，サービス要員は様々な局面において，何をしなければならないかを直ちに判断することができる。組織風土の醸成とは組織における常識を形成していくことでもある。

例えば，「高価格・高品質サービス」を志向する戦略を展開するためには，その戦略を支える組織風土が必要となる。すなわち，様々な部門で役割を担うサービス要員全員が，顧客満足を高めるために，あらゆるサービスが提供されるべきことを理解していく必要がある。

組織風土に合った戦略は，戦略構築に際しての基本であるが，戦略によって組織風土を変えていくという能動性も必要である。先に述べた「経営資源適合」も含めた「内部環境適合」は，必ずしも現状の内部環境に戦略を合わせるという受動的な見方ではなく，短期的に内部環境の不適合をあえて作り出し，これをダイナミックに解消していくことによって，長期的な環境適合を図るという積極性が必要である。伊丹敬之は，それを「オーバーエクステンション」という言葉で表現している(35)。

② 従業員への戦略の浸透

「モノ」の場合は，品質の管理はあくまでも生産現場であり，顧客への提供に先立って計画的に行うことが可能である。これに対して「サービス」の場合は，その品質管理はサービス生産・提供現場，すなわちサービス生産を担うサービス要員にゆだねられている部分が多い。したがって，サービス業においては，サービス要員の顧客への対応によっては，たとえどんな立派な戦略を計画したとしても，顧客のニーズに適合することはできない。この意味で，サービス提供企業が打ち出す戦略は，実際に顧客に接するサービス要員一人ひとりに浸透していなければ実現可能性がないといえる。

サービス業において構築された戦略は，顧客に打ち出す前に，まずサービス要員に確実に浸透させて，理解を得ておくことが重要である。サービス要員の満足を得ることで，はじめて高い品質のサービスが提供される。サービス業に

とっては，戦略をいかにサービス要員に浸透させるかが，サービス・マーケティング戦略を実現するための最大の課題である。

第3節　サービス業のマーケティング・ミックス

1　マーケティング・ミックスを構成する7つの要素

　サービス業におけるマーケティングの究極の目標は，顧客満足を向上させることにある。一方で，サービス生産の効率化は，マネジメントの課題として存在していることから，その点を考慮にいれるならば，より効率的なサービス生産を実現しながらも，提供したサービスに対する顧客満足の向上を達成することがサービス・マーケティングの目指すところである。

　顧客満足を高めるために，企業はコントロール可能な要因を操作しながら，サービスを提供して，顧客の満足を高める努力を行う。コントロール可能な要因のうち，最も基本的なものがマーケティング・ミックスであり，伝統的なマーケティング・ミックスは，「Product」「Place」「Promotion」「Price」の頭文字をとった「4P」として知られている。しかし，サービス業のマーケティング・ミックスは無形性，不可分性，異質性，消滅性というサービスの特徴により，通常の4Pでは対応できず，ブーム・ビトナーが提唱した「People（人材）」「Physical Evidence（物的要素）」「Process（プロセス）」という「新たな3つのP」を加えた「7P」での対応が必要になる[36]。

　「People」は，サービス生産を行う従業員やサービス生産に参加することもある顧客が含まれる。「Physical Evidence」は，施設や整備，道具，従業員の身なりも含めた有形なものを指す。「Process」は，サービスを提供する過程における諸活動を指す概念である。

　確かに，「Product」を顧客に効用をもたらす「サービス提供システム」と捉えれば，「People」「Physical Evidence」もサービス提供システムを構築している要素であり，またサービスを利用する顧客から見れば，「People」「Physical Evidence」といった要素を統合して提供される「Product」の一部としてみることができる[37]。ただし，従来のマーケティング・ミックス（4P）には，サービスの特徴である「不可分性」や「過程品質」の視点が不足しているため，4Pをサービス業に適用させるには限界がある[38]。例えば，

サービス要員が顧客にサービスを提供する場合，サービスをあらかじめ「在庫」しておくことができないため，顧客は優秀なサービス要員（People）を揃えている企業を選択する。

また，前述したとおり，顧客はモノ商品と比較し事前にサービスの内容を把握することが難しい。そのため，このようなリスクを軽減するために，建物，備品，従業員の制服等の「Physical Evidence」が顧客にとって事前にサービスの内容を把握する「手がかり」となる。さらに，いくら「Product」が良くても，セキュリティが整っていないホテルは最終的に顧客満足を獲得できない。

最後に「Process」であるが，サービスは，モノとは異なり，顧客とのインタラクティブな作業を経るといった特徴がある。このインタラクティブの過程は，顧客満足を形成する上で極めて重要であるが，「Product」が想定するような，あらかじめコントロールされたマーケティング要因といった考え方ではくくり切れない。したがって，本書では，サービス業のマーケティング・ミックスを考察する上で，ブーム・ビトナーが提唱した「People（人材）」「Physical Evidence（物的要素）」「Process（プロセス）」を追加した7つの要素で構成されるマーケティング・ミックスが適切であると考えた。そして，前述した「サービス業における3つのマーケティング・タイプ」と「新たな3つのP」の関係についてであるが，「People（人材）」はインターナル・マーケティング，およびインタラクティブ・マーケティング，「Physical Evidence（物的要素）」はエクスターナル・マーケティング，およびインターナル・マーケティング，「Process（プロセス）」はエクスターナル・マーケティング，およびインタラクティブ・マーケティングが主として関わる。

2　Product

(1)　サービス・コンセプト

企業は，顧客ニーズを充足させるためにサービスを提供する。そして，そのサービスが十分にニーズに応えるものであったかという評価に基づいて，満足・不満足が評価される。このように，顧客に対してベネフィットや問題解決策の提案を行う際，企業は競合他社と差別化し，具体的な顧客ニーズと市場機会に対応させるために明確なコンセプトを打ち出す必要がある。ただし，前述

したとおり，サービスを捉える場合，不可分性や異質性といったサービスの特性上，モノのマーケティングを展開する場合における「商品」としてだけ捉えることには限界がある。そのため，本書では，サービス商品のみならず，業務活動分野，経営資源の配分等を包括したサービス提供システム全体をさす概念，これを「サービス・コンセプト」と呼ぶ[39]。このコンセプトを通じて企業は，自社がどのようなサービスを提供するのかを顧客に伝える。また，その一方でサービス・コンセプトを通じて企業の意図を従業員にも伝える役割を担うのである。

サービス提供企業がサービス・コンセプトを打ち出すときに考慮すべきことは，そのコンセプトが一般的で誰にでもあてはまるものでは意味がないということである[40]。例えば，ある格安航空会社が「手頃な値段で，安全な輸送サービス」をコンセプトとしているのであれば，多少座席が狭くても，顧客満足を得やすい傾向にあるが，中途半端にビジネスクラス並みのサービスを提供すれば，他航空会社とのサービスと差別化しづらくなる。また，世界の富裕層に対してハイエンドのサービスを提供する宿泊業を目指すのであれば，それなりの設備やシステム，知識と技能をもったスタッフの配置が不可欠である。そのため，サービス提供企業は，自社のコンセプトとサービス品質を一致させておく必要がある。

(2) サービスの構成要素

「Product」とは，サービス提供企業が，自らが考えるサービス・コンセプトに基づいて計画した仕組み，すなわちサービス提供システムのうち事前に計画された部分と考えることができる。企業における「Product」の戦略は，1つの要素だけを提供しているサービスは少なく，様々な要素を組み合わせて提供している場合が多い。このようなサービスの組み合わせをサービス・パッケージといい，その構成要素としてコア要素の「コア・サービス」，付加要素の「促進的サービス（またはモノ）」「支援的サービス（またはモノ）」が挙げられる[41]。

「コア・サービス」とは，市場での存在理由を示す事業内容のことである。例えば，ホテルであれば安全で快適に滞在できる「宿泊」，航空サービスであ

れば安全に短時間で旅客を空港から空港へ運ぶ「輸送活動」，医療機関なら患者を診断し悪い箇所を探し，健康を回復してもらう「治療」であり，いくらサービス提供企業の施設が高級であっても，コア・サービスに不備があれば顧客は利用してくれない。

次に，「促進的サービス（またはモノ）」とは，コア・サービスを利用するために顧客が必要とする付加的サービスやモノのことである。ホテルや航空会社の予約やチェックイン，銀行におけるATMの機械やカードはこれにあたる。

最後に，「支援的サービス（またはモノ）」とは，コア・サービスの価値の向上や競合他社との差別化を実現するための要素である。ホテル内のレストラン，モーニング・コール，洗面室のアメニティー類，航空旅客機の機内食や映画の提供等はこれに該当する。

このように，サービス提供企業は，顧客のニーズを考慮した独自のサービス・コンセプトを実現するために，トータル・パッケージとしてサービスを提供する。ただし，前述したサービス・パッケージの構成要素に関して注意が必要である。例えば，あるバス会社は，ビジネス客に対して，「定時出発・到着」というキャッチフレーズで営業している場合，「輸送」というコア・サービスの要素が強くなっている。しかし，この場合顧客は必ずしも「輸送」を求めているわけではなく，満員電車と異なり，「必ず座れる」「移動中に仕事ができる」という「快適性」を求めている可能性がある。つまり，企業にはターゲットとしている顧客のニーズにサービス・コンセプトを近づける努力が必要とされている。

(3) ブランディング

サービスの特性により，顧客への提供前にその品質を前もって把握することは難しいため，顧客は実際にサービスを受けた際のギャップを減らすために，様々な情報を探している。そして，企業は事前にサービス内容を顧客に知ってもらうために，「ブランディング」を用いている。

そもそもブランドとは，アメリカマーケティング協会の定義によると，「名称，言葉，記号，シンボル，あるいは売り手の財やサービスを競合他社の財やサービスと識別させる特徴を有しているもの」であり，ブランドによって「安

心」「伝統」や「社会的地位」等が達成できるかという具体的なイメージ形成に寄与している。そして，ブランディングとは「製品やサービスにブランドの力を授けること」であり，他社とのサービスや自社のサービスと差異を作り出している。

　同じサービス提供企業内においても，例えば，旅行業においては，ブランド別にパッケージ・ツアーを企画しているように，それぞれのパッケージ・ツアーにブランド名をつけることにより，他サービスとの差異を作り出している。また，サービス提供企業がこれまで提供していた市場やサービスと異なり，特有のニーズを抱く別個のターゲットにブランドを展開する場合，新たな関連会社を設立し，サービスを提供する場合がある。例えば，新設会社で格安航空チケットを提供している一方で，既存の企業では高価格帯のチケットを販売しているケースが近年みられる。

　また，ブランディングをしなくとも，フルラインアップによってプロダクトラインを形成し，サービスを提供している企業もある。プロダクトラインとは，製品の品揃えのことあり，サービス提供企業も複数のサービスを提供している。例えば，インターネット・サービスを提供している通信関連企業では，通信料に制限はあるものの格安，価格は少し高いもののコンセルジュ機能や有料放送が見放題のプランが加味されたサービス等がラインアップされている。また，日常英会話，ビジネス英会話，週末集中講座といった英会話を提供している教室が存在するように，顧客のニーズに応じてプロダクトラインが形成されている。

　他方で，食事のカット，もしくは食事をバイキングにすることにより宿泊代を切り下げる宿泊業や，散髪のみに特化した理容サービス等が登場している。このように，近年では自社のサービス・コンセプトを明確化し，他社と差別化するために，フル・サービス，もしくは簡素化されたサービスを求める顧客が二極化する傾向がでてきている。

3 Place (Encounter)

(1) 出会いの「場」
① 需要のコントロール

　サービス要員がサービスを生産・提供するためには，顧客との接点が必要となる。サービスは，特定の時間・空間を顧客と共有することによって，はじめてその生産・提供が可能となるのである。したがって，サービス・エンカウンター，すなわちサービス要員と顧客が出会う「場」を管理することは，サービス・マーケティング・ミックスにおいては，極めて重要な意味をもつ。

　Product, Process等は，サービス品質の向上という目標のもとにコントロールされるマーケティング・ミックス要素であった。その一方で，Placeはサービス生産性の向上を目標とする要素である。需要と供給の調整の良し悪しは，サービス生産性に大きく影響を及ぼす。

　サービスは不可分性や消滅性といった「モノ」とは異なる特性をもっているため，サービス提供システムの許容量以上の需要を受け止めることはできない。また，特に物的サービスの場合，需要の変化に関わらず，常に同じ在庫数を維持・販売しなければならない。一方で，特に人的サービスの場合，顧客がいないにも関わらずサービスを提供することは不可能である。

　需要をコントロールするために，繁忙期・閑散期が異なるターゲット顧客を狙って，サービスを提供するということが考えられる。フィットネスクラブにおいて，昼間には主婦向けのプログラムを提供する一方で，夜間はサラリーマン向けのプログラムを組む等，時間帯によるターゲット顧客の組み合わせによる需要コントロールの典型をみることができる。旅館業では，夏休み期間，冬休みの時期にはファミリー向けの企画を提供する一方で，春や秋には高齢の夫婦向けの企画を充実させるといったことが頻繁に行われる。

　同じターゲット顧客でも，価格設定を変更することで繁閑をコントロールすることも1つの方法である。例えば，カラオケルームの価格設定は，昼間，夕方，夜間と価格が大幅に異なるが，需要の少ない時間帯では，安い価格に設定して需要を喚起する方法がとられている。また，航空会社は，購入時期で価格を変動させているが，搭乗時期が近くなればなるほど，チケットが高くなる傾

向がある。これらはすべて，需要をコントロールしようとするPlace（Encounter）戦略の1つである。

② 供給のコントロール

サービス生産において投入される要素の中で，ストックすることができない重要な要素は「人」である。サービスを提供するための人材を待機させておくコストは，需要が不足しているため稼働していなくてもかかる。

サービス需要の予測は，何にもまして重要であるが，供給のコントロールといった点では，人的投入量の調整は重要な課題である。予測できるような繁閑については，人的投入量の変更が行われなくてはならない。柔軟な人的投入ができるようにと，多くのサービス提供企業においては，正社員とパート・アルバイトが組み合わされた雇用が行われている。また，社員が複数の業務を担当することにより，生産施設が稼働せずに労働力が空費されている「アイドルタイム」の課題を解決し，供給の調整を行っている。さらに，投入する要素として「物」の調整が行われるのは当然である。宿泊業において，閑散期には，人的投入量の調整の他に，施設内のお土産品店や飲食施設を臨時休業させる，あるいは送迎バスの本数を減らすなどの対応がとられる。

投入量の調整はあくまで企業の内部的対応であるが，その一方で外部経営資源の活用といった方法も有効である。数社のクリーニング業によって供給のコントロールが行われているケースがある。ある一社に，大量のクリーニング発注が行われた場合，小さな企業では，短期間ですべての受注をこなしていくことができない。そこで，他の企業に仕事を託して，複数の企業でクリーニング・サービスを行っている。これは，外部経営資源を活用して供給を調整していけることに他ならない。

(2) 管理可能要因としての立地

小売業と同様に，サービス業にとっても立地は業績を左右する重要な要素である。サービス財は「時間」と「空間」が特定される財であることから，顧客のいる所で提供されなければならない[42]。しかし，ひとたび立地を選択してしまった後は，直ちに変更することができないことから，これを管理可能要因と呼ぶことは難しく，選択時点からは企業の環境要因として存在している。あ

くまで，生産拠点として立地選択を行っている時点での管理可能要因として考えるべきである。

このような，物理的な立地の解決策として，「顧客の所への生産場所の移転」「生産場所までの移動サービス」が挙げられる。「顧客の所への生産場所の移転」に関しては，家庭教師，電気製品の出張修理，老人ホームのデイケアサービス等のように，サービス提供企業側が顧客のところに出向くことにより，サービス生産を可能としている。もう1つの「生産場所までの移動サービス」であるが，仮にある宿泊施設が行きづらい場所にあっても，バスの送迎等のサービスを提供することにより，顧客のアクセスの負担を軽減している。また，近年では観光関連業界を挙げて無線LANスポットを設置することにより，顧客自らが宿泊施設へ行きやすくする環境整備を行っている。

4　Promotion

(1)　顧客におけるサービス品質の事前評価要因

モノ商品の場合，事前に品質の内容やイメージを前述した「手がかり」を通じて伝えやすい。例えば，乗用車であれば，「エンジンの排気量，燃費，重量」といった「内在的手がかり」，イメージに関しても実際の形があるため，写真を撮って「外在的手がかり」を伝えることができる。このように，消費者も企業が提供する「手がかり」をもとにモノ商品の品質を評価しやすい。

しかし，サービスの場合，その特性により，モノ商品と比べ，顧客はサービス品質を前もって把握することは難しい。例えば，旅行の場合，旅行で得られる経験そのものを示せる外観やデザインが存在しないため，サービス内容をそのまま伝えることができない。

このように，顧客がサービスを直接経験する前に評価することが難しいため，口コミや専門家（消費者レポート，友人，家族他）は，サービスの欲求・予測水準に大きな影響を及ぼす[43]。また，サービスの広告では，サービスそのものを伝えることが難しいため，様々な要素を用いて消費者に訴えかける。顧客におけるサービス品質の事前評価の要因は，①自分自身のサービス利用経験に対する評価，②他人の利用経験の口コミ情報，③パブリシティ，④販売促進活動，⑤約束（保証と補償）の5つの要素からなると考えられ[44]，これらの要

因を組み合わせることにより,サービスに対する期待が顧客に形成される[45]。

① 広告活動

　需要を喚起するための企業側の積極的な働きかけとして,広告活動がある。ただし,モノと比較するとサービスは無形であることから,広告媒体によって顧客にサービス内容を伝えることは難しい。そのため,サービスを広告する場合は,イメージ化された広告を展開することが多い。

　例えば,宿泊施設の場合,重厚なエントランス,送迎用の高級車,落ち着いたユニフォーム等の「物的な要素」を見せることにより,施設の雰囲気を伝えている。また,英会話教室が広告する場合,「従業員」や「活動の一場面」を用いている。例えば,外国人講師の顔を載せ,この講師が少人数のクラスで教えている様子を映像化することにより,教室の親近感を出している。さらに,リゾート地のパッケージ・ツアーを販売する旅行業の場合,青い海・白い砂浜等,「景観」を前面に出した広告はリゾート地の南国イメージを連想させることを試みている。このように,サービスを広告する場合,物的な要素,従業員,活動の一場面,背景となる景観等をサービスそのものの代替物として利用し,これら代替物を組み合わせ写真や画像等で映像化し,イメージや信頼感を消費者に示すことが多い[46]。

② 販売促進

　販売促進とは,消費者や流通業者に対して,特定の製品やサービスの試用を刺激し,購入頻度を高めたり購入量を増加させたりする,主として短期的なインセンティブ・ツールの集まりをいう。具体的にはサンプル,クーポン,現金払戻し,値引き,デモンストレーション,トレードショー等がある[47]。

　モノ商品の場合,これらの販売促進ツールが問題なく利用できるが,サービスの場合,具体的にデモンストレーションすべき実体が存在しない,トレードショーで展示するものが存在しない等の課題が存在する[48]。サンプルについても,具体的に見えるサンプルというものは存在しないが,サービス提供企業の場合,「無料体験」「お試し価格」等が頻繁に展開される。先に経験が期待の形成に大きな影響を与えると指摘したことからもわかるように,このような無料体験やお試し価格といった販売促進が頻繁に展開される点はサービスの特徴であり,無料体験によるサービスの利用経験は,次回のサービス利用への大き

な誘引材料となることから，販売促進としては極めて効果的な手法といえる。

③ 自分自身のサービス利用経験

　サービス品質を事前に評価し，期待を形成する要因の中でも最も重要であるのが，自分自身のサービス利用経験である。無形であるサービス内容を知るためには，少なくとも一度は経験することが必要である。その経験によって，次回のサービスに対する期待の大部分が形成されると考えられる。当然，顧客は前回と同様の水準で，サービスが提供されると期待するはずである。つまり，満足したサービスであれば，次回も自分を満足させてくれるサービスが提供されると期待する。ゆえに，顧客が満足するサービスを提供することが，顧客を繰り返しサービス利用へと誘引する効果的なPromotionであるといえる。

④ 他人の利用経験（口コミ）

　口コミによるサービス品質の事前評価と期待の形成への効果は，自分自身の利用経験には及ばないものの，企業の広告活動や販売促進よりも大きい。口コミとは，「組織の信用や信頼，オペレーション方法，製品やサービスなどについて，ある者から別の者へ伝えるメッセージ」[49]である。顧客は，実際にサービスを体験しないとその価値がわからない。そのために，サービス体験者の口コミは，サービスに対する期待の形成に強い影響を発揮する。特に，家族や親しい友人等，信頼できる人からの利用経験に基づく評価情報であれば，自らの利用経験と同様に期待を形成することもあるだろう。

　サービス提供企業にとっての口コミへのマネジメントであるが，例えば「有名人が通信講座を受け，資格を取得した」「トレーニングを受けることにより20kgのダイエットに成功した」等，企業のサービスを一度体験した，もしくはサービスによって成功した顧客の「体験談」を掲載することにより，顧客の信頼を得る方法をとる。また，顧客は企業と強力な関係を築くと，その企業を友人や同僚等に推薦したり，自分たちと共にそのサービス経験を共有するために友人や同僚を招待する傾向にある[50]。美容室や英会話教室が，サービス利用者に向けて，友人を紹介することに対する特典を用意するのは，このためであり，経験者による新規顧客の勧誘は極めて効果的である。

　ただし，サービス提供企業は口コミに関与できない場合がある。ネガティブな経験は，口コミを通じてポジティブな経験よりも早く，さらに多くの口コミ

が広まる傾向がある[51]。一度不祥事を行った企業やブランドが，莫大な費用や時間をかけても信頼を取り戻すことができないことが多いのはこのためである。そのため，自分自身の利用経験，他人の利用経験のいずれもが，Promotionとして大きな機能を果たすことから，サービス提供企業にとっては，サービスを経験した顧客の満足を高める努力をすることが，何よりも重要な課題である。

⑤ パブリシティ

パブリシティは，新しいサービスに対する期待の形成に有効に作用する。広告が有料であり，顧客の需要を喚起するための企業側の一方的なメッセージであるのに対して，パブリシティは原則として無料であり，第三者的機関が記事として取り上げるものである。受け手には，客観的で企業側の一方的な売り込みとは違った公正なものとして受け取られることが多い。つまり，企業が意図的に行う広告に比べて，顧客はより信頼性の高いものとして受け取ると考えられるのである。新しいサービスやユニークなサービスの場合は，パブリシティによって期待が形成される部分が大きいとともに，企業側からみて有効な需要喚起手段となる。

⑥ 約束（保証と補償）

期待の形成は，サービス内容の認知だけではなく，リスクの認知にも影響される。サービスの異質性という特性は，サービス利用を特段にリスクの高いものとしている。顧客は，事前の期待に，サービスが期待どおりに遂行されなかった場合のリスクを組み込む。サービスに関して，何か不確実な要素があれば，顧客はサービス利用を躊躇する。サービス利用の事前のリスクを低下させる効果をもつのが，事前の約束，すなわち保証と補償の告知である。サービス提供が失敗に終わったときに，どのような補償ができるかという約束をすることは，顧客のサービス利用に対する事前のリスク認知を引き下げる効果がある。

(2) 顧客層別Promotion

Promotionを効率的に展開していくためには，顧客層ごとの使い分けを行うことが重要である。顧客維持のコストと顧客獲得のコストには大きな差異がある。新たな顧客を獲得することよりも，既存の顧客を維持していくコストのほ

うが格段に低い。既存顧客に対しては，通常のサービスを利用する中で，サービス品質において顧客満足を与えることが最も効果的なPromotionであることは先にふれた。その他，リピート利用を促進するためのフリークエントプログラムを提供することも効果的である。また，既存顧客が新規顧客の誘引要素となるように仕向けることも有効である。

一方，新規顧客の獲得は，パブリシティによる告知や認知の向上が最も効率的である。コストはかかるが，無料体験による新規顧客開拓も確実性が高い方法の１つである。

5　Price

価格の決定要因として挙げられるのは，顧客価値，生産コスト，競争，規制，販売チャネルである[52]。このうち販売チャネルについては「物」の流通に関わる決定要因であるので，サービスの価格決定要因としてはなじまない。また，サービス提供企業にとって，規制は制御不可能な環境要因であって，コントロールすることは難しい。ゆえに，サービス価格のコントロール要因として，「顧客価値」「生産コスト」「競争」を取り上げて整理することとする。

ザイタムル他による整理では，価格設定はコストベース，競争ベース，需要ベースの３つに分類できる[53]。同研究における需要ベース価格設定とは顧客からみた価格設定戦略であり，ベリー・ヤダヴによって研究された顧客価値ベースの価格設定に該当する。さらに，ベリー・ヤダヴは顧客価値ベースの価格設定を顧客満足ベース，リレーションシップ，効率性ベースに分けた[54]。ただし，ベリー・ヤダヴの効率性ベース価格設定は，ザイタムル他がコストベースとして分類した価格設定に近く，両者の食い違いは若干ある。そこで，ここで改めて両者を整理し直し，ザイタムル他の３つの枠組みを利用しながら，ベリー・ヤダヴの顧客価値に注目した価格設定を尊重して分類する。すなわち価格設定の方法を，大きく「顧客価値ベース」「効率性ベース」「競争ベース」の３つに分けることとした。これらの価格設定は，「顧客志向」「オペレーション志向」「競争企業志向」といった企業の戦略方向を示すものである。

(1) 顧客価値をベースにした価格設定

① 顧客満足ベース・プライシング

　サービス価格の設定の1つの方法は，顧客価値に焦点を当てることである。顧客価値は，顧客満足と，価格の相対比で決定される。ゆえに顧客満足に応じて設定した価格がすなわち顧客価値を考慮した価格ということになる。

　顧客価値を最大にする価格の設定を行うことが重要な点となるが，その考え方は図表3-3-1が示すようになる。高い品質のサービスを提供しようとすれば，価格はサービス提供コストを反映して上昇する。一方で，提供されたサービスに対する顧客満足が，品質が高くなるに従って，それ以上に高くなっていくということがあれば，価格の設定に悩む必要はない。そのとき，顧客価値は高まる一方である。しかし，一般的に顧客の満足度はいくらサービス品質を高めたとしても無限大に高まっていくとは考えにくい。すると，あるサービス品質の水準において，顧客満足に対する価格の比が最大になることがわかる。

　ここでは，顧客満足が最大になるような価格とサービス水準を調整するという作業が行われることになる。ビジネス支援サービスにおいては，昨今はサービス・レベル・アグリーメントによるサービス水準と価格の調整が，事前に行われるケースも増えてきている。無形のサービス財の取引におけるサービス提供側，享受側双方のリスク回避といった意味合いも大きいが，価格設定の視点

図表3-3-1　顧客満足と価格の関係

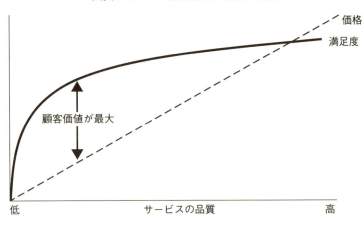

からみれば，サービス・レベル・アグリーメントの取組みは，顧客価値を最大化するための価格調整という見方ができる。

② リレーションシップ・プライシング

顧客とのリレーションシップの視点から考える価格設定は，顧客生涯価値に着目した場合に有効であろう。新規顧客の獲得に比べて，既存顧客を維持していくコストは格段に低いとされる[55]。そのため，サービス提供企業は顧客との関係を良好に保ち，できる限り長期間，サービスを利用してくれるように努力する。その1つの手段が，リレーションシップに基づく価格の設定である。頻繁にサービスを利用するヘビーユーザー層との長期的な関係を形成するために，お得意様価格の設定や，ポイントカード，スタンプなどのフリークエントプログラムを提供する企業も多い。

顧客は繰り返しサービスを利用することで，ある企業の顧客になってから離脱するまでの期間に一定の利益を企業に与えてくれる。新規顧客の獲得や，すぐに離脱しそうな顧客を留めておくよりも，固定的に自社のサービスを利用してくれる顧客との関係性を強めることが，企業業績には好影響を及ぼす。

(2) 効率性をベースにした価格設定

効率性をベースにした価格設定とは，生産コストをベースに価格設定を行う方法である。「物」の生産・販売では，製造原価を正確に把握して販売価格を決定する。流通業では仕入原価をベースにして販売価格を決める。製造原価，仕入原価を下回る価格原価の設定は逆ザヤとなり損失を重ねるだけとなる。この方法は，最も一般的な価格設定の方法の1つといえる。

生産コストをベースにした価格設定は，原則的にはコストに利益を上乗せする形，いわゆるマークアップである。ある水準のサービスを提供する場合に，自社ではこれだけの利益を得る必要があるといった計算のもとに価格が決められる。自社の正確な生産コストの把握，安定的なサービス生産，安定的な需要の発生という要素が整って，はじめて効率性をベースにした価格設定が大きな意味をもつ。

情報処理サービスのデータ入力業務の価格設定が，キーボードへのワンタッチ毎の単価計算になっているのは，単純な人的労働のためにサービス生産コス

トを計算しやすく，安定的にサービス生産が行えるといった理由である。

(3) 競争をベースにした価格設定

顧客価値ベースは顧客に着目した価格設定であり，効率性ベースはサービス生産に着目した価格設定であった。そのいずれでもなく，競争状況に着目した価格設定が，この競争をベースにした価格設定であり，この価格設定は，サービス商品において他社と差別化し難い状況で行われることが多い。

例えば，クリーニング業や理容業といった業界は，他社との決定的な差別化要素をもたないサービスである。特殊な技術を使って，難しいシミ抜きサービスを提供する企業も存在するが，多くの企業は一般的な技術を使用してサービスを提供している。これら普及したサービスでは，差別化が難しいため，横並びで同じ価格を提示することが多い。しかし，昨今では低価格を武器にした新規参入業者によって価格低下が引き起こされている。例えば，10分1,000円でヘアカットサービスを提供するという新たなビジネス・モデルの登場によって，業界の価格水準は低下している。これは新規参入者がプライス・リーダーとなって業界の価格を引き下げた典型的な例である。

6 Process

(1) 「ばらつき」への対応

サービス品質は，事前に計画することのできるProduct品質と，サービス・エンカウンターにおいて顧客との相互作用によって作られるProcess品質，これらによって形成されている。サービス・エンカウンターにおいて顧客がサービス生産に参加するといった過程が存在するのは，サービスの特有の性質であり，Product品質と同様に，Process品質を高めることは，サービル品質の向上，顧客満足の獲得につながるといえる。しかし，Processはサービス提供システムのうち，事前に計画することができない部分を指すことからわかるように，Productにおける品質管理に比べて著しくコントロールすることが困難である。そのため，サービスのばらつきという問題からの脱却が，人的要素の強い，サービス・エンカウンターにとって重要なテーマとなる。

このようなサービスにおけるProcess品質の管理に対して，レビットは，

サービス業が，製造分野で脚光を浴びている技術的かつ省力的でシステマチックなアプローチ，つまり「サービスの工業化」を行うことにより，品質の向上を図ることができるとしている[56]。サービスの工業化とは，製造分野で脚光を浴びている技術的かつ省力的でシステマチックなアプローチをサービス業に導入することである。サービス品質のばらつきの低減，並びに飛躍的な効率の向上を図るものである[57]。

例えば，マニュアルやサービス・ブループリントを導入し，誰もがある一定の方法に則って作業を進めることにより生産性の向上を可能とする。また，銀行のATMや自動改札機のような機械を導入することにより，サービス提供企業は顧客に安定したサービスを提供できる[58]。このように，サービス提供企業がサービスの工業化を導入することにより，サービス品質のばらつきの低減，飛躍的な効率の向上を図り，さらに機械のような物的要素を導入することにより，機械化ができないような複雑な分野にサービス要員は集中できる。

(2) 顧客管理
① 顧客の参加促進

Processは，サービス・エンカウンターにおけるサービス要員と顧客が作り上げる「場」であるため，Process品質は顧客の参加の程度に大きく影響を受ける。マッサージを例にとると，マッサージ師が顧客の身体の状態について何も情報が与えられないままサービスを提供する場合は，標準的なサービスが提供されるだけである。しかし，顧客が積極的に揉みほぐしてもらいたい部位を申告している場合ではどうだろうか。サービス要員は，顧客の求めに応じてコリの激しい部分を集中的にマッサージすることができる。顧客のニーズに対応して，標準的なサービスに変更を加えることによって，顧客の満足を高めることができるのである。そこでは，Process品質を高めるために，積極的に顧客の参加を促進することが求められる。

顧客参加の促進に関しては，サービス・エンカウンターにおける雰囲気づくりが効果を発揮する。サービス要員は，顧客ができるだけサービス生産・提供過程に積極的に関われるような状況を作り上げる必要がある。特に教育サービスは，顧客の参加の程度がProcess品質に大きく影響する業種の1つである。

サービス機能を享受する対象，すなわち生徒が授業に積極的に関わることで品質は飛躍的に向上するだろう。Process品質は，サービス要員による教室の雰囲気づくり，生徒の授業への参加を促す授業の運営といった様々な方法によってコントロールされる。

② 顧客情報の収集と蓄積

サービス生産への顧客参加の促進に加えて，顧客情報の蓄積によるProcess品質の向上も重要である。顧客情報を知ることによって，サービス要員は顧客ニーズを効率的に把握することができる。また，顧客情報に基づいて効果的なサービスを提案することもできる。教育サービスを再び例にとれば，蓄積された試験結果の情報は，個々人の次回の指導に大いに生かされるであろう。さらに，生徒から自発的な質問や相談があれば，集中的に指導を行うべき部分を容易に知ることができる。

また，美容業であれば，リピート客の情報が蓄積されていれば，髪の毛の質や好みの髪型などを事前に知ることができる。さらに，サービス要員が何度も特定顧客へのサービスを提供すれば，その顧客情報はサービス要員の記憶として蓄積されていく。コンピュータや紙面には記述できないような情報も蓄積されていくことから，細かな注文にも柔軟に対応できるようになる。サービス・エンカウンターにおける情報の蓄積が，サービス品質を高め，それが顧客の満足を高める。

(3) リカバリー（修復）

「モノ」の場合であれば，不良品や欠陥品への対処は，返品あるいは交換，または返金といった対応で顧客の不満はある程度解消されるだろう。しかし，サービスは，サービス提供者によってサービス品質が異なること，もしくはサービス提供者は同じでも，安定的なサービスを提供できるとは限らないという「異質性」，消費者に効用を与える機能を保存・在庫することができない「消滅性」という性質を有している。例えば，美容業の場合，切った髪を切る前の状態に戻すことは不可能である。また，クリスマスシーズンといった宿泊サービスの場合，その日に提供されるはずのサービスや雰囲気を他の日に提供することはできない。サービスにおけるリカバリーの重要性は，サービス提供

が成功しようが失敗しようが元の状態に戻すことができないという特性に起因している。サービス要員による速やかな修正や謝罪が，顧客の不満を緩和することが多い。

　アルブレヒト・ゼンケは，修復を成功させる条件を5つに整理している[59]。1つは，行われたサービスが失敗だったことを即座に認めることである。2つは，速やかな原状回復である。3つは，サービス要員が顧客の痛みを共有すること，すなわち共感することが求められている。さらに4つは，元どおりにできるように努力しているという，償いの証拠をみせることである。そして最後の1つは，修復に精一杯努めた後で，さらに顧客の機嫌を損ねないようにフォローアップを行うことである。理想的には，できる限り原状回復がなされることが望ましいが，サービスにおける不可逆性がそれを困難にしている。サービス・リカバリーは顧客の感情にできるだけ焦点を当てて行われることが重要といえる。

7　Physical Evidence

　サービスは顧客と企業・従業員との相互作用によって生み出されるという「不可分性」，サービスが生産されるのと同時に消費されるという「消滅性」という課題を有しているため，事前にサービス内容を把握すること，並びにサービス提供の際に標準化することが難しい。これらの課題に関して企業は「Physical Evidence」を用いて顧客にサービス内容を事前に知らせるのと同時に，サービス提供の標準化を図る。ここでいうPhysical Evidenceとは，「企業と顧客が相互作用し，サービスが提供される環境，そしてサービス内容を伝達し，実行することを手助けするすべての物的要素」のことであり，具体的にはサービスを提供する際に利用する施設や設備，企業のロゴ，顧客に良い印象を与える人材の外見，外部向けのパンフレットや従業員の名刺等が挙げられる[60]。

　この点に関してラングード他は，前述したサービス特有の課題を解決するための概念枠組みとして「サーバクション・システム」を提唱している[61]。そして，具体的な構成要素として，「物的サポート，および環境」「接客スタッフ」「顧客」を挙げている。この中の「物的サポート，および環境」は，顧客がサービスを受ける際に経験する従業員や顧客といった人的要素以外の要素」

のことである。通常,「ばらつき」が発生しやすいサービスの課題に対して,例えば,銀行のATMやホテルの自動チェックインを導入することにより,サービスの安定的な提供が可能となる。

　Physical Evidenceは,サービスの安定的な供給のみならず,事前にサービス品質を顧客に知らせる「手がかり」の役割も備えている[62]。例えば,同じ宿泊業でもラグジュアリー・ホテルの場合,内装を重厚にし,落ち着いた音楽が流れているが,一方,バジェット・ホテルの場合,ホテル内の内装を簡素化し,客室もそれほど広くなく設計されている。このように,事前に評価することが難しいサービスも,Physical Evidenceを通じて,企業の目的,意図している顧客層,そしてサービスの性質に関して強いメッセージを顧客に伝えることを可能にしている[63]。

8　People

　企業の資産は,「ヒト・モノ・カネ・情報」と言われるが,特に労働集約型のサービス提供企業において,顧客,企業,接客スタッフによってサービスが生産されるという「不可分性」という特徴を有しているため,「People」はサービス提供において非常に重要である。ここでいうPeopleとは,「サービス提供,そして買い手の知覚に影響するすべての参加者（All human actors),具体的にはサービス提供時における企業の従業員,顧客,他の顧客」のことである[64]。

　Peopleにおける社員の能力は,サービス提供にあたる人材の技術水準,顧客が快適にサービスを利用できるように接することのできる対人能力なども含まれる。サービス提供企業が,約束されたサービスを正確に実行し,迅速に顧客の要望に応じたサービスを提供し,従業員が礼儀正しく,サービス提供に必要な知識を有し,顧客に気を配り,共感できる能力,これらの能力を有した接客スタッフを育成できれば,サービス全体の品質を向上させることができよう。このような能力を有した人材を輩出するためには,サービス提供企業に適した人材の獲得,従業員の育成が不可欠である。また,従業員が顧客の要望に迅速に応え,満足させるために,チームでサービスを提供するチームワークの形成をいかに促進していくかが課題である。さらに,サービス提供企業は,離職率

が他業界の中でも高い傾向にあるが[65]，顧客のニーズに応え続け，成果が達成できるようなモチベーションの形成，並びに給与や褒賞制度等の整備が不可欠である。

　Peopleの具体的な要素して，従業員とは別に「顧客」が挙げられ，さらに，「共同生産者としてのサービスを実際受ける顧客」と「サービス・エンカウンターの場にいる他の顧客」に分けられる[66]。サービスは，前述したように，サービスが生産されるのと同時に顧客がそれを消費するという「不可分性」という特徴を有している。そのために，サービス・エンカウンターの場において，サービスを受ける顧客自身の存在が不可欠である。さらに，実際顧客が受けるサービス品質は，他の顧客によっても左右される。例えば，ビジネスマンが航空機のビジネスクラスでサービスを受けており，航空会社のサービスがいかにすばらしくても，隣に座っている家族の子供が大声で泣いていたら，ビジネスマンにとってのサービス品質は低下するであろう。そのために，顧客の行動，振舞いは，顧客自身が受けるサービスのみならず，他の顧客のサービス品質にも影響を及ぼす可能性があり，サービスを受ける顧客の管理同様，他の顧客の管理も不可欠である。

　次ページ以降に，サービス業の戦略的業態分類別にみたマーケティング・ミックスについて一覧表で示した。

図表3-3-2　サービス業の戦略的業態分類とマーケティング・ミックス

マーケティング・ミックス		人的サービス（美容業、理容業、個人教授所、医療業、建物サービス業、警備業、不動産管理業、洗濯業、自動車整備業、機械修理業等）	物的サービス（旅館業、スポーツ施設提供業、遊戯場業、運輸施設提供業等）	システム財創出サービス（受託開発ソフトウェア業、情報処理サービス業、土木建築サービス業、デザイン業等）	使用権提供サービス（労働者派遣業、物品賃貸業、民営職業紹介業、広告代理業、旅行業、不動産代理・仲介業、情報提供サービス業等）
Product	サービス機能（コア要素）	①マニュアル化によるサービス品質の安定と生産の効率化。②個別的ニーズに対応してきめ細かな生産の微調整を図る人材の確保・教育。	①的確な施設リニューアルによるサービス品質の劣化防止。②資産のオフバランス化による財務状況の安定化。	①非定型部分は個別的ニーズに対応する高度専門的人材の確保・教育。②定型部分はサービスのマニュアル化による生産の効率化。	サービス機能の本質は情報の使用権の提供。この情報を使いこなし、個別的ニーズに対応しうる人材の確保・教育。
Product	サービス機能（付加要素）	①人的サービスの機械化による代替（特にサービス対象が「物」の場合）。②人的サービスの質的向上を図るための情報集積。	①物的サービスに付加される人的サービスのマニュアル化による品質の安定化。②機械代替の促進による生産の効率化。③顧客のセルフサービス化の促進による効率化。	定型部分はサービス生産の機械化によるサービス生産の効率化。	使用権提供の対象となる「もの」の所有者、あるいは利用者との情報ネットワークの整備。
Product	使用権	特になし	特になし	特になし	使用権提供の対象となる「もの」が顧客に有用な機能を提供する。「もの」の豊富な取揃え、およびその質の向上が最も重要なサービス商品。
Place	需要のコントロール	①複数の事業部門や複数のターゲット顧客をもつことによる人の稼働率の向上。②サービス価格や予約制による繁閑のコントロール。	繁閑期の異なるターゲット顧客、サービス価格、予約制、条件付会員制度による繁閑のコントロール。	顧客とサービス生産は切り離され、サービス生産の成果を保存することが可能。需要に合わせて供給量を調整する。	中長期的には需要に合わせて供給量を調整する。短期的な需要のコントロールは困難。
Place	供給のコントロール	①需要の変動に供給量をマッチさせる人的投入量の調整。②外注や設備の共同利用（サービス対象が移動可能な「物」の場合）。	施設の多目的利用による供給調整。	外注の利用など外部経営資源の有効活用。	中長期的には需要に合わせて、使用権提供の対象となる「もの」の量（供給量）を調整できるが、短期的な供給のコントロールは困難。
Place	立地	ターゲット顧客と競合他社の立地を考慮した最適立地の選択。	ターゲット顧客と競合他社の立地、および従業員の職場環境を考慮した立地選択。	①サービス生産・提供過程における頻繁な調整がある場合には、発注企業との近接性が重視される。	①顧客が出向く業種（物品賃貸業、民営職業紹介業、旅行業、不動産代理・仲介業など）では、立地は重要な要素。

第3章　サービス業のマーケティング戦略

マーケティング・ミックス		サービス業の戦略的業態分類	人的サービス（美容業，理容業，個人教授所，医療業，建物サービス業，警備業，不動産管理業，洗濯業，自動車整備業，機械修理業等）	物的サービス（旅館業，スポーツ施設提供業，遊技場業，運輸施設提供業等）	システム財創出サービス（受託開発ソフトウェア業，情報処理サービス業，土木建築サービス業，デザイン業等）	使用権提供サービス（労働者派遣業，物品賃貸業，民営職業紹介業，広告代理業，旅行業，不動産代理業・仲介業，情報提供サービス業等）
					②労働集約的な業務受託サービスの場合は立地の制約がないため，立地コストで最適立地を選択。	②顧客先に出向く業種（労働者派遣業，広告代理店業など）では，需要が集中している都市型立地が有利。
Promotion	既存顧客		①経験品質が強く，顧客満足の向上が有効。②顧客満足の蓄積による固定客化や口コミが最も有効な販売促進手段。	①顧客満足の蓄積による固定客化。②利用者の口コミによる販売促進が期待される。	信用品質が強く，顧客の顧客満足を高めることによる固定客化や口コミ効果が期待される。	使用権提供の対象となる「もの」の質により，顧客満足が規定される。
	新規顧客		経験品質が強く，チェーン化による集客効果が期待できる。サービスメニューと価格体系の明確化が必要。	①施設情報の明確化と顧客に訴求するパンフレット類の充実。②経験財的性格をもち，ブランド化による安心感の付与。	信用品質が強いため，ブランド化，評判などによる新規顧客開拓が有効。	①使用権提供の対象となる「もの」の内容については，極力有形化することによって，顧客の選択を容易にする。②使用権提供の対象となる「もの」の信頼性は，企業への信頼によって規定される。
Price	顧客満足		高いレベルの技術・技能により，顧客の個別的ニーズに的確に応える高品質サービスの提供。	施設・設備面での高級化・差別化。	専門的な人材の整備による高品質のサービス提供。	使用権提供の対象となる「もの」の質および提供手段の差別化により，顧客ニーズに的確に応える高品質のサービスを提供。
	リレーションシップ		①継続的利用に対する割引の導入。②ポイントサービスなどの付加価値による継続利用促進。	①ポイントサービスなどの付加価値による継続利用促進。②トライアル利用のディスカウント提示。	サービス利用経験による顧客の信頼感が重要。	「もの」に対する顧客ニーズや顧客の利用情報を蓄積し，個別的ニーズに的確に応える。
	効率化		サービス生産の機械化，あるいは人的サービスのマニュアル化によるサービス生産性の向上。	人的サービス機能の物財への代替，セルフサービス化によるサービス生産性の向上。	定型的な業務について，サービス生産の標準化による生産性の向上，海外の安価な労働力の活用。	ICTを活用したシステム的サービス化によるサービス生産性の向上，あるいはシステム財によるサービス機能の提供。

マーケティング・ミックス		人的サービス（美容業，理容業，個人教授所，医療業，建物サービス業，警備業，不動産管理業，洗濯業，自動車整備業，機械修理業等）	物的サービス（旅館業，スポーツ施設提供業，遊戯場業，運輸施設提供業等）	システム財創出サービス（受託開発ソフトウェア業，情報処理サービス業，土木建築サービス業，デザイン業等）	使用権提供サービス（労働者派遣業，物品賃貸業，民営職業紹介業，広告代理業，旅行業，不動産代理業・仲介業，情報提供サービス業等）
Process	顧客	①顧客の嗜好やニーズなど顧客情報の蓄積。②顧客ニーズの収集，サービス内容の明確化。③サービス生産過程におけるコミュニケーションの活性化（サービス対象「人」）。	サービス内容に対する顧客ニーズの収集と情報の蓄積。	顧客のサービス生産への参加レベルがサービス品質を規定する。顧客情報の蓄積と，サービス生産過程においてコミュニケーションを密にすることが重要。	使用権の提供の対象となる「もの」に対する顧客のニーズ，顧客の利用情報の蓄積によって，顧客ニーズに適合する「もの」の整備を図る。
Process	リカバリー	①サービス生産・提供過程における迅速な修正。②誠意をもった謝罪。③的確な補償制度の用意。	①代替サービスの提案。②誠意をもった謝罪。③的確な補償制度の用意。	①迅速な修正，やり直しの実行。②サービス・レベル・アグリーメントによる合意で事前調整を図る。	①使用権提供の対象となる「もの」の質に問題がある場合は取り替える。②顧客に損害を与えた場合における速やかな修復と謝罪。
Physical Evidence	手がかり	サービス要員が実際にサービスを提供している様子を示すために，映像・画像等を用いたパンフレット類の充実。	①周辺地域やサービス要員のユニフォームを画像・映像で提供。②施設情報に関する情報の明確化と顧客に訴求するパンフレット類の充実。	これまでの実績，取引企業をアピールするためのアニュアルレポートの活用。	使用権提供の対象となる「もの」の内容については，極力データ化することによって，顧客の選択を容易化。
People	サービス要員	①OJTによる技術水準，能力向上。②権限委譲による現場裁量権の拡大。③従業員満足の向上による動機づけ。	①OJTによる技術水準，能率水準の向上。②権限委譲による現場裁量権の拡大。③従業員満足の向上による動機づけ。	①定型部分はマニュアルの徹底による生産性の向上と，品質の安定。②非定型部分はサービス要員の知識や技術・技能の向上，顧客との協働。	①蓄積された情報を十分に活用するためのマニュアル教育。②顧客ニーズに適合した情報提供を行うためのコンサルティング教育。
People	他の顧客	価格戦略等でターゲットを明確化することによる同質の顧客への呼びかけ，並びに異質の顧客が集まらないようなデ・マーケティングの活用。	同質の顧客を同じ空間へ集めるための，場や時間帯の提供。	特になし	特になし

注

(1) サービスの特色に関して，サッサー他は，無形性（Intangibility），同時性（Simultaneity），異質性（Heterogeneity），消滅性（Perishability）の4つ，コトラー他は，無形性（Intangibility），不可分性（Inseparability），変動性（Variability），消滅性（Perishability）

の4つを挙げている（Sasser, W. Earl, Richard Paul Olsen, and D. Daryl Wyckoff, *Management of Service Operations,* Allyn and Bacan, Inc., 1978, Kotler, Philip, John T. Bowen, and James C. Makens, *Marketing for Hospitality and Tourism*（*4th ed.*）, Pearson Education, 2006）。

(2) Garvin, David A., *Managing Quality,* The Free Press, 1988, pp.40-46.

(3) Zeithaml, Valarie A., "How Consumer Evaluation Processes Differ Between Goods and Services," in James H. Donnelly and William R. George（eds.）, *Marketing of Services,* American Marketing Association, 1981, pp.186-190.

(4) ある製品の「累積」生産量が増加すれば，製品単位あたりの費用が逓減すること。

(5) グルンルースは，サービスの最も重要な特徴は「プロセス」であると述べ，サービス生産・提供現場における諸活動に注目したプロセス中心のフレームワークを提示している。顧客のサービス生産への参加という特性は，サービスを「物」に比べて極めて特異なものにしている（Grönroos, Christian, *Service Management and Marketing*：*Customer Management in Service Competition*（*3rd ed.*）, John Wiley & Sons, 2007（グルンルース，クリスチャン『北欧型サービス志向のマネジメント—競争を生き抜くマーケティングの新潮流—』（近藤宏一，蒲生智哉［訳］）ミネルヴァ書房，2013年，pp.45-46）。

(6) 知覚品質とは「顧客が抱いていたサービスへの期待と実際サービスを受けた経験の比較」のことである（Grönroos, Christian., "Toward a Third Phase in Service-Quality Research," in Teresa A Swartz, David E.Bowen and Stephen W.Brown（eds.）, *Advances in Service Marketing and Management,* Vol. 2, JAI Press, 1993, p.51）。

(7) 嶋口充輝『統合マーケティング』日本経済新聞社，1986年，p.29。

(8) Kotler, Philip and Kevin Lane Keller, *Marketing Management*（*12th ed.*）, Prentice Hall, 2006（コトラー，フィリップ，ケビン・レーン・ケラー『コトラー&ケラーのマーケティング・マネジメント』（月谷真紀［訳］），ピアソン・エデュケーション，2008年）。

(9) 南方建明，酒井理『サービス産業の構造とマーケティング』中央経済社，2006年，p.107。

(10) 「手がかり」には「外在的手がかり（Extrinsic Cue）と「内在的手がかり（Intrinsic Cue）という2種類の手がかりがある。外在的手がかりは，価格や銘柄，デザインなど製品の品質と直接結びつかない手がかりであり，内在的手がかりは品質と直接結びつく手がかりであり，例えば病院の清潔さやサービス提供者の技術などがこれにあたる（山本昭二『新装版 サービス・クォリティ』千倉書房，2010年，p.107）。

(11) Grönroos, 2007, 邦訳，2013年，前掲書。

(12) サービス商品におけるプロセスの重要性に関しては，Grönroos, Christian., "A Service Quality Model and its Marketing Implications," *European Journal of Marketing,* Vol.18, No.4, 1984, pp.36-44, 藤村和宏『医療サービスと顧客満足』医療文化社，2009年を参考にした。

(13) ブラットバーグ他は，サービスを反復利用するリピート客は利益の源泉となると指摘している（Blattberg, Robert C., Gary Getz, and Jacquelyn S. Thomas, *Customer Equity: Building and Managing Relationships As Valuable Assets*, Harvard Business School Press, 2001（ロバート・C. ブラットバーグ，ジャクリーン・S. トーマス，ゲイリー ゲッツ『顧客資産のマネジメント』（小川孔輔，小野譲司［監訳］）ダイヤモンド社，2003年，p.92）。

(14) Vargo, Stephen L. and Robert F. Lusch, "Evolving to a New Dominant Logic for Marketing," *Journal of Marketing*, Vol.68, No.1, 2004, pp.1-17.

(15) Vargo and Lusch, 2004, *op.cit.*, p.7.

(16) 南知惠子，西岡健一『サービス・イノベーション——価値共創と新技術導入』有斐閣，2014年，p.54。

(17) 近藤隆雄『サービス・イノベーションの理論と方法』生産性出版，2012年，p.85。

(18) Gummesson, Evert., "Relationship Marketing: Its Role in the Service Economy," in William J. Glynn and James G. Barnes (eds.), *Understanding Services Management*, John Wiley & Sons, 1995, pp.244-268., Grönroos, Christian., *Service Management and Marketing: A Customer Relationship Management Approach* (2nd ed.), John Wiley & Sons, 2000.

(19) 野村清『サービス産業の発想と戦略』電通，1983年，p.41。

(20) 嶋口充輝，1986年，前掲書，p.29。

(21) 伊丹敬之『経営戦略の論理（第3版）』日本経済新聞社，2003年，p.2。

(22) 嶋口充輝，1986年，前掲書。

(23) この点に関して，近藤隆雄は，アメリカでは経営におけるサービス研究分野を表す場合，「サービス・マネジメント」よりも「サービス・マーケティング」のほうが一般的であるという。これはサービス研究が主にマーケティング研究分野から生まれたことに由来すると考えられるとしている。一方，ヨーロッパ諸国では「サービス・マネジメント」のほうが多く使用されている。この違いを生んだ背景は，あまり定かではないが，アメリカでは当初から実務界との交流が盛んであったのに対して，ヨーロッパでは，ノルディック・グループをはじめ，大学を中心とする情報発信であったこと，ヨーロッパにおける初期のマーケティング研究に大きな影響を与えたノーマンの著作の題名に『サービス・マネジメント』が使われたことなどが理由ではないかと近藤は指摘している（近藤隆雄「サービス・マーケティング研究とその実践的テーマ」『マーケティング・ジャーナル』第62号，1996年，pp.48-49）。

(24) 伊丹敬之，2003年，前掲書，pp.5-8。

(25) 伊丹敬之，2003年，前掲書，pp.20-21。

(26) Kotler and Keller, 2006, 邦訳，2008年，前掲書，p.50。

(27) Kotler and Keller, 2006, 邦訳，2008年，前掲書，p.50。

(28) 伊丹敬之，2003年，前掲書，p.99。
(29) 伊丹敬之，2003年，前掲書，pp.111-112。
(30) Barney, Jay B., *Gaining and Sustaining Competitive Advantage* (*2nd ed.*), Prentice Hall, 2002（バーニー，ジェイ・B.『企業戦略論：競争優位の構築と持続［上］［中］［下］』（岡田正大［訳］）ダイヤモンド社，2003年）。
(31) 伊丹敬之，2003年，前掲書，pp.236-277。
(32) プラハラード・ハメルは，競争力の源泉として，個別的なスキルや技術を束ねるものをコア・コンピタンスと定義している。コア・コンピタンスは常に学習され蓄積されていくとしている。見えざる資産と極めて近い概念でもあり，「ヒト」に蓄積されるスキルは，いずれにしろ極めて重要であり他社には容易に真似できない資源となることが確認できる（Hamel, Gary and C. K. Prahalad, *Competing for the Future*, Harvard Business School Press, 1994（ゲイリー ハメル，C.K. プラハラード『コア・コンピタンス経営』（一條和生［訳］）日本経済新聞社，2001年）。
(33) 伊丹敬之，2003年，前掲書，pp.292-295。
(34) 伊丹敬之，2003年，前掲書，p.266。
(35) 伊丹敬之，2003年，前掲書，p.367。
(36) Booms, Bernard H and Mary Jo Bitner, "Marketing Strategies and Organizational Structures for Service Firms," in J.H.Donnelly and W.R.George (eds.), *Marketing of Services*, American Marketing Association, 1981, pp.47-51.
(37) 南方建明，酒井理，2006年，前掲書，pp.122-123。
(38) 近藤隆雄「サービス・マーケティング・ミックスと顧客価値の創造」『経営・情報研究』第1巻，1997年，p.72。
(39) グルンルースは，サービス・コンセプトを「組織が特定の問題を特定の方法で解決しようとする考え方の方法」であり，具体的には「企業が特定の顧客層に何をしようとするのか，これはどのようにして達成されるべきであるか，そしてどのような資源を用いるのか，といった情報を含んでいなければならない」と述べている。本書では，「サービス商品」「業務活動分野」「経営資源の配分」といった包括的に捉えているグルンルースのサービス・コンセプトに依拠している（Grönroos, 2007, 邦訳，2013年，前掲書，p.181）。
(40) Lovelock, Christopher H. and Jochen. Wirtz, *Services Marketing : People, Technology, Strategy* (*6th ed.*), Prentice Hall, 2007, p.27.
(41) グルンルースは，サービス・プロセスを構成する要素として「サービスのアクセシビリティ」「サービス組織との相互作用」「顧客参加」，これら3つを挙げており，これらの要素は基本的なパッケージのコンセプトを結合し，サービスの拡張提供を構成すると述べている（Grönroos, 2007, 邦訳，2013年，前掲書，pp.154-161）。

(42) 野村清はこの点に関して,「サービス企業は自ら出向くにせよ需要者が集まってくるにせよ,需要者の近くに立地していなければならない」と述べているように,サービス企業における立地の重要性を指摘している(野村清,1983年,前掲書,p.165)。
(43) Zeithaml, Valarie A., Leonard L. Berry, and A. Parasuraman, "The Nature and Determinants of Customer Expectations of Services," *Journal of the Academy of Marketing Science,* Vol.21, No.1, 1993, p.9.
(44) 南方建明,酒井理,2006年,前掲書,pp.132-134。
(45) ただし,グルンルースは「過度な期待を顧客に持たすのは危険であり,サービスへの期待を高めるだけでなく期待をサービス水準の適切なレベルの設定することがマーケティングに求められている」と述べており,過度な期待を形成するサービス業におけるマーケティングに対して問題提起をしている(Grönroos, 1993, *op.cit.*, pp.49-64)。
(46) 近藤隆雄『サービス・マーケティング』(第2版),生産性出版,2010年,pp.204-205。
(47) Kotler and Keller, 2006, 邦訳,2008年,前掲書,p.730。
(48) 髙橋秀雄『サービス・マーケティング戦略』中央経済社,2009年,pp.41-42。
(49) Grönroos, 2007, 邦訳,2013年,前掲書,p.257。
(50) Grönroos, 2007, 邦訳,2013年,前掲書,p.257。
(51) Grönroos, 2007, 邦訳,2013年,前掲書,pp.258-259。
(52) Iacobucci, Dawn (ed.), *Kellogg on Marketing,* John Wiley & Sons, 2001(ドーン・イアコブッチ編『マーケティング戦略論』(奥村昭博,岸本義之[監訳])ダイヤモンド社,2001年,pp.343-344)。
(53) Zeithaml, Valarie A., Mary Jo. Bitner, and Dwayne D. Gremler, *Services Marketing : Integrating Customer Focus across the Firm (5th ed.),* McGraw-Hill, 2009, pp.518-528.
(54) Berry, Leonard L and Manjit S Yadav, "Capture and Communicate Value in the Pricing of Services," *Sloan Management Review,* Vol.37, 1996, pp.41-52.
(55) Reichheld, Frederick F. and W. Earl Sasser Jr. "Zero Defections - Quality Comes to Services," *Harvard Business Review,* Vol.68, No.5, 1990, pp.105-111.
(56) Levitt, Theodore, "Industrialization of Service," *Harvard Business Review,* Vol.54, No.5, 1976, pp.63-74.
(57) 例えば,近代産業としてのホテル業を築いたエルスウォス・M・スタットラーやコンラッド・ヒルトンは,客室の設備の充実による人的サービスの合理化や数値による科学的管理を導入することによりホテルにおける「大衆化」の確立を実現した。また,マクドナルドの場合,「標準化」を人間の労働に依存したサービスに応用することによって,サービスの大量生産,並びに生産性を向上させた。
(58) レイポート・ジャウォルスキーは顧客とのインターフェースについて,すべて人間の

従業員である「人間特化型インターフェース」, 携帯端末・無線ヘッドフォンの利用の「人間主導の混成型インターフェース」, ATM, ウェブサイト, 自動販売機の「機械特化型インターフェース」, 電話による顧客サービス, オンライン・チャットによるヘルプ等の「機械主導の混成型インターフェース, これら4つに分類し, サービス提供における機械と人間の棲み分けを行っている (Rayport, Jeffrey F. and Bernard J. Jaworski, *Best Face Forward : Why Companies must Improve their Service Interfaces with Customers*, Harvard Business School Press, 2005 (レイポート, ジェフリー・F.,バーナード・J・ジャウォルスキー『インターフェース革命』(中瀬英樹 [訳]) ランダムハウス講談社, 2006年, p.68)。

(59) Albrecht, Karl and Ron Zemke, *Service America in the New Economy*, Mcgraw-Hill, 2001 (カール・アルブレヒト, ロン・ゼンケ『サービス・マネジメント』(和田正春 [訳]) ダイヤモンド社, 2003年, pp.190-200)。
(60) Zeithaml, Bitner, and Gremler, 2009, *op.cit.*, p.25.
(61) 「サーバクション」とは「サービス (Service)」と「生産 (Production)」の造語である (Langeard, Eric, John E. G. Bateson, Christopher H. Lovelock, and Pierre Eiglier, *Services Marketing: New Insights from Consumers and Managers*, Marketing Science Institute, 1981, p.15)。
(62) Zeithaml, Bitner, and Gremler, 2009, *op.cit.*, p.24.
(63) Zeithaml, Bitner, and Gremler, 2009, *op.cit.*, p.24.
(64) Zeithaml, Bitner, and Gremler, 2009, *op.cit.*, p.24.
(65) http://www.mhlw.go.jp/toukei/itiran/roudou/koyou/doukou/13-2/kekka.html#02
(66) Langeard et al., 1981, *op.cit.*, p.15.

第4章

サービス・マネジメント

第1節　顧客満足の向上

1　サービスの顧客価値とサービス生産性

　サービス・マーケティングが，顧客に対するサービス提供，すなわちサービス提供システムをめぐる諸活動について検討するのに対して，サービス・マネジメントに関わる分野は，大きく2つの領域に分けることができる。

　1つは，顧客に関わる諸活動のマネジメントである，もう1つは，サービス生産に関係する諸活動のマネジメントである。サービスの顧客価値は，高い顧客価値をより効率的に生み出せたときに実現する。すべてのサービス提供企業は，高い顧客価値を提供することを目標に据える。できる限り小さなインプットで，できる限り大きなアウトプットを得るための最良のマネジメントを求める。高いサービス生産性のもとで，提供したサービス品質が顧客に高い評価を受けるように企業努力を行う。ゆえに，優れたサービス提供企業とは，サービス生産性を高めることと，サービス品質を高めることを同時に実現できる企業であるといえる。

2 顧客満足の構造

(1) サービスの顧客価値と顧客満足

ドラッカーによれば、企業の最終的な目標は「顧客創造」にあるという。そのために企業はマーケティングとイノベーションという機能をもつ。マーケティングによって顧客ニーズを把握し、イノベーションによって顧客の新たな満足を生み出す[1]。顧客を創造するという唯一の目的のために、企業は絶えず顧客満足を構築し続ける必要がある。顧客が価値あるものと認め、満足するサービスを提供することが、サービス提供企業の使命となる。

そこで、顧客を創造するために企業が構築しなければならない顧客満足についてマネジメントの対象として、その構造を整理してみる。顧客満足を顧客マネジメントと従業員マネジメントを包含する形にまとめたモデルとして知られているのがサービス・プロフィット・チェーンである[2]。図表4-1-1でみるように、サービス品質の向上、並びに顧客の望むサービス・コンセプトの実現を目標としたサービス要員の管理に関して、ヘスケット他は、「オペレーション戦略とサービス・デリバリー・システム」によって影響されるとしている。

まず初めに「オペレーション戦略」を達成させるためには「サービス標準化の工夫」が重要である。サービス提供企業は、サービス品質の安定的な供給と

図表4-1-1 サービス・プロフィット・チェーン

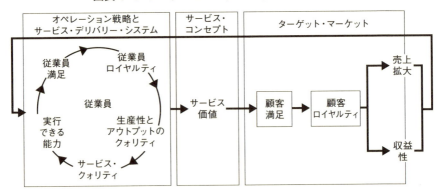

出所：Heskett, James L., W. Earl. Sasser Jr., and Leonard A. Schlesinger, *The Service Profit Chain*, Free Press, 1997, p.19.

いう課題を抱えている。その点についてサービス提供企業が，製造分野で脚光を浴びている技術的かつ省力的でシステマチックなアプローチ，つまり「サービスの工業化」を行うことにより，サービス品質の向上を行っている。

次に，サービス品質を安定させるための重要な要素として，サービス要員の「教育・訓練」が挙げられる。現場における教育「OJT（On the Job Training）」は，技術的な教育だけでなく，顧客との相互作用によるサービス生産・提供という特殊な状況における作業経験を積む上でも貴重である。「Off-JT」と呼ばれる現場を離れた研修によって，サービス要員の技術水準の向上を図ることも重要である。業界団体主催で，業界全体のサービス水準を向上させるために，従業員の研修が行われていることも多い。接客のような一般的なスキル，基本的技術の修得など，未熟練なサービス要員の教育の場として「Off-JT」は有効である。

ホテル等の顧客管理システムのようなツールに関しても，従業員が提供するサービスの手助けとなる。また，顧客満足に繋げるために必要なエンパワーメント（権限委譲）の余地が従業員に与えられていれば，マニュアルに記載されていない事柄が発生した場合でも「真実の瞬間」に対応できる。このようにサービス提供企業は「サービスの工業化」「従業員教育」「業務遂行を手助けするツールの導入」「エンパワーメントの導入」により「異質性」という特性を有するサービスの生産性とアウトプットの維持・管理を実現している。

次に，「オペレーション戦略とサービス・デリバリー・システム」のもう1つの重要な部分である「従業員満足・ロイヤルティ」に関してであるが，前述したサービス提供システムの循環により，サービスの生産性とアウトプットの品質が向上し，従業員は高品質のサービスを提供することによる業務への満足感が生じる。さらに，企業の風土にあわせた人材の登用，正当な報酬や評価制度が導入されていれば，「従業員満足」が生まれる。ヘスケット他は，従業員が企業・職務に満足することによって顧客に「ミラー効果」をもたらし顧客満足が高まる現象を「サティスファクション・ミラー」と呼び，従業員満足と顧客満足は関連させて考えられるべきであると述べている。

最後に，サービス品質の向上，並びに顧客の望むサービス・コンセプトの実現を目標としたサービス要員の管理を実現する要因として，「従業員ロイヤル

ティ」が挙げられる。何故なら，経験を積んだベテラン従業員のほうが経験の浅い従業員よりもサービス・エンカウンターにおける職務能力が高く，またサービスの多くは対人関係を通じて提供されるために，ベテラン従業員のほうが，顧客と幅広い人間関係の絆を持っているからである。また，経験を積んだ従業員を失うと，募集・採用・トレーニングといった「離職に伴って発生する損失」も被る。そのため，特に経験を積んだ従業員を確保することは，サービス提供企業にとって重要である。さらに，サービス要員の知識・能力に関しては，従業員教育によって高めていくことは可能であるが，個々人の性格や資質に関しては，従業員教育でカバーするにも限界がある。その点，ロイヤルティを持った従業員は，企業の外部においても，肯定的な口コミを行うことにより，就職予定者に対しても，企業の良いイメージ形成に貢献している。

　以上，ヘスケット他によるサービス・プロフィット・チェーンのモデルにおいては，組織内で価格やサービス提供のコスト削減，従業員をサポートする施設・機材の導入等の「オペレーション戦略」，顧客に接してサービスを提供する従業員が仕事に満足し，業務を長期的に継続できるかどうかの「従業員満足・ロイヤルティ」が達成されることにより，サービス品質の向上，並びに顧客の望むサービス・コンセプトの実現を可能にしている。次に，顧客満足はサービス・コンセプトによって規定される。そして同モデルの中で，顧客満足は，顧客ロイヤルティに影響を及ぼし，そのロイヤルティが達成される「正のサイクル」により，売上の伸びと利益率に影響を与えるという構造が示されている。

(2) 顧客の期待
① 期待の形成
　顧客は，提供されるサービスに対して事前に期待を形成する。例えば，顧客がクリーニング業を利用する場合，白いシャツの汚れがどの程度落ちて手元に戻ってくるかはわからないが，顧客は汚れが落ちる水準をある程度期待している。他方で，ひどく汚れたシャツをクリーニングする場合には，真っ白になることはないかもしれないという程度の期待をすることもあるだろう。いずれにしても，顧客はサービスを利用する前に，自分自身のニーズによって何らかの

期待を形成することに違いはない。

② 利用経験の影響

　顧客の期待形成に大きく影響する要因の1つはサービス利用経験である。サービス利用経験の有無によって期待する水準は変化する。これは、サービス利用経験を有することで、次の利用機会におけるサービス水準がある程度予測可能となるためである。また、他の企業が提供する同様のサービスを利用した場合でも、顧客の期待は変化する。同種のサービスが、同程度の価格で提供されれば、利用経験がたとえ別の企業のサービスであっても、顧客が形成する期待は変化する。自らの経験だけではなく、他人の口コミ情報も期待形成に利用される。この場合、信頼のおける情報であるか否かといったことが、期待形成に与える影響は大きい。

③ 手がかり

　サービスは、前章で述べたように、それを受けた直後にしか実際の品質を知ることができない「経験品質」という特性を有しているため、顧客は、モノ商品と異なり、サービスの品質や内容を把握することが難しい。しかし、顧客は、サービス提供企業が提供する企業情報やサービス内容といった「手がかり」[3]を入手し、事前にサービス内容に対して事前に期待を形成する。

　「手がかり」には「外在的手がかり（Extrinsic Cue）」と「内在的手がかり（Intrinsic Cue）」という2種類の手がかりがある。内在的手がかりは「品質と直接結びつく手がかり」のことである。例えば病院であれば、施設の清潔さや治療の成功率、パッケージ・ツアーであれば、旅程、交通機関、添乗員の有無、大学であれば学生の就職率などがこれにあたる。

　一方、外在的手がかりは「品質と直接関係しない手がかり」のことである。例えば、サービス提供企業が顧客に提示する価格によって、顧客はサービス水準を予測する。当然、価格が高ければ、高い品質のサービスが提供されるはずであろうと期待を形成する。店舗の雰囲気、従業員の見だしなみなどのサービスが有形化した部分からも、期待は形成される。

(3) サービス品質
① ギャップの構造

顧客は期待を形成した後に，サービスを利用し，そして，サービスの提供が行われた後に，はじめてサービス品質を評価することができる。これは，サービスが不可分性や消滅性という特性をもち，事前に評価することがモノ商品と比べて難しいためである。そのため，サービス提供企業がすべきことは，消費者が期待していたサービスと企業側が実際に提供したサービスのバランスを取り，マイナスのギャップをいかに埋めながら，実際のサービスが顧客の期待に応え，もしくは上回ることであるとされている。具体的には，図表4-1-2のとおり，企業，従業員，顧客間のギャップは5種類存在する[4]。

Gap1は，顧客期待と経営者の顧客期待認識であり，顧客のニーズを理解していないという問題が存在する。Gap2は，顧客の期待に対する経営者の知覚と実際に設定されたサービス仕様のギャップである。このギャップは，顧客の期待を経営者が実際に設定されたサービスに組み込むことができない場合に発

図表4-1-2　サービス品質構造の概念モデル

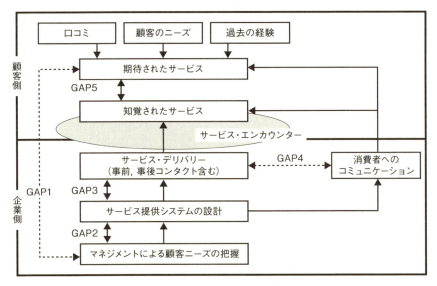

出所：Zeithaml, Valarie A., Leonard L. Berry, and A. Parasuraman, "Communication and Control Processes in the Delivery of Service Quality," *Journal of Marketing*, Vol.52, No.2, 1988, p.36 をもとに修正。

生する。Gap 3 は，サービス品質の手順とサービス・デリバリーであり，提供されるサービスと，マネジメントで考えているサービス品質の仕様のギャップである。そしてGap 4 は，実際のサービス・デリバリーとコミュニケーション（広告）の関係であり，実際のサービスと前もって知らされていたコミュニケーション内容・情報に関するギャップである。これら4つのギャップがGap 5 である顧客がイメージしていたサービスへの期待と実際にサービスを受けた知覚のギャップに影響を与えている。サービスの品質評価は，サービスの特性上難しく，顧客の側面から判断するため，前述した顧客がイメージしていたサービスへの期待と，実際にサービスを受けた知覚のギャップ（Gap 5）をいかに少なくするかが企業の大きな課題である。

② サービス品質の次元

前述のギャップに関する解決策として，顧客によるサービス品質調査の内容から顧客の期待するサービス品質内容を特定する方法が挙げられる。この点についてグルンルースは，「技術的品質（Technical Quality）」「機能的品質（Functional Quality）」「イメージ（Image）」，これら3つをサービス品質の次元として抽出した[5]。さらに，サービス品質の具体的な基準として，「プロフェッショナリズムと技能（Professionalism and Skills）」「態度と行動（Attitudes and Behaviour）」「アクセシビリティとフレキシビリティ（Accessibility and Flexibility）」「信頼性と信用（Reliability and Trustworthiness）」「サービス・リカバリー（Service Recovery）」「サービススケープ（Servicescape）」「評判と確実性（Reputation and Credibility）」，これら7つが存在する（図表4-1-3参照）。

まず初めに，サービス品質モデルにおける技術的品質であるが，この品質は「結果品質（Output Quality）」とも呼ばれ，サービス組織や提供者とのインタラクションで顧客が得る品質である。例えば，顧客がリゾート・ウェディングを希望した際のサービス提供者のカウンセリング能力，レストランにおける安定した食事の味，宿泊施設の客室やベッドの提供等である（プロフェッショナリズムと技能）。技術的品質は，サービス提供者と買い手とのインタラクションが終了したときに，顧客に残された「もの（What）」であり，その特徴から技術的品質がサービスの品質としてしばしば考えられる。

しかし，顧客は「サービスの探索，サービスの知覚，サービスへの評価」と

図表4-1-3　サービス品質における優良な7つの基準

1. プロフェッショナリズムと技能（Professionalism and Skills）
　　顧客は，サービス提供者，およびその従業員，オペレーション・システム，物的資源が，顧客の問題を専門的方法で解決するために必要とされる知識や技能を持つことを知る（結果に関する基準）。
2. 態度と行動（Attitudes and Behaviour）
　　顧客は，サービス従業員（接触する従業員）が顧客に関心を持ち，その問題を親密かつ自発的に解決してくれると感じる（プロセスに関する基準）。
3. アクセシビリティとフレキシビリティ（Accessibility and Flexibility）
　　顧客は，サービス提供者，立地，営業時間帯，従業員，オペレーション・システムはそのサービスを利用しやすくなるように設計・実行され，柔軟な方法で顧客の要望に対応できるよう整っていると感じる（プロセスに関する基準）。
4. 信頼性と信用（Reliability and Trustworthiness）
　　顧客は，サービス企業やその従業員，システムが約束を果たしたり顧客志向的な行動をするとき，企業や従業員を頼ることができるということを知る（プロセスに関する基準）。
5. サービス・リカバリー（Service Recovery）
　　顧客は，何か失敗したり不測の事態が発生したときはいつでも，サービス提供者がただちに積極的にその状況に対応し，新しい代替案を提供できることに気が付く（プロセスに関する基準）。
6. サービススケープ（Servicescape）
　　顧客は，サービス・エンカウンターの物的環境やその他の環境の様相が，そのサービス・プロセスのポジティブな経験をサポートしてくれると感じる（プロセスに関する基準）。
7. 評判と確実性（Reputation and Credibility）
　　顧客は，そのサービス提供者のビジネスは信頼できるものであり財産に適切な価値を提供してくれる。またそれは顧客とサービス提供者が共有できる価値と成果を生み出すということを信じている（イメージに関する基準）。

出所：Grönroos, Christian, *Service Management and Marketing : Customer Management in Service Competition* (3rd ed.), John Wiley & Sons, 2007（グルンルース，クリスチャン『北欧型サービス志向のマネジメント―競争を生き抜くマーケティングの新潮流―』（近藤宏一，蒲生智哉［訳］）ミネルヴァ書房，2013年，p.79）。

いうサービスを受ける一連の活動の中で，サービス提供者との様々なインタラクションが存在しているため，サービスの全体的な品質の中には「結果品質」という側面と同時に，「どのようにサービスが提供されたのか（How）」という「過程品質（Process Quality）」の側面が存在している。グルンルースはそのようなサービスを受けるデリバリー・プロセスに関わる品質を「機能的品質」と呼んでいる。例えば，レストランの食事や宿泊施設の客室がどんなに素晴らしくても（技術的品質），サービス要員の態度が横柄である（態度と行動），

サービス提供者の制服が統一されていない（サービススケープ），もしくは場所を示す地図が提供されていない，営業時間が顧客に十分配慮されていない（アクセシビリティとフレキシビリティ）等の問題があれば，全体的なサービス品質に影響を与えるであろう。

そして，サービス品質の3つ目の次元として「イメージ」が挙げられる。サービス品質におけるイメージは企業のコミュニケーションやオペレーションについて顧客に影響を与えるという点において，企業にとって非常に重要な側面である。例えば，イメージはマーケティング・キャンペーンとともに，直接サービスを受けるまで，品質を評価することができないサービスの内容を伝達することによって，顧客に期待を抱かせることができるものである。また，企業のイメージ形成が肯定的であれば，世の中にあふれている情報やマーケティング・コミュニケーション，口コミを肯定的に捉える。さらに，イメージはサービス提供企業の品質に影響を与える「フィルター」となる。前述した技術的品質と機能的品質はこのフィルターを通じて評価される。仮に，企業やサービスのイメージがよければ，品質の深刻な問題の原因となるようなものであっても，「シェルター効果」によって大目に見られる可能性がある。このように「イメージ」は，企業や地域が顧客の期待するサービスを適切，かつ確実に提供してくれるという「評判と確実性」という特徴を有している。

以上，考察してきたように，サービスを受け終わった後に残る「品質」のみならず，サービス提供の際に行われる「プロセス」，これらを実行できる環境整備，並びに人的資源を開発することにより，顧客の期待に応える，もしくは期待を超えることが可能となる。さらに，サービス品質を伝達し，顧客にサービスに関する肯定的な期待を抱かせるうえで，いかに「イメージ」を形成していくかがサービス提供企業の大きな課題であろう。

(4) 顧客満足
① 矯正とサービスの顧客価値
サービス価値には，サービス提供企業の価値と顧客からみたサービス価値が存在する。顧客からみたサービス価値は，サービスの顧客価値とよび，これは，あくまで顧客が主観的に評価したものである。一方，企業からみたサービス価

値は，企業からみた品質と価格で定義されることから，客観的な価値ということができ，これをサービスの企業価値と呼ぶこととする。

同じサービスを利用したとしても，サービスの顧客価値は人によって異なる。サービスの企業価値とサービスの顧客価値には，前述したとおり，ギャップが存在し，個々人の異質性が大きく影響する。サービスの企業価値とサービスの顧客価値のギャップには，知覚矯正によるギャップが想定され，そのメカニズムを説明すると，次のようになる。

顧客は，サービス利用に先立って様々なレベルの購買前期待を抱いている。これによって，サービスの企業価値の受け止め方も異なってくる。例えば，同じ水準のサービスの企業価値を提供したとしても，サービスの購買に先立って極めて大きな期待を抱いていた顧客は，「期待を裏切られた」という印象をもち，サービスに対して相対的に低い評価を与えることになる。一方，あまり期待を抱いていなかった顧客は，「思いがけないサービスを提供された」ということで相対的に高い価値評価を与える。これが「対比作用」と呼ばれるものである（図表4-1-4参照）。サービスの企業価値は，顧客が事前に形成している

図表4-1-4　矯正とサービスの顧客価値

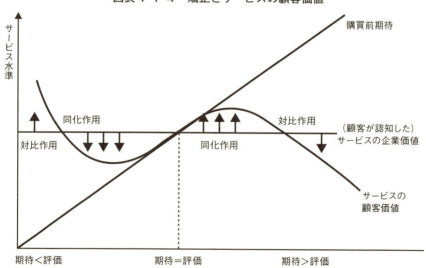

出所：嶋口充輝『顧客満足型マーケティングの構図』有斐閣，1994年，p.77をもとに作成。

期待の水準によって心理的に変容されて，サービスの顧客価値として認識されることになる。

しかし，期待が実際のサービスの企業価値をわずかに上回る場合には，顧客は，認知的不協和の解消行動に沿って，期待に基づいたサービス利用行動を正当化しようとする。すなわち，認知したサービスの企業価値を，自分が期待したサービス水準に近づけようとする。同様に期待がわずかに認知したサービスの企業価値よりも低い場合も，自ら期待していたサービス水準に近づけようとするため，サービスの顧客価値は低いほうにシフトする。これが「同化作用」と呼ばれるものである。

② プロセスと顧客満足の関係性

このように，期待と評価の差は顧客満足を決定するが，前述したとおり，サービス品質の結果とプロセス，どちらか一方だけのサービス属性を充足させるのみでは十分な満足に至らず，両サービス属性がある水準以上に充足されないと全体満足が高まらない[6]。人的要素の強いサービス提供企業においては，顧客と従業員とのエンカウンターの管理が不可欠である。何故なら，顧客への接客や瞬時の対応といった決定的瞬間の管理が，顧客満足と関連しているからである。例えば，ディズニーランドでは平均74回ものサービス・エンカウンターを顧客が経験するといわれているが[7]，73回のサービス・エンカウンターが成功したとしても，残り1回をミスしたら，顧客満足の形成に悪影響を及ぼすであろう。

このようなサービス提供の場におけるエンカウンターの重要性は，顧客がリピート化しているサービス提供企業において，より顕著である。例えば，宿泊業の場合，初期の段階では，施設の充実やサービス要員のスキル等，結果品質の開発・安定的提供を推進するが，このような対応がある程度進んだ場合，結果品質のみでは顧客の満足を獲得することができない。そのため，顧客は「価格」でサービスを決定する傾向があるが，このような価格でしか差別化できないコモディティ化した状態には様々な要因があり，サービスの結果のみで解決することは難しい。

結果品質が満足できる水準にある場合，過程品質は顧客満足の形成において結果品質よりも重要な役割を果たすと言われている。サービスには，顧客が

サービスに対して望む「必要条件水準（Adequate Level）」と「希望水準（Desired Level）」が存在する。結果品質は必要条件水準が高いため標準的なサービスでは満足を得ることは難しいが，過程品質の場合，必要条件水準，希望水準ともに顧客からの期待度が低いため，過程品質のほうが顧客満足を訴求しやすい[8]。そのため，もし，結果品質が顧客をある程度満足させることができるのであれば，「サービス提供者のホスピタリティ」「サービス提供企業のアクセスのしやすさ」「サービス提供の信頼性・安全性」といった顧客が経験する「過程品質」の質が他のサービス提供企業との差別化の要因になっていると推測できる。

このように，サービスを顧客に提供し，顧客満足を得るためには，結果品質と過程品質，双方をある水準以上に充足させなくてはならない。さらに，今後価格競争の脅威にさらされるサービス提供企業において，結果品質が満足できる水準にある場合，サービス提供は，「サービス提供過程前，エンカウンターの場，並びにサービス提供後」とサービスの提供過程と比較しても範囲が広いため，これらの全体のプロセスをいかに管理するかが品質管理の大きな課題である。

(5) 顧客不満足の回避
① 保証と補償

サービス保証は，顧客に一定水準のサービス品質を約束する制度である。約束どおりにできなかった場合，すなわちサービス提供が失敗に終わった場合には補償が行われることになる。顧客満足の構造において「保証」と「補償」の役割は異なる。サービス品質の保証は，顧客の購買前の期待形成に影響する。顧客は，保証があることによって未だ経験していないサービスであっても利用しやすくなる。保証は，顧客に提供するサービス品質がある一定水準の確かなものであるという約束であって，顧客がこれから提供されようとするサービスに対して感じるリスクを低減する効果がある。また保証は，サービス要員にとっても重要なシグナルとなる。何故なら保証によって，自らが提供しなければならないサービス品質の水準を確認することができるからである。しかし，どのようなサービス保証でも効果を発揮するとは限らない。サービス保証は，

無条件で適用され，内容が明確でわかりやすく，保証内容に意味があり，補償手続きが複雑でなく，支払いが迅速でなければ有効ではない[9]。

　一方，サービスの失敗に対する補償の目的は，サービス提供後に起きる顧客の不満解消である。この場合，顧客はすでに許容範囲の下限を超えてしまっている。補償には，金銭的補償，サービスのやり直し，交換，次回のサービス利用時の優待などがある。もちろん，誠実な謝罪も顧客の不満解消という点からみれば，重要な補償である。また，補償は明確なサービス保証が提示されていなくても実行される必要がある。例えば，美容室において，「もし髪型がお気に召さなければ，いつでもお越しください」というサービス提供後に告げられる文言は，補償が用意されていることを顧客に告げる行為である。明確な保証が約束されているわけではないが，これは顧客の許容範囲に収まる品質のサービス提供を行うという暗黙の保証である。

　補償には，顧客の離脱を防ぐという目的がある。顧客離脱による利益へのダメージ，口コミによる悪い評判の流布によるダメージと比較して補償コストが相対的に低いならば，補償が行われることの妥当性はある。

　ハートによれば，サービス保証制度の効果は顧客の知覚リスクを低減させるだけでなく，企業内部にも大きな5つの副産物をもたらす[10]。すなわち，1つは，組織全体が，顧客にとっての優れたサービスに注目するようになることである。2つは，サービスに関する基準が従業員にとっても明確になることでサービスの質の向上が図られることである。3つは，サービスの失敗が保証を通じてフィードバックされる，4つはミスの原因が明らかになることである。そして5つが顧客の信頼が高まり売上が伸びるということを指摘している。サービス保証制度は，顧客の不満足を回避するだけでなく，サービス提供企業の業績にも大きな影響を及ぼすのである。

　② サービス・レベル・アグリーメント

　サービス・レベル・アグリーメントは，サービス提供者と顧客との間で，サービス提供前に締結される契約である。このような契約を結ぶことにより，サービス提供者は利用者に対して，サービス品質について一定の水準を保証する。

　コスト削減を目的に，企業の間接部門の管理運営を一括してアウトソーシン

グする場合，間接部門のパフォーマンスを低下させることなく，コストを削減することが求められる。コスト削減について数値目標をおいて，サービス提供企業と顧客がサービス価格を調整しながら契約を行う。

サービス・レベル・アグリーメントがサービス成果を評価基準とするのに対して，サービス内容を評価基準として合意する契約をオペレーション・レベル・アグリーメントと呼ぶこともある。再びアウトソーシングを例にとれば，これは，どの程度の能力水準の人材を派遣するか，どの程度のコンピュータを導入するかといった業務レベルでの双方の合意の形成にあたる。一般的には，サービス効果を測定することは極めて難しく，成果を評価基準とするサービス・レベル・アグリーメントの締結は困難を伴う。

サービス・レベル・アグリーメントが，サービス保証と大きく異なるのは，両者の合意を条件とする点である。すなわち，サービス保証が提供者からの一方的な提案であるのに対して，サービス・レベル・アグリーメントにおいては双方が提案や要求，妥協をしながらサービス内容と価格について調整していく必要がある[11]。さらに，顧客の積極的なサービス生産への関与が約束された場合には，サービス提供企業と顧客は，共通の目標に向かって，すなわち合意したサービス・レベルを達成するために協力しながら業務を遂行することになる。

③ パフォーマンス契約

パフォーマンス契約は，事前に顧客の理解を得ておくという点で，サービス・レベル・アグリーメントに似ている。ただしパフォーマンス契約はサービス・レベル水準を保証するものではない。また，提供するサービス水準と料金についての合意を形成するものでもない。これは，サービス成果の高低に応じてサービス価格を決めるという成功報酬型の契約である。つまり，効果が出なければサービス料金は安く済み，効果が出ればそれなりの支払いが生じる。このように，サービス価格がサービス成果によって変動するために，顧客にとって，事前のサービスに対する期待と事後の価値評価のギャップはなくなり，サービス価値は保証される。

しかし，サービス提供企業サイドからみると，サービス成果を出すためにかけるコストや時間は，成果が大きくとも小さくとも同じだけの努力が必要であ

る。大きな成果が出なければ，サービス提供企業の収入は少なくなってしまう。ゆえに，パフォーマンス契約を締結する上で，サービス提供企業にとって最も重要なことは，サービス成果を精緻に予測することである。サービスを提供することで得られる成果の予測が不十分なものであれば，サービス提供企業のリスクは高まる。

　例えば，ESCO（エスコ）[12]におけるサービスでは，省エネルギー化による光熱費削減分の一定割合をサービス対価として支払ってもらうパフォーマンス契約が一般的に採用されているが，このサービスにおいてパフォーマンス契約を結ぶ場合には，利用者に対して事前のエネルギー消費測定を綿密に行う。そして，利用者の協力体制を明確にして省エネルギー化計画を策定する。この協力部分とは，夜間の消灯，エアコンディショナーの温度設定などである。そして省エネルギー機器を導入することで，どれ程のコスト削減ができるかを予測する。妥当性の高い計画を立てて，正確に成果を予測することが，サービス提供企業のノウハウとなっている。パフォーマンス契約は，サービス提供企業のサービス品質の高さを問うものでもある。

　昨今では，プロフェッショナル・サービスの代表格でもある経営コンサルティング業においてもパフォーマンス契約が導入されている例もある。成果報酬をストック・オプションで支払うケースである。コンサルティングの成果が市場における企業価値の上昇に現れるとすれば，ストック・オプションもパフォーマンス契約の1つの形という見方ができる。

3　顧客関係性の強化

(1)　顧客ロイヤルティの利点

　顧客との関係性強化が注目されるのは，第3章で指摘したとおり，顧客維持率の高さと企業の収益の相関が指摘されているためである。顧客との長期的な関係を築くことによって顧客にも企業にも便益がもたらされる。

　サービスを利用する前に，顧客はその品質を評価することはできない。顧客は，事前に評価できないサービスを利用することにリスクを感じ，初めての利用は敬遠する。そのため，サービス提供企業が顧客を獲得することは，物財を扱う企業よりも難しい。しかし，ひとたびサービスを利用すれば，顧客との関

係を次第に強めていくことができる。そのために，サービス提供企業は顧客満足の向上に努めて，繰り返しサービスを利用してもらい，そして顧客ロイヤルティの獲得に努めることが不可欠である。

ここでいう顧客ロイヤルティとは，「マーケティング活動や状況によって他社に乗り換える可能性があるにも関わらず，将来的に製品，サービスを再購買，再取引を行う強い関わり」のことである[13]。そして，顧客ロイヤルティの意義として，「顧客維持を通じての新規顧客獲得経費の削減」「関連販売」「口コミ」，これら3点が挙げられる。

まず初めに，「顧客維持を通じての新規顧客獲得経費の削減」であるが，新規顧客の最初の段階は利益よりもむしろ費用を生み出す傾向にある。何故なら，サービス提供企業は，新規顧客にサービスを利用するための機器の提供やサービスの使用方法の伝達等をする必要があるからである。例えば，航空会社のネット予約の場合，どのようにインターネットを通じて予約をするかが書かれたマニュアルの配布，もしくは顧客がわからないことを直接聞くことができるようにコールセンターを設ける場合もある。さらに，円滑にネット予約ができるように，クレジットカードを発行するが，その場合も多くの顧客に利用してもらうために，初年度は年会費を無料にする場合が多い。しかし，年を重ね，顧客を維持することができれば，企業のサービス価値を知らせるコストをカットすることができる。ライクヘルドは企業が顧客獲得にかけるコストは，既存顧客保持のコストの5倍であると述べている。このように，顧客を維持することにより，新規顧客はむしろ費用を生むが，反復利用してもらうと経費より収入が増えてくる[14]。

次に「関連販売」であるが，顧客との関係性が強くなれば，互いに信用し合い，サービス提供企業の関連サービスを販売することも容易になる。例えば，保険会社が提供している海外保険サービスであれば，旅行先で何か不測の事態が発生した場合のために，旅行者は「傷害死亡・後遺障害」の保険をかけるが，それと併せて，旅行者の家族が旅行先に来ても費用的に困らないように保険会社が「救援者費用」を準備しておけば「クロス・セリング」につながる。さらに，海外旅行の保険は比較的短期間であり，それほど高額な保険料ではないが，仮に保険会社が旅行者に対して好意的に接していたのであれば，海外保険と比

較し長期的な契約が期待できる「生命保険」への加入もあり得る。このように，顧客ロイヤルティは，サービスの関連販売である「クロス・セリング」のみならず，高収益・長期契約が期待できる「アップ・セリング」にもつながる。

3つ目の「口コミ」であるが，グメソンは，企業におけるマーケティング実施者について「専任マーケター（Full-time Marketer［FTM］）」と「パートタイム・マーケター（Part-time Marketer［PTM］）」を分け，特に後者の重要性を指摘している[15]。グメソンによれば，専任マーケターとは，マーケティングおよび販売業務を担当するために雇用された人々のことである。他方，パートタイム・マーケターとは企業のマーケティングに影響を与える社内外のすべての人々のことであり，企業の従業員や投資家，顧客等がその役割を果たしている。顧客は，実際にサービスを体験しないとその価値がわからず，事前にサービス品質を把握するために，つねに「手がかり」を探していると前述した。その「手がかり」は従業員の顧客に対する対応や企業の物的要素のみならず，実際サービスを体験した顧客の情報もその手がかりとなる。そのために，サービス体験者の口コミは顧客にとって強い影響を発揮し，口コミはサービス提供企業におけるマーケティングにとって非常に重要である[16]。

このように，顧客ロイヤルティを得た顧客は，見込み客から利用者となり，常連客，企業の支持者となり最後は代弁者となる。代弁者の域まで達すれば，企業のサービスを周囲の消費者にも推薦するなどの口コミ効果が期待できる。さらに，マーケティングの効果のみならず，顧客ロイヤルティを得た顧客を維持することは企業の収益性という観点からも非常に重要であり，いかに顧客のロイヤルティを獲得するかがサービス提供企業の大きな課題である。

(2) 顧客ロイヤルティの注意点

先にみたように，顧客との関係性を強め，ロイヤルティを高めていくことは，マーケティングの側面，並びに企業の収益性にとっても重要であるが，その顧客ロイヤルティを得るためには，顧客満足の継続的な提供が求められる。顧客満足の前提は，サービス品質への評価であり，そこでの充足感が，次への期待を生み，顧客ロイヤルティを生み出す原動力になる。

しかし，高い顧客満足が常に高い顧客ロイヤルティと反復購買につながると

は限らない。5段階評価の顧客満足度調査の中で,「満足している」と評価しても,「顧客ロイヤルティ」に繋がらないケースがある。「非常に満足」と「満足」した顧客の再購入希望の関連を調査したところ,前者は後者の6倍も存在している[17]。

さらに,サービスを長期にわたり再利用する顧客が入れば,その顧客は顧客ロイヤルティを示しているかといえばそれほど単純ではない。この点に関してジョーンズ・サッサーは,顧客それぞれの意識と行動をサービス提供企業は見極める必要があると述べ,顧客の行動様式を「伝道師」「テロリスト」「移動顧客」「被拘束顧客」,これら4つのパターンに分類している[18]。「伝道師」は,顧客満足,顧客ロイヤルティの双方が高く,顧客行動も継続・支持を示している。「テロリスト」は,顧客満足,顧客ロイヤルティの双方が低く,顧客行動は離反しかけている,あるいは離反して不満足に感じている。他方で,「移動顧客」の顧客満足は高いものの,顧客ロイヤルティは低・中程度であり,顧客行動に関しては低い定着率である。最後に「被拘束顧客」であるが,顧客ロイヤルティは高いものの,顧客満足は低・中程度,顧客行動に関しては「乗り換え不能,拘束されている」状態にある。

これら4分類の中で,顧客ロイヤルティと呼べるものは,「伝道師」「被拘束顧客」となる。ただし,ジョーンズ・サッサーは顧客ロイヤルティについて,「顧客ロイヤルティには2種類ある。1つは真の長期的な顧客ロイヤルティで,もう1つはいわゆる偽りの顧客ロイヤルティである」と説明している。これは,顧客ロイヤルティを示している顧客でも,「本当に好意をもっている顧客」と,商品・サービスが独占・寡占状態であり,スイッチング・コストが高いという理由から,「顧客ロイヤルティをもっている振りをしている顧客」,これら2種類の顧客が存在していることを意味する。例えば,携帯電話の番号が変わるというスイッチング・コストを気にしていた顧客が,番号ポータブル制度が導入されることにより,他の商品・サービスに乗り換えるという現象が起こる。つまり,顧客がロイヤルティを示すのは完全に満足している場合のみであり,非常に高い顧客満足を喚起し,「顧客ロイヤルティ」の獲得を試みることがサービス提供企業にとって重要となる。

(3) 顧客関係性に影響を与える要因

顧客との関係性強化に影響を及ぼす要因は，大きく3つに分けて整理することができる[19]。すなわち，1つは本質サービスの確実な提供，2つは企業と顧客の結びつき，3つは顧客の離脱の防止である。これら3つの要因をうまくコントロールしていくことが，顧客との関係を良好に保持していくために重要な課題となる。

1つめの本質サービスの確実な提供は，サービス提供における基本的な要素であって，関係性を築くための基盤である。顧客との関係を良好に保つためには，顧客の不満を惹起することがあってはならない。本質サービスは，例えば医療サービスにおける診察あるいは治療行為である。待合室の快適性が表層サービスにあたる。このとき，待合室がいかに快適であったとしても，本質サービスの品質が低ければ，顧客との良好な関係を保っていくことはできない。

2つめは，サービス提供企業と顧客の結びつきを強めることである。例えば，利用するたびに蓄積されるポイントで買物ができるプログラム，時間の買物で使えるクーポンの発行で，金銭的なメリットを提供して関係性を維持する。あるいは，顧客に親近感をもってもらうこと，お互いの「顔」が見える関係を築くことである。顧客とサービス要員間の人間的な触れ合いは，サービス提供企業にとって，特に重要である。医者と患者が顔見知りになることは，医療サービスが信用品質によって評価されることを考えると，関係性を強める要素として大切であることがわかる。さらに，患者の体質や生活習慣などの情報が蓄積されていくことで，体質に合わない薬の投与を避けるなど，医者は診療・治療サービスを患者向けにカスタマイズしていくことができる。

3つめは顧客離脱の防止である。顧客離脱の防止を図るには，スイッチング・コストを高めておくことが有効である。フィットネスクラブにおける入会金，ゴルフクラブ会員権制度は，初期投資をすることで他企業への乗り換えを防止する役割を果たしている。ただし，前述したとおり，スイッチング・コストがかからなくなったことにより，これまでの既存顧客が他企業やサービスに乗り換えることが考えられる。そのため，サービス提供企業は，既存顧客が再訪問・購買意図があるのか，顧客が本当に当該企業のサービスのファンであるのか，そして既存顧客からどのように顧客ロイヤルティを獲得するのかを考慮

する必要があろう。

4 サービス品質の向上―サービス生産・提供現場の管理―

(1) サービス特性とインターナル・マーケティング

　サービスは無形性という特性を有しているため，顧客は提供されるサービスがどのようなものか事前に評価ができない。顧客接点であるサービス生産・提供現場におけるサービス要員の対応が，顧客にとって無形であるサービスを知るための数少ない手がかりとなる。そのため，顧客が安心できるような外見，振舞いができ，約束されたサービスを正確に提供し，知識と礼儀をもって機敏に対応して，顧客の気持ちを良く理解できるようなサービス要員を育成していくことがサービス提供企業に求められる。このように従業員の育成が求められる際，企業は顧客向けのマーケティングと異なる従業員向けのマーケティングを行う。前述したとおり，外部マーケットである顧客に対してのマーケティングをエクスターナル・マーケティングと位置づける一方で，従業員を内部マーケットとみなして展開するマーケティングのことを，インターナル・マーケティングという。

　グルンルースによれば，インターナル・マーケティングは，次の3つの段階によって発展していくとされ，その3段階とは「サービス文化の発展」「サービス文化の維持」「新製品，サービス，マーケティング活動，キャンペーン，プロセスの導入」である[20]。まず初めに，「サービス文化の発展」であるが，サービス文化はサービス志向，顧客の興味というものが企業にとって最も重要なときに存在している。インターナル・マーケティング・プログラムはサービス文化を作り出すことはできないが，例えば，社風，企業の戦略・戦術を従業員に理解させたり，ポジティブなリレーションシップを構築したり，すべての従業員にサービス志向のコミュニケーション，インタラクションのスキルを教えたり等，サービス文化を発展させることはできる。

　次に「サービス文化の維持」であるが，サービス文化を維持することで最も重要なことは，すべての管理者が管理サポートを行うことである。何故なら，管理者はサービス・プロセス，エンカウンターにおける「真実の瞬間」を直接コントロールすることはできず，間接的なコントロールを発展させる必要があ

最後に「新製品，サービス，マーケティング活動，キャンペーン，プロセスの導入」であるが，導入を補助するインターナル・マーケティングの目標として，従業員に，新たな製品・サービス，マーケティング・キャンペーンや活動を知らせ，受け入れてもらうことである。さらに，企業のインタラクティブ・マーケティング，内部・外部とのリレーションシップに影響される業務を解決するための新しい方法（新技術，リニューアルされた技術等）を従業員に知らせ，受け入れてもらうことも，併せて必要となってくる。

　インターナル・マーケティングの目指すところは，顧客接点の現場にいるサービス要員が，自らの提供するサービスがどのようなものかを十分に理解することにある。すべての従業員に顧客志向を徹底させること，そして，あたかも顧客にサービスするように，従業員相互が対応することで組織内部の連携を円滑にする。

　インターナル・マーケティングは，従業員満足を向上させるための手段である。しかし，サービス・プロット・チェーンでみたように，従業員満足の向上は，最終的には顧客満足の向上につながる。ゆえにインターナル・マーケティングの最終的な成果は，顧客満足の向上となって現れる。サービス提供企業において，インターナル・マーケティングは特に重要である。単にマニュアルの徹底だけでは，サービス文化を現場のサービス要員にまで浸透させることはできない。従業員同士のコミュニケーション，管理・監督者と従業員間のコミュニケーションを円滑にすることが必要となる。

(2) サービス生産に参加する顧客の管理
① 顧客のサービス生産への参加レベル

　顧客のサービス生産への参加の程度は，サービス品質に大きな影響を与える。サービス生産への顧客の参加レベルによってサービスを分類すれば，次のように大きく3つに分けることができる。

　「顧客協働型サービス」と分類されるものは，顧客とのコミュニケーションによる情報交換がサービス生産にとって不可欠で，顧客の参加レベルが最も高いサービスである。典型的なものが教育，学習支援業である。学習塾における

顧客は生徒であり，教育によって顧客である生徒の知識レベルを高めるというサービスを提供する。このとき，サービス提供者がサービス生産への参加意欲がない顧客，すなわち学習意欲のない生徒に対して，教育というサービスプログラムを提供しても，その成果があがらないことは明らかである。

「顧客参加型サービス」は，顧客からのニーズ収集のためのコミュニケーションに加えて，サービス生産過程において生産の微調整のためのコミュニケーションをとることが顧客満足を高めるために重要となる。事前に提供された顧客ニーズ情報とのズレを顧客とサービス要員の情報交換によって修正するのである。

「顧客ニーズ充足型サービス」は，顧客からのニーズ収集のためのコミュニケーションをとるにとどまるサービスである。顧客の参加レベルは3つのタイプの中で最も低い。例えば，結婚情報提供サービスは「顧客ニーズ充足型サービス」として位置づけられる。結婚情報提供サービスを利用する場合には，顧客は自分自身の個人情報を登録する必要がある。自らの情報を積極的に開示するとともに，紹介を希望する相手の条件をサービス提供企業に伝える。結婚情報提供サービスにおけるサービス生産への参加は，事前の情報提供にとどまる。しかしながら，このように参加レベルが最も低い分類においても，多かれ少なかれ顧客参加を求められるのがサービス業の特徴である。

② 顧客のサービス生産への参加促進

顧客のサービス生産への参加の程度がサービス品質を左右するとなれば，サービス生産・提供現場すなわちサービス・エンカウンターにおいて顧客のサービス生産への参加を促す体制を築くことは，サービス提供企業にとって非常に重要な課題となる。

同水準の品質のサービスが同一価格で提供された場合，すなわちサービス価格が等価のサービスに対する顧客満足は，サービス要員との円滑なコミュニケーションによって自らのニーズを的確に伝え，サービス生産に積極的に参加すればするほど向上すると考えてよい。そこで，サービス提供企業に求められるのは，コミュニケーションを円滑にするための手段を用意することである。提供するサービスをメニュー化して顧客に提示すること，サービス内容をわかりやすくビジュアル化することで，顧客のサービスへの理解を促すことが重要

となる。

　さらに，顧客ニーズをできる限り的確に把握して，コミュニケーションを円滑にすすめるための情報蓄積・提供体制の整備を行うことも効果的である。美容室において，顧客がこれまでどのようなヘアスタイルにしたか，顧客とどのような会話をしたかを記録しておくことは，顧客情報の蓄積という重要な意味をもつ。蓄積された顧客情報は次回のサービス提供時に利用される。サービス要員は過去のサービス提供記録を把握しているので，顧客ニーズを迅速に理解することができる。

　医療業におけるインフォームド・コンセントへの取組みについても，サービス生産・提供現場における顧客管理という位置づけで整理できる。医療は，サービス品質の評価が最も難しいサービスである。それゆえに，事前に患者との十分な話し合いによって，双方が納得して信頼関係を築くことが，サービス品質を高め，さらに顧客満足を高めるためには不可欠となる。提供するサービス内容をわかりやすく，そして明確に伝えること，さらにサービス提供者と利用者の間の信頼関係を構築することによって顧客の参加を促す。

　学習塾においては，顧客参加の促進は特に重要である。何故なら，顧客である生徒のやる気の程度が，サービス成果を大きく左右するためである。先生と生徒のコミュニケーションを円滑にするための工夫に腐心することは，サービス提供企業として適切な行動である。生徒一人ひとりに対して，学習プログラムを提示し，これから何を学んでいくのか，どの弱点を補強していくかを説明することも，生徒の目標を明確にして参加意欲を高める上で大切な取組みとなる。ある学習塾では，一回一回の指導について，生徒がミスしやすい箇所と，その克服のためにどのような指導をしたか，これからどのような指導をするのかを書いて保護者に報告している。これによって，サービス利用者は，学習塾でどのようなサービス提供が行われているかがわかる。利用者に対するきめ細かな情報提供は，サービス生産への参加を促進する。

第2節　サービス生産性の向上

1　業務の繁閑とその対応

図表4-2-1は，1日，1週間，1年間における業務量の変動状況をみたも

表4-2-1　業務量の変動状況

(単位：%)

	1　日			1週間			1　年		
	ほとんど変動なし	少し変動	大幅に(倍増)変動	ほとんど変動なし	少し変動	大幅に(倍増)変動	ほとんど変動なし	少し変動	大幅に(倍増)変動
サービス業計	59.6	29.6	9.6	52.1	36.8	9.6	36.9	44.9	17.6
対事業所サービス	68.4	26.6	3.5	57.2	36.0	4.4	28.3	54.2	16.2
対個人サービス	47.0	34.9	16.9	40.6	40.9	17.3	37.0	38.8	24.0
社会的・公共的サービス	72.1	22.3	5.6	71.5	26.5	2.0	61.9	35.6	2.5
洗濯業	58.5	31.2	9.7	42.0	50.2	7.2	28.6	21.2	50.2
理容業，美容業	44.9	44.7	10.4	38.2	48.1	13.7	28.3	71.3	0.4
駐車場業	48.7	40.6	10.5	48.3	41.0	10.5	25.2	69.2	5.6
写真業	44.0	45.0	6.8	33.9	35.3	26.9	16.0	33.5	50.4
旅館	26.9	43.8	26.2	25.7	40.9	29.9	25.4	36.4	37.8
スポーツ施設提供業	41.0	49.1	9.3	34.6	51.4	13.4	24.8	47.9	27.3
公園，遊園地	36.1	37.7	23.5	24.2	31.2	42.0	10.6	29.6	58.0
遊戯場	47.3	31.0	21.7	43.0	41.3	15.7	61.9	30.0	8.1
その他の娯楽業	51.1	27.9	12.9	39.2	33.1	22.3	42.2	40.8	14.3
自動車整備業	56.6	37.0	3.2	34.1	57.3	5.5	17.1	69.6	10.2
機械修理業	52.5	35.3	8.2	51.4	39.9	4.7	24.7	63.9	11.4
対事業所物品賃貸業	55.6	36.0	2.8	44.3	38.2	7.5	14.6	43.4	37.5
対個人物品賃貸業	55.6	16.8	27.6	48.8	23.1	28.2	24.3	39.7	36.0
有線放送業	75.7	18.7	5.6	68.8	30.4	0.9	52.1	47.3	0.6
ソフトウェア業，情報処理提供サービス業	66.5	30.9	2.4	60.9	36.3	2.6	22.6	67.5	9.9
広告代理業	58.9	35.0	6.2	53.2	44.5	0.3	38.6	51.5	8.0
土木建築サービス業	81.6	18.3	0.0	61.9	38.0	0.0	15.4	60.0	24.6
個人教授所	66.4	26.4	7.2	59.1	35.9	5.0	37.0	46.8	16.2
その他の専門サービス業	76.5	20.0	1.8	68.2	22.9	7.2	27.5	57.1	15.4
建物サービス業	76.5	20.6	1.0	67.5	25.2	3.7	51.6	41.0	5.4
警備業	54.2	32.5	11.6	47.0	38.2	13.4	26.8	36.8	36.2
他に分類されない事業所サービス業	75.5	19.2	5.3	60.9	33.1	3.5	36.8	45.0	15.7
一般廃棄物処理業，産業廃棄物処理業	67.0	27.4	5.6	63.7	30.6	5.6	37.3	53.4	9.4
病院	68.4	25.9	5.7	70.7	27.8	1.5	67.5	31.4	1.2
老人福祉事業，知的障害・身体障害者福祉事業	79.9	14.7	5.4	77.1	22.4	0.5	69.9	30.1	0.0

(注1)　アミ掛けは，「大幅に(倍増)変動」がサービス業平均よりも15.0ポイント以上高い業種を示す。
(注2)　産業労働事情調査は，2003年調査をもって廃止された。その前年の2002年にもサービス業就業実態調査が実施されているが，業務量の変動については調査されていない。
出所：労働省（現厚生労働省）編『産業労働事情調査結果報告書1998年（サービス業就業実態調査）』1999年6月。

のである。業務量の変動が大きく，かつその変動を予測することが困難なサービスほど，手待ち時間による人件費のロスや，逆に需要に対応できないことによる機会損失を生じやすく，生産性の向上が難しくなる。

　労働省（現厚生労働省）編『産業労働事情調査結果報告書1998年（サービス業就業実態調査）』によると，「業務量の変動がほとんどない」とする割合は，1日の変動では「対個人サービス業」47.0％（「対事業所サービス業」68.4％），1週間の変動では同40.6％（同57.2％），1年間の変動では同37.0％（同28.3％）となっており，1日および1週間単位の業務量の変動は「対個人サービス業」のほうが大きいといえる。時間帯および曜日による業務量の変動は，娯楽関連サービス業において大きい。年間における変動が大きい業種は，「公園，遊園地」「写真業」「旅館」「対個人物品賃貸業」などの娯楽関連サービス業，衣替えの時期と業務量が密接に関係する「洗濯業」，および対事業所サービス業では「対事業所物品賃貸業」「警備業」である。

　図表4-2-2は，業務の繁閑にどのように対応しているかをみたものである。サービス業計と比べて割合が大きく，当該業種の特徴を示している対応策をみると次のとおりである。

　一般社員以外での対応として，「派遣労働者を除く一般社員以外の人員による対応」は，「公園，遊園地」「旅館」で多く，「派遣労働者による対応」は，割合はそれほど大きくはないものの「対個人物品賃貸業」で比較的多い。

　社員の労働時間面での対応では，「交替制勤務」は「遊戯場」「スポーツ施設提供業」「その他の娯楽業」「旅館」「駐車場業」など休日が少なく営業時間の長い業種，および熟練技能が求められるためパート・アルバイトなどの未熟練従業員による代替が難しい「理容業，美容業」で多い。「変形労働時間制」は全体的に採用している企業は少ないが，「フレックス・タイム」は「ソフトウェア業，情報処理提供サービス業」，「1ヵ月，1年，1週間単位での変形労働時間」は「写真業」で多い。また，「残業で対応」は「ソフトウェア業，情報処理提供サービス業」「機械修理業」「土木建築サービス業」「写真業」「自動車整備業」など専門技術や技能が必要とされる業種で多い。「他企業への外注などで対応」は，サービス生産の成果を紙面や磁気媒体によって保管することができ，サービス生産工程を分割してその一部を外注することも可能な「土木

表4-2-2　業務量の変動への対応策

(単位：%)

(M.A.)	一般社員以外(派遣労働者を除く)で対応	派遣労働者で対応	交替制勤務で対応	変形労働時間制で対応 フレックス・タイム制	変形労働時間制で対応 1ヵ月1年1週間単位	残業で対応	他企業への外注などで対応	その他
サービス業計	25.3	5.3	24.4	5.5	8.6	47.3	18.9	11.3
対事業所サービス	20.7	7.5	10.0	6.3	5.4	62.7	38.5	7.3
対個人サービス	34.2	3.9	38.8	6.2	11.5	35.3	4.5	13.7
社会的・公共的サービス	12.5	2.9	23.3	1.0	9.6	37.7	4.5	16.4
洗濯業	27.2	5.3	10.9	4.8	18.3	49.0	7.2	13.0
理容業, 美容業	0.7	0.1	41.4	6.6	3.8	24.2	3.5	30.7
駐車場業	37.0	0.4	40.4	4.6	10.1	32.2	0.4	0.6
写真業	30.1	0.6	26.7	9.0	23.7	69.5	11.9	0.3
旅館	44.3	7.3	43.2	4.6	14.3	41.3	2.0	12.9
スポーツ施設提供業	36.2	3.1	46.5	3.1	17.4	39.1	3.7	10.3
公園, 遊園地	56.4	2.7	21.0	0.9	22.6	36.1	11.1	11.5
遊戯場	37.2	0.3	51.7	0.7	0.1	26.5	0.1	12.3
その他の娯楽業	30.3	0.4	46.1	5.7	11.7	10.9	3.1	6.0
自動車整備業	4.5	3.0	9.6	0.0	7.3	67.0	18.2	12.7
機械修理業	20.7	12.3	9.0	2.8	9.6	78.3	20.8	23.8
対事業所物品賃貸業	5.5	15.7	12.3	0.2	3.5	62.0	34.1	14.6
対個人物品賃貸業	37.7	22.1	26.5	17.3	6.1	64.8	26.7	2.6
有線放送業	7.6	11.9	6.0	6.5	1.4	40.1	16.7	16.0
ソフトウェア業, 情報処理提供サービス業	15.6	14.6	4.2	21.3	1.0	78.7	63.2	2.6
広告代理業	15.4	10.2	2.2	6.9	3.4	59.0	33.3	6.2
土木建築サービス業	21.8	6.1	1.2	2.9	2.7	76.0	65.2	5.3
個人教授所	36.0	0.4	33.0	16.3	22.1	26.3	4.3	21.5
その他の専門サービス業	25.8	8.9	2.4	6.8	4.0	56.2	21.6	6.4
建物サービス業	25.0	2.0	25.9	2.4	6.2	54.2	40.8	4.6
警備業	38.8	2.3	24.3	0.2	20.4	31.4	18.9	7.2
他に分類されない事業所サービス業	26.0	4.6	6.9	8.5	2.6	52.1	26.8	3.0
一般廃棄物処理業, 産業廃棄物処理業	8.4	5.6	10.6	3.1	7.8	43.4	16.5	21.3
病院	13.8	3.8	30.0	0.5	7.9	42.2	2.1	18.5
老人福祉事業, 知的障害・身体障害者福祉事業	13.3	－	22.7	0.2	12.9	28.5	0.1	10.7

(注) アミ掛けは, サービス業平均よりも15.0ポイント以上高い業種を示す。
出所：労働省（現厚生労働省）編『産業労働事情調査結果報告書1998年（サービス業就業実態調査）』1999年6月。

建築サービス業」「ソフトウェア・情報処理サービス業」，および人員やレンタル物件を企業間で融通することも可能な「建物サービス業」「対事業所物品賃貸業」で多い。

2 サービス生産性向上に関する先行研究

(1) サービスの工業化

　レビットは，サービスの工業化の方法を次の3つに集約している[21]。第一は，ハード技術によるものであり，労働集約的なサービス活動の代わりに，機械，道具，その他の人工物を使う方法である。第二は，ソフト技術によるものであり，個々のサービス要員の代わりに，組織的にあらかじめ計画されたシステムを用いる方法である。第三は，混合技術によるものであり，ハードの機器と入念に計画された工業システムを組み合わせて，サービスの効率化，秩序，スピードを達成する方法である。すなわち，「機械化」と「システム化」の両方の組み合わせといえる。

　また，ノースクラフト・チェイスは，サービス生産性向上のための基本パターンとして，「ルーチン化」「デカップリング」「サービス業務の委譲」「機械化」を挙げている[22]。このうち，「機械化」についてはレビットと同じ指摘であり，「ルーチン化」はレビットの「システム化」に対応するものである。彼らは，「機械化」および「ルーチン化」に加えて，サービス生産過程から顧客を引き離すことによってサービス生産性を向上させる「デカップリング」，およびルーチン化された業務は未熟練の従業員が行い，より熟練を要する業務はベテランが行うことによって企業全体のサービス生産性を向上させるサービス業務の分担，さらに顧客自身にサービス業務を行ってもらうセルフサービス化を含む「サービス業務の委譲」を指摘している。

　野村清は，レビットの提唱する「機械化」「システム化」に，「マス化」「ブランド化」の2つを加えて，サービスの工業化の4本の柱としている[23]。「マス化」は規模のメリットの実現であり，大きな規模でサービスの生産ができるように多くの需要量を集めることであるとし，その方策として「チェーン・オペレーション」と「大企業化」を挙げている。また，「ブランド化」については，「ブランドとは，品質水準を保証するイメージ・アイデンティティである。内容が認識困難であるサービス財こそ，ブランド化すべきである」と指摘している。

(2) 需給のミスマッチの管理

レビットらの指摘は，工業生産に倣ってインプットを減少させることによって，生産性（アウトプット／インプット）を向上させようというものである。しかし，これだけではサービス生産性の向上は達成されない。サービスは，生産の成果を在庫できないという特性があり，いかに需要と供給のミスマッチを管理するかという問題がある。

この需給のミスマッチの管理に関して，サッサーは次のように指摘している[24]。「需要の平準化（需要のコントロール）」では，1）閑散時の価格を安くすることによって繁忙時の需要を閑散時に誘導，2）閑散時の需要開拓（モーニングサービス，郊外居住者向けに週末ミニバケーションプランを行う都市のホテルなど），3）繁忙時の待ち顧客に対する補完的サービス（レストランの待ち顧客にカクテルラウンジで時間を過ごしてもらうなど），4）予約システムや顧客の融通（チェーン店の他の店舗へ顧客を振り向け，オーバーブッキングの際にはエコノミークラスからビジネスクラスへなど），「供給のコントロール」では，1）需要の変化に合わせたパートタイム労働者の雇用，2）繁忙時の効率性の最大化（熟練従業員と未熟練従業員の作業分担によって熟練従業員の生産性を向上，いくつかの職務をこなせるよう従業員を教育し，繁忙時には人手が不足している職務に従事させるなど），3）顧客参加の促進（セルフサービス化），4）他社との供給施設の共有，5）将来必要に応じて施設を拡張できる余地をもつ。

サッサーの指摘の後，多くの論者が需給のミスマッチの管理に関して言及している。フィッツシモンズは，「需要のコントロール」として，1）需要の細分化（病院におけるフリー客と予約客の来院実績をもとに，予約を調整することで需要を平準化），2）価格インセンティブの提供，3）オフピーク需要の開拓，4）待ち顧客に対する補完的サービスの開発，5）予約システムとオーバーブッキング，「供給のコントロール」として，1）勤務時間の調整，2）顧客参加の促進（セルフサービス化），3）調整可能な提供能力の創出（航空機のクラス別座席など），4）施設の共有，5）マルチジョブ化（クロストレーニングされた従業員），6）パートタイム労働者の活用を挙げている[25]。

また，ラブロック・ライトは，需要のコントロール（需要の喚起，需要の減

退）とマーケティング・ミックスの関係について言及し，需要のコントロールに関係するマーケティング・ミックスとして，「価格とコスト（Price and other costs of service）」「サービス商品（Product elements）」に加えて，「時間と場所（Place and Time）」「プロモーションとエデュケーション（Promotion and Education）」を挙げている[26]。このうち，「時間と場所」に関しては3つの選択肢があるとしている。1つは「変更しない」，2つは「曜日や季節による顧客の選好に対応してサービス提供のスケジュールを変更する（劇場やシネマコンプレックスでは週末は昼公演を行う，カフェやレストランでは夏季は夜遅くまで営業）」，3つは「新しい立地でサービスを提供する（移動ユニットによるサービス提供，移動図書館，移動洗車サービスなど）」。また，「プロモーションとエデュケーション」では，繁忙時間帯や時期を顧客に知らせ，閑散時の利用をすすめるもので，「郵便局では，クリスマスカードは早めに投函しましょう」，「公共交通機関では，買物客や旅行客はラッシュ時の利用を避けましょう」というメッセージを事例として挙げている。

(3) 「サービス生産性の向上」と「サービス品質の向上」の両立

　一般的に，「サービス生産性の向上」と「サービス品質の向上」は，トレードオフの関係にある。すなわち，「サービス生産性の向上」を図れば「サービス品質の低下」を招く恐れがあり，逆に「サービス品質の向上」を図れば「サービス生産性の低下」を招く恐れがある。サービスは，その生産過程に顧客が何らかの形で参加・協働するという特性をもっており，顧客によってサービス生産過程に持ち込まれる変動が，「サービス生産性の向上」と「サービス品質の向上」の両立を難しくしているといえる。

　フライ[27]は，これらの変動を受け入れる「許容戦略（サービス品質の向上はなされるであろうが，サービス生産性の低下を招く恐れがある）」，あるいはこれらの変動をできるだけ排除する「限定戦略（サービスの生産性向上はなされるであろうが，サービス品質の低下を招く恐れがある）」の2つの選択肢だけではなく，セルフサービスなど「低コストの許容戦略」と，顧客ターゲットの絞込みなど「品質維持の限定戦略」という選択肢があるとする。

　「低コストの許容戦略」および「品質維持の限定戦略」は，いずれも「サー

ビス生産性の向上」と「サービス品質の向上」の両立を目指す方法である。そして，顧客によってサービス生産過程にもたらされる変動として，1）来店時間（顧客がサービスを欲する時間帯は一律でなく，また企業にとって都合のよい時間帯であるとも限らない），2）要望（顧客の要望に「メニューにはありません」といった具合に対処するのは，要望という変数を抑え，その幅を狭める），3）顧客の能力（顧客の知識，スキル，身体能力，手持資源には違いが

**図表4-2-3　サービス生産過程にもたらされる変動と
サービス生産性の向上とサービス品質の向上戦略**

	従来の許容戦略 (Classic Accommodation)	低コストの許容戦略 (Low-cost Accommodation)	従来の限定戦略 (Classic Reduction)	品質維持の限定戦略 (Uncompromised Reduction)
1) 来店時間 Arrival	・十分な数のスタッフを配置する。	・低賃金のスタッフを雇用する。 ・作業を自動化する。 ・顧客対応を外注する。 ・選択肢の一つとしてセルフサービスを設ける。	・予約制にする。 ・オフピーク割引を設ける。 ・サービスの利用を制限する。	・顧客に来店をためらわせることなく，かつ店内の混雑を平準化できるよう，補完的な需要を喚起する。
2) 要望 Request	・専門スキルを備えたスタッフを数多く配置する。 ・さまざまな要望に対処できるようにスタッフを教育する。	・特定の作業に特化したスタッフを低コストで雇用する。 ・作業を自動化する。 ・選択肢の一つとしてセルフサービスを設ける。	・特殊なサービスを求める場合は予約制にする。 ・顧客を説得し，妥協させる。 ・サービスの幅を狭める。	・サービスの幅を狭める。 ・同じ要望の顧客にターゲットを絞る。
3) 顧客の能力 Capability	・スキルが異なる顧客に対応できるスタッフを配置する。 ・スタッフが顧客の作業を肩代わりする。	・低賃金のスタッフを雇用する。 ・専門スキルのない顧客でも利用できるセルフサービスを選択肢に加える。	・サービスを提供する前に，顧客に能力の向上を求める。	・能力水準が同じ顧客にターゲットを絞る。
4) 顧客の労力 Effort	・顧客の負担を補えるスタッフを配置する。 ・スタッフが顧客の作業を肩代わりする。	・低賃金のスタッフを雇用する。 ・専門スキルのない顧客でも利用できるセルフサービスを選択肢に加える。	・「アメとムチ」（道具的手法）で，顧客自身の手で処理してもらう。	・同じ動機の顧客にターゲットを絞る。 ・標準的なやり方（規範的手法）を示して，顧客自身の手で処理してもらう。
5) 個人的な嗜好 Subjective Preference	・顧客の期待を分析し，それに応じられるスタッフを配置する。	・カスタマイズ可能なセルフサービスを選択肢に加える。	・過剰な期待をもたないように説く。	・同じ嗜好の顧客にターゲットを絞る。

出所：Frances X Frei, "Breaking the Trade-Off Between Efficiency and Service," *Harvard Business Review*, November, 2006.（フランシス X. フライ「顧客サービスの問題解決法」『Diamond ハーバード・ビジネス・レビュー』（松本直子［訳］），第33巻第7号，2007年7月，フランシス X. フライ「サービス戦略マトリクス」『Diamond ハーバード・ビジネス・レビュー』（Diamond ハーバード・ビジネス・レビュー［訳］），第35巻第6号，2009年6月）。

あり，それによってサービスの提供がスムーズに進んだり，誰かの手助けを必要とする），4）顧客の労力（顧客がサービス生産過程に投じる労力は，その過程に直接影響するだけでなく，間接的には他の顧客にも影響し，最終的なサービス品質やコストを左右する），5）個人的な嗜好（顧客1人ひとりには個人的な嗜好があり，他の変数と同じく予測不可能で，顧客サービスを充実させることはさらに難しくなる）の5つを挙げている。

図表4-2-3は，顧客によってサービス生産過程にもたらされる5つの変動と，「サービス生産性の向上」「サービス品質の向上」に関わる4つの戦略（従

図表4-2-4　サービス生産性とサービス品質の同時改善

1）従業員の技術力の改善	・従業員が適切な技術をもっていなければ，そのサービス・プロセスの結果，つまり技術的品質は悪化する。 ・技術的欠陥の除去ならびにその是正処置，その活動の繰り返しが生産性に影響を与える。結果的に，企業の従業員の技術力を改善することが品質と生産性を同時に改善する手段になる。
2）サービス志向の従業員の態度と行動	・従業員による無愛想でネガティブな態度と行動は，サービスの知覚品質の機能的側面に重大な悪影響を及ぼす。 ・サービス志向の従業員は，知覚品質を高め，これによって生産性は向上する。
3）サービス・オペレーションの工業化	・一般的に，サービスを工業化することは，技術や自動化装置を従業員と置き換えることを意味する。 ・生産性と品質を改善する1つの手段としての工業化は，失敗を回避するために内部と外部の品質に与える影響についての慎重な分析を常に必要とする。
4）インターネットと情報技術の利用	・インターネットと情報技術は，サービス・プロセスを形成する多くの機会を提供する。サービス提供者にはいくらかの資源が必要となるが，改善されたサービス品質として顧客に認識される。
5）サービス生産プロセスにおける顧客の協働の促進	・生産性と品質を改善するために，顧客の参加を促進すること以外には，顧客の「参加スキル（participation skill）」を改善する必要がある。 ・顧客は，生産性を改善するそのプロセスに参加することによってサービス生産プロセスを加速し，そして従業員はより多くの顧客にサービスを提供することができ，それによってさらに生産性は向上する。
6）需要と供給のミスマッチの縮小	・需要が少ない時に，製品は在庫できるが，サービスは不可能である。したがって，需要と供給のミスマッチを縮小することは，品質をより堅実なものにし，生産性を改善する。 ・サービスの品質と生産性を同時に改善するこれらの手段の他に，次のような方法が用いられる。サービスの水準（質的あるいは量的）を下げること，新しいサービスを導入すること（クレジットカードやバスチケットのスマートカード），製品をサービスに置き換えること（新しいデータ変換装置を置き換えるケーブルやメールサービス）などの例がある。

出所：Grönroos, Christian, *Service Management and Marketing : Customer Management in Service Competition* (3rd ed.), John Wiley & Sons, 2007（グルンルース，クリスチャン『北欧型サービス志向のマネジメント―競争を生き抜くマーケティングの新潮流―』（近藤宏一，蒲生智哉［訳］）ミネルヴァ書房，2013年，pp.206-209）。

来の許容戦略，低コストの許容戦略，従来の限定戦略，品質の限定戦略）のマトリクスについて，対応方策を整理したものである。

また，サービス生産性の向上とサービス品質の向上の両立に関して，グルーンルース[28]は，図表4-2-4に示す6つの方策を挙げている。

3　サービス生産性向上の諸要素

生産性の向上とは，一般的により小さな経営資源の投入で，より大きな付加価値をあげることである。「物」は生産の成果を在庫できるため，生産時間の短縮がなされれば生産性は向上する。しかし，「サービス」は生産の成果を在庫できないために，仮に生産時間の短縮がなされても，顧客数などサービス生産量が増加しない場合には，「人」や「設備」のアイドルタイムが増加するだけで，生産性の向上には結びつかないという問題がある。

したがって，サービス業における生産性の向上は次の2つの視点からみる必要がある。1つは，より小さな経営資源の投入で，大きな付加価値を達成することである。もう1つは，繁忙時の需要を閑散時に誘導する，あるいは需要の変動に合わせて人の供給量を調整するなど，需給のミスマッチをコントロールすることによって「人」や「設備」のアイドルタイムを減らし稼働率を向上させるものである。ここで，前者を「単位サービスあたりの生産性向上」，後者を「稼働率向上による生産性の向上」と呼ぶ。

図表4-2-5は，生産性向上の諸要素を整理したものである。なお，これらはあくまでも生産者サイドからの生産性向上策であって，サービス生産においては多かれ少なかれその生産過程に顧客が参加してサービスを作りあげていくという特性がある。そのため，生産性の向上が一時的になされたとしても，顧客のサービス満足はむしろ低下し，結果として稼働率の低下，生産性の低下を招くこともあることに留意する必要がある。

(1)　単位サービスあたりの生産性向上

サービス対象が「人」の場合は1人あたり，サービス対象が「物」の場合は1つあたりの生産時間，すなわち「単位サービスあたりの生産性」を向上させるためには，付加価値の増加（アウトプットの増加），あるいは経営資源投入

表4-2-5 サービス生産性向上の諸要素

単位サービスあたりの生産性向上	アウトプットの増加	サービス品質の向上	
		付加的サービスの提供	
		サービス業務の分担	
	インプットの減少	マニュアル化	
		機械化・セルフサービス化	
稼働率向上による生産性向上	需要のコントロール	補完的サービス	
		需要の平準化	サービス提供価格の変更
			提供サービスの内容を変更
			予約制
			顧客セグメントによる需要の平準化
			アナウンスによる閑散時への誘導
	供給のコントロール	人的投入量の調整	パート・アルバイトの雇用
			派遣社員・契約社員の雇用
			正社員の勤務時間の調整
			マルチジョブへの従事
			閑散期の従業員教育
		物的投入量の調整	レンタルによる調達
			外注の利用
			設備の共同利用
			顧客セグメントによる施設の割当て

量の削減（インプットの減少）が必要となる。

(1)－1　アウトプットの増加

① サービス品質の向上

　サービス生産時間は同じでも，顧客の個別的なニーズにきめ細かく対応することによって，より高い価格でも顧客の満足を得て付加価値を高めるものである。熟練によるアウトプットの増加といえる。

② 付加的サービスの提供

　基本的なサービスにプラスアルファのサービスを提供することによって，経営資源投入量の増加（インプットの増加）を上回る付加価値の増加（アウトプットの増加）を実現する。クリーニング業において撥水加工，防虫加工，折目加工などを施すことによってインプットの増加を上回るアウトプットを得るというような例である。

③ サービス業務の分担

熟練を要するサービスにおいても，すべての業務が熟練を要することは少ない。そこで，繁忙時にはそれほど熟練を要しない部分は未熟練従業員にゆだね，熟練従業員は付加価値の高い業務に専念することによって，企業全体の生産性を高める。例えば，理容業では熟練従業員は最も熟練を要するカット作業に専念し，シャンプーや顔剃りは未熟練の従業員が行う，自動車整備業では熟練従業員は分解整備作業に，未熟練従業員は洗車や納車・引取り作業に従事するというものである。

(1)-2 インプットの減少

① マニュアル化

需要の変動が大きいために需要の変動に人的供給量を合わせる必要があるサービスで，そのサービス提供にあたってそれほどの熟練技術や技能，専門的知識が必要とはされないサービスにおいて有効である。この場合，人件費が削減されたとしても，一定レベルのサービス品質が確保されなければ顧客に不満を抱かせることになってしまう。そこで，サービス生産のマニュアル化によって，未熟練従業員でも短期間に一定レベルのサービス品質を提供できるようにするものである。

② 機械化・セルフサービス化

人的サービスにゆだねていた部分を機械化することによって，人件費を削減する。機械化は，多くの場合は顧客によるセルフサービス作業を伴う。例えば，銀行では窓口作業で行われていたものがATMの導入によって顧客自身が操作する形となり，洗車機の導入によって洗車作業が機械化され，拭き取り作業は顧客にゆだねる形となっている。なお，人的コストが削減されても，機械の稼働率が低い場合はそれ以上のコストが必要となり，必ずしもインプットの削減につながらない場合もあるので注意する必要がある。

(2) 稼働率向上による生産性向上

サービスは，基本的には生産の成果を在庫できないという特性があるため，需要と供給を時間的・空間的にマッチングさせることが必要であり，需給のミスマッチをいかに管理するかが重要な課題となる。設備投資においても，従業

員の雇用においても，繁忙時に合わせた配置をすると閑散時に大きなアイドルタイムを抱えることになる。稼働率を向上することによって生産性を向上させるためには，繁忙時の需要を閑散時に誘導する，あるいは閑散時の需要を喚起する方策が必要となる。すなわち，「需要のコントロール」である。一方，繁忙時にはアルバイトの雇用や外注を利用することによって供給を増やす方策がとられる。すなわち，「供給のコントロール」である。

(2)-1　需要のコントロール
①　補完的サービス
例えば，スイミングプールでは，勤労者のみをターゲット顧客とした場合は，週末やアフターファイブに需要が集中してしまう。そこで，平日の午前中は母親と幼児が一緒にプールで遊ぶ教室，幼児向け水遊び教室，平日の午後は幼児・学童向けのスイミング教室，主婦や高齢者向けの水中ウォーキングや水中エアロビクス教室，深夜は学生や実業団への貸切りなど，時間帯によって複数のターゲット顧客を設定することによって需要を喚起し，プールの稼働率を向上させている。

結婚式場業でも，結婚式だけでは週末や大安などに需要が集中するため施設の稼働率は低くなる。そこで，平日などの閑散時は企業関係のパーティや研修会などの会場として貸し出している。すなわち，結婚式をあげるカップルと，集会場を必要とする企業という異なるターゲット顧客をもつことによって施設の稼働率向上を図るものである。

②　需要の平準化
繁忙時の需要を閑散時に誘導する，あるいは閑散時の需要を喚起する方策である。「サービス提供価格の変更」は，例えばホテルや旅館において繁忙期や休前日の宿泊代は高く設定し，逆に閑散期は低くするという価格設定である。「提供サービスの内容を変更」は，閑散時に利用すれば付加的サービスが提供されるというものである。

美容業や歯科医院などにおいてとられている「予約制」も需要の平準化を目的としたものである。航空機の座席あるいは大規模ホテルでは，キャンセルを見込んでオーバーブッキング（定員以上の予約）をとり，予想以上にキャンセルが少ない場合には，より上位の席や部屋を利用してもらう，例えばシングル

が満室になった場合は、シングル料金で空いているセミダブルの部屋に宿泊してもらうという対応がとられる。

「顧客セグメントによる需要の平準化」は、例えばスポーツクラブにおいて、平日会員、デイタイム会員などの条件付き会員を一般会員よりも低価格で募集し、閑散期の需要を喚起している。病院では、予約客とフリー客の来院状況を調査し、フリー客が多い曜日は予約を少なくし、逆にフリー客が少ない曜日には集中的に予約を入れ、需要を平準化する。また、顧客に平等に接するという立場からすると抵抗感は大きいが、繁忙時は常連客あるいはより高い価格コースの客を優先するという方策もある[29]。

「アナウンスによる閑散時への誘導」は、例えば「年賀状はお早めに、元旦に届けるためには何日までに投函してください」と伝えることにより、年末近くに集中する取り扱いを早い時期に誘導しピークを平準化するものである。また、「日曜日の午前中は混みますので、なるべくこの時間帯を避けてください」、テーマパークにおいて、アトラクションごとに「ただいまの待ち時間は何分です」とアナウンスや表示をすることによってピーク時を避けてもらう。この場合は、消費者にとっても待ち時間の減少というメリットをもたらすことになる。

なお、いかに需要をコントロールしたとしても、待ち時間が発生することは避けられないサービスもある。そこで、テーマパークでは待ち時間の表示に加えて、待ち時間にも楽しんでもらう工夫をしている。これから楽しむアトラクションに関連したものの展示や、映像、音楽、雰囲気の演出である。また、店舗内で待ってもらう形態の場合は、待合室の快適性が重要である。待ち時間の不満[30]を和らげるために割引券を配布したり、あるいは待ち時間に他のサービスの利用を促すという方策もとられる。例えば、ボウリングの待ち時間にゲーム機やビリヤードを利用してもらうという形である。

(2)－2　供給のコントロール

①　人的投入量の調整

需要の変動に対応して人的投入量を調整するものである。未熟練従業員でも提供が可能なサービスでは、繁忙時には「パート・アルバイト」の人員を増やすことによって対応することができる。ある程度専門的な技術や技能が必要とされ、また即戦力を期待する場合は、「派遣社員」の活用、あるいは特定曜日

あるいは特定業務に対応する「契約社員」を雇用する。

　また，熟練技術や技能が必要とされる業務，あるいは比較的長期継続的なサービスで顧客と従業員との関係性が重要な業務などでは，交替制勤務，変形労働時間制，残業など「正社員の勤務時間の調整」という方策がとられる。

　「マルチジョブへの従事」は，複数のジョブが担当できるよう従業員を教育し，あるジョブの繁忙時には普段は他のジョブに従事している従業員が応援する，また消費者と直接接するフロントオフィスの従業員間だけではなく，フロントオフィスの繁忙時には，普段は消費者と直接接触していないバックオフィスの従業員が応援するというものである。

　なお，サービスの内容によっては，閑散期の需要の喚起が難しい一方で，サービス提供には経験が必要なため，需要の変化に合わせてパート・アルバイトを投入するという方策が取りにくい業種も存在する。この場合，閑散期は正社員の「従業員教育」に充て，サービス提供能力を高めることにより，繁忙期の生産性の向上を期するという方策がとられる。

　また，結果的には人的投入量の調整が必要となるが，サービス提供の時間と場所を調整することによって，供給をコントロールする方策がある。例えば，鉄道やバスなどの公共交通機関では，通勤ラッシュ時は増発し，オフピーク時には便数を少なくする。映画館では週末はオールナイト営業，テーマパークでも夏季や週末は営業時間を延長，舞台公演では週末は開演回数を増やすことによって，需要に合わせて供給の時間を変化させる方策である。また，移動店舗によってバカンスのシーズンには観光地に移動して営業するという，需要に合わせて供給場所を変化させる方策もとられる。

② 物的投入量の調整

　「レンタルによる調達」は，建設機械のように一時的に使用する機械や，例えば大きなイベント時に仮設トイレなどをレンタルで調達することによって，一時的な需要の増加に合わせて供給量を増加させるというものである。

　「外注の利用」は，クリーニング業や自動車整備業などサービス対象が「物」の場合，あるいはサービス生産の成果を紙面や磁気媒体などの「物」に体化して保存することが可能なソフトウェア開発などのシステム財創出サービスにおいて行われる。ASP（アプリケーション・サービス・プロバイダー）は，ソフ

トウェアをインターネット経由でレンタル利用することによって，低コストで外部経営資源を活用しようとするものである。

「設備の共同利用」は，自社だけでは設備投資コストに見合う需要がない場合に，共同で設備を利用することによって稼働率を向上させ，コスト負担を軽減するものである。自動車整備業やクリーニング業などサービス対象が「物」のサービスなどにおいて行われている。

「顧客セグメントによる施設の割当て」は，新幹線における自由席，指定席，グリーン席のように，ターゲット顧客と料金の違いによって施設を割当て，高価格でも高品質のサービスを期待する顧客に繁忙時でも施設を空けておく，あるいは一般座席が満席の時には，より高価格の席へ誘導するというものである。

4　サービス生産過程の態様とサービス生産性向上の可能性

(1)　サービス生産過程の態様

サービス生産過程を顧客との相互作用度という観点から分類すると，次の3つに大別することができる。

1) 顧客参加サービス生産過程

　　サービス生産者と顧客が同一時間・同一空間に存在し，顧客がサービス生産に参加する過程。「サービス・エンカウンター」ともよばれる。

2) 顧客分離サービス生産過程

　　特定顧客のニーズに対応した生産過程ではあるが，顧客と時間的・空間的に分離する形でサービスを生産することができる。例えばソフトウェアの開発作業，自動車整備業やクリーニング業などサービス機能を直接享受するサービス対象が「物」に対する作業。

3) サービス生産準備過程

　　顧客がサービスを利用する以前の準備作業であり，必ずしも特定顧客のニーズを踏まえた生産過程ではない。例えばホテルの部屋の清掃など，施設や設備のメンテナンス作業。

このうち「顧客参加サービス生産過程」は，サービス生産と消費が同時であり，生産の成果を在庫できないというサービス特有の特性を明確にもち，生産性の向上に困難を伴う生産過程といえる。また，「顧客分離サービス生産過程」

は，特定顧客のニーズに対応した一品生産という点で，大量生産型製造業と比較すると生産性の向上が困難であるとはいえ，建設業や受注生産型製造業と同じ条件である。「サービス生産準備過程」は，多くの場合は特定顧客のニーズに対応した生産準備過程ではなく，他産業における生産準備過程と異なるものではない。

(2) サービス生産過程の態様と生産性向上

サービス業における生産性向上の困難性は，「顧客参加サービス生産過程」に集約されているといえよう。そして，生産過程全体に占める「顧客参加サービス生産過程」の割合が大きな業種は生産性の向上が相対的に困難であり，逆にその割合が小さな業種では生産性向上の可能性が大きいといえる。

また，「顧客参加サービス生産過程」の割合が大きな業種においても，顧客との接触時間が長いほど，さらにサービス生産にあたって高度な知識・技術・技能が必要とされる業種ほど生産性の向上が相対的に困難といえる。これは，接触時間が長い業種ほど需要と供給のミスマッチが発生しやすく，また高度な知識・技術・技能が求められる業種においては需要の変動に合わせた人的供給量の調整（例えば，パート・アルバイトなどの未熟練労働力による調整）が困難であるからである。

「顧客参加サービス生産過程」の割合が大きい代表的な業種として，理容業を挙げることができる。理容業においては，サービス生産過程のほとんどすべてにおいて，サービス生産者と顧客が同一時間・同一空間に存在する必要があり，生産性の向上が相対的に困難である。他方，「顧客参加サービス生産過程」の割合が小さく，「顧客分離サービス生産過程」が大きい代表的な業種として，受託開発ソフトウェア業が挙げられる。受託開発ソフトウェア業においては，顧客のソフトウェアに対するニーズを収集し，またより効果的なソフトウェアを提案する過程においては，サービス生産者と顧客が同一時間・同一空間に存在する必要がある。しかし，実際のソフトウェア開発作業は顧客と時間的・空間的に分離する形で行うことができるため，生産性向上の可能性が大きいといえる。また，サービス生産の成果を保管することができるため，ソフトウェア開発の作業を外注することも可能であり，この意味では建設業や製造業の生産

過程と類似している。

(3) サービス業の戦略的業態分類と生産性向上の可能性

「サービス機能体化型サービス」と「サービス機能非体化型サービス」を比較すると，「サービス機能体化型サービス」は，顧客参加サービス生産過程の割合が大きいという点で，サービス生産性の向上が相対的に困難であり，逆に「サービス機能非体化型サービス」は，顧客参加サービス生産過程の割合が小さく，サービス生産性向上の可能性が大きいといえる。「サービス機能非体化型サービス」のうち「システム財創出サービス」は，顧客分離サービス生産過程の割合が大きく，建設業や製造業と類似した特性をもち，「使用権提供サービス」は，サービス生産準備過程の割合が大きく，「品揃え」が重要という点で小売業と類似した特性をもっている。

他方，「サービス機能体化型サービス」のうち「人的サービス」においては，サービス生産を未熟練労働力にゆだねることが難しいサービスでは人の稼働率の向上，逆にサービス生産を未熟練労働力にゆだねることができるサービスでは需要の変動に合わせた人的供給量の調整が課題となる。他方，「物的サービス」では施設・設備の稼働率をいかに向上させるかが課題となる。なお，サービス対象が「人」の場合と「物」の場合を比較すると，「物」の場合は「顧客分離サービス生産過程」の割合が大きいという点で，サービス生産性向上の可能性が相対的に大きいといえる。

5 ICTによる生産性向上の可能性

ICTの進展によって，サービスの特性からもたらされる制約条件を克服して生産性を向上していく可能性が現実のものとなっている。ICTとビジネス・モデルを融合した経営革新の可能性として，次の3点が挙げられる[31]。1）大規模組織のマネジメント（サービス業は顧客への個別対応が求められ，小規模で分散してしまうという特性を有しているが，ICTを組織マネジメントツールとして用いることで，大規模組織化し，規模のメリットを得ることが可能となっている），2）時間的・空間的制約の克服（サービス業は生産と消費が同時という特性から，サービス生産の時間的・空間的制約を有するが，ICTは相

当程度，この制約を克服するツールとなっており，ICTを活用した新たなビジネス形態が創出されている），3）効率的な個別対応（ICTは膨大な顧客データなどの情報を正確に処理することが可能であるため，従来の機械化による画一化の問題を克服し，顧客への個別対応面でも人間と代替し，あるいは人間以上の機能を発揮することが可能である）。この枠組みに基づいて，ICTによる生産性向上の新たな可能性の事例を挙げることとする。

(1) 大規模組織における規模のメリットの享受

サービス業においては，製造業における大量生産のメリットや小売業における大量仕入れのメリットのような規模のメリットの享受は一般的に難しいといえる。しかし，ICTを活用して個人のノウハウや経験を組織内で共有することによって，規模のメリットを享受することが可能となってきた。

ICTによるナレッジ・マネジメントの変化について，『u-Japan政策』では次のように指摘している。「ユビキタスな環境になると，端末を選ばずに自分の情報にアクセスできるようになり，アプリケーションやデータは端末側ではなくネットワーク側で管理し，リッチなコンテンツを扱うことができるようになる。そのため，社内における知識や情報の共有化の仕組みに変革が起こり，いわゆる形式知（文字や図表を通じて形式化できる知識）のみでなく，暗黙知（ノウハウや経験など形式化して整理することが困難な知識）の共有にも道が開ける可能性がある」[32]。

(2) サービス生産過程における空間的制約の克服

「顧客参加サービス生産過程」においては，サービス生産者と顧客が同一時間・同一空間に存在する必要がある。しかし，情報の提供をサービス機能とするものは，ICTを活用することにより同一空間に存在することが必要という制約は克服されつつある。

例えば，テレビ電話を用いた教育サービスでは，サービス生産者（教師）と顧客（生徒）が同一空間に存在する必要はない。ただし，サービス生産者と顧客が特定の時間を共有することは必要であり，時間面での制約は残されている。しかし，夜遅くでもサービスの提供が可能なことや，教師や生徒が特定空間に

出向くための行き帰りの時間が節減されるため，まとまった時間でなくてもサービスを提供できることを考えると，時間面での制約も緩やかなものになっているといえる。

(3) 機械化とカスタマイゼーションの同時実現

ICTを活用した機械化・セルフサービス化がすすんでいる。例えば，1）インターネットを通じた航空券やコンサートなどのチケット予約，2）電話による応対を自動応答装置に切り換える，3）ホームページにFAQ（Frequent Answer and Question）を載せることによって問い合わせ電話を減らすなどの方策である。また，顧客情報や購買履歴などの情報を画面上に表示することによって人的サービスをサポートし，人的コストの削減と迅速かつ質の高いサービスを提供するシステムも普及してきている。

他方，「機械化」は画一化を伴い，顧客の個別的ニーズにマッチしたカスタマイゼーションが難しくなる恐れがある。そこで，機械化による「インプットの削減」と，カスタマイゼーションによる付加価値の増加や顧客満足の向上による「アウトプットの増加」を同時に実現することによって生産性を向上しようというものである。例えば，「ホームセキュリティサービス」は，センサーや遠隔カメラなどにより24時間体制で不審者の侵入や火災発生を探知して通報したり，自宅内の映像を離れた場所から確認できるというものである。

6 サービス生産性向上の事例

① スタジオアリス

スタジオアリス[33]は，かつてはDPE店をチェーン展開していたが，1992年に子供をターゲットとした写真館の1号店を出店した。2013年度（12月決算）現在で，451店舗（うちフランチャイズチェーン店10店），従業員数1,314人，他にアルバイト・パートを8時間換算で2,658人雇用している。連結売上高は2006年度260億円，2008年度308億円，2010年度341億円，2013年度354億円と，写真館業界を取り巻く厳しい経営環境の下で急成長してきた企業である。

同社は，顧客ターゲットを「0～7歳児をもつ家族」に設定しているため，需要が七五三の10月および11月の2ヶ月間に集中してしまうという問題を抱え

ている。他方で，同社の特徴は，店で衣装を選び，髪を整え，着付けし，画面で仕上がりを確認しながらじっくりと撮影できることにあり，顧客の滞在時間は平均2時間に及ぶという。そこで，繁忙期の需要を閑散期に誘導するために，2007年から「ハッピーバースディ七五三キャンペーン」を開始した。誕生日の前後1ヶ月に七五三撮影すると，子ども用時計や写真立てなどが贈呈され，さらに秋にお宮参りをする場合には，着付けが再度必要となるが最大1万2,000円の着物レンタル割引券をつけるというものである。このキャンペーンを開始してから，誕生日撮影の利用者は全体の約3割となり，その他5月中旬からの「早撮り」，12月，1月の「後撮り」を設定したことにより，10月および11月のピーク時の撮影は約3割まで低下したという。

　さらに，閑散期の需要を喚起し，新たな需要を掘り起こすために，「ハーフバースディ」お座りや寝返りができるようになる生後6ヶ月の記念撮影，「毎月火曜日はマタニティの日」出産後の有望顧客の開拓，「アリスデビュー」毎月1～7日は初来店する1歳未満の撮影料金の割引などの方策を講じている。すなわち，閑散期には「提供サービスの内容を変更（手厚くする）」，さらに七五三以外の需要を開拓する「補完的サービス」の開発による「需要のコントロール」を行っている。

　他方で，需要の変動に応じて「人的投入量の調整」を行う「供給のコントロール」を実施している。同社は社員の90％以上が女性で，平均年齢27歳，産前休暇や育児休暇で常に100人を超す休職者・短時間勤務者がいるという。そこで，元社員や元アルバイト・パートをサポートメンバーとして登録，週末や秋の繁忙期だけ撮影や着付け，写真選びなどを手伝ってもらっている。各店は予約状況を見ながら，人手が足りない日時，着付けなど必要な人材を登録者に一斉にメール配信し，手の空いているサポートメンバーが1日単位で働くという仕組みである。退社時の7段階の資格によって，サポートメンバーの時給が設定されており，現職時のキャリアが無駄にならない。

　このように，子供向け写真館という特性から七五三に集中してしまう需要を閑散期に誘導する「需要のコントロール」，さらに需要の変動に人的供給力をマッチさせる「供給のコントロール」を実施することにより，稼働率の向上を図っている。

② スーパーホテル

スーパーホテル[34]は，単身者向けマンションの運営からスタートし，1996年に第1号店を開設した。2013年度（3月決算）現在で，店舗数は国内105店（他に，タイ，ベトナムにもそれぞれ1店），従業員数260人，売上高は2005年度79億円，2008年度152億円，2011年度197億円，2013年度238億円と，ホテルの市場規模が停滞傾向にある中で急成長した企業である。

同社は，顧客ターゲットをビジネスマンに絞り込み，快適な宿泊というニーズに特化したバジェット型ホテル（宿泊特化型ホテル）である。インターネットは無料で提供され，コンセプトは「安全，清潔，ぐっすり眠れる」ことである。宿泊に特化しているため，宴会場等はない。また，自動チェックイン・チェックアウトシステムを採用し，深夜はフロントが閉鎖される。宿泊カードへの記入が法的に義務づけられているため，チェックインの完全セルフ化はできないが，リピート客やインターネット予約客等，事前に必要な情報が入手できる宿泊客については，本人確認と署名だけとしている。自動チェックイン機により発行される暗証番号で開錠するキーレス方式を採用し，夜間のフロントは無人となり，緊急時には夜間対応センターによって集中対応している。

スーパーホテル内の空調設備は，ホテル全体を一括して管理するシステムではなく，客室ごとの個別管理を実施している。空調を個別管理にすることで年間の電気代を25％節約できたという。さらに，スーパーホテルのベッドには脚がない。このことにより，掃除が1部屋あたり約2分短縮，90部屋で180分，約3時間短縮されるという。

同社のホテルの多くは，「ベンチャー支配人」によって運営されている。ベンチャー支配人とは，「スーパーホテルと業務委託契約を結び，店舗運営する独立自営業者」のことで，ほとんどが夫婦である。契約期間は4年で，ほとんどの者は，将来独立して開業するという夢をもっており，スーパーホテル全店舗のうち毎年約25店舗で支配人が入れ替わるという。報酬面では，業績による加算部分，5段階に分けられた支配人ライセンス制度による奨励金が設けられている。このことにより，意欲ある人材に支配人を委ね，他方では年功による人件費のアップを抑制している。

顧客ターゲットをビジネスマンに絞り込み，宿泊に特化した設備投資を行い，

また自動チェックイン・チェックアウトシステムによる人件費削減，空調費用や掃除費用の削減，ベンチャー支配人制度の導入等による「インプットの減少」を徹底し，シングル1泊朝食付き4,980円〜5,980円でサービスを提供している。

　他方，フロント周辺に自動販売機を設置し，市中よりも安い価格で販売し，「アウトプットの増加」を図っている。一般のホテルは，市中価格よりも高い料金で飲み物を販売する結果，コンビニ等で購入した飲み物の持込みが一般的になり，外部から持ち込まれたゴミの処理費用だけがかかる形になっていることが多い。

　このようなインプットの減少による生産性の向上と，サービス品質の向上，顧客満足の向上を両立させるために，低価格であってもホテルの基本的サービスである快適な眠りを追求し，低反発マットレスを使用し，また好みの枕を選べるようにしている。さらに，「宿泊品質保証制度」として，眠れなかった時は返金するようにしている。

　利用頻度の高い顧客は，内部的に「ロイヤル会員」として区分し，チェックイン時に一声かける等を実施している。また，氏名や嗜好（いつも角部屋を希望，朝はいつも散歩する習慣がある）等の顧客情報は，グループウェアによって共有されている。

注

(1) Drucker, Peter F., *Management : Tasks, Responsibilities, Practices,* Harper & Row, 1973（ピーター・ドラッカー『マネジメント［I］』（有賀裕子［訳］）日経BP社，2008年，pp.173-186）.
(2) Heskett, James L., W. Earl. Sasser Jr., and Leonard A. Schlesinger, *The Service Profit Chain,* Free Press, 1997, p.14.
(3) 山本昭二『新装版 サービス・クォリティ』千倉書房，2010年，p.107。
(4) Zeithaml, Valarie A., Leonard L. Berry, and A. Parasuraman, "Communication and Control Processes in the Delivery of Service Quality," *Journal of Marketing,* Vol.52, 1988, No.2, p.36.
(5) Grönroos,Christian, *Service Management and Marketing : Customer Management in Service Competition*（3rd ed.）, John Wiley & Sons, 2007（グルンルース，クリスチャン

『北欧型サービス志向のマネジメント―競争を生き抜くマーケティングの新潮流―』（近藤宏一，蒲生智哉［訳］）ミネルヴァ書房，2013年，p.74)。
(6)　嶋口充輝『顧客満足型マーケティングの構図』有斐閣，1994年，pp.65-67。
(7)　Zeithaml, Valarie A., Mary Jo. Bitner, and Dwayne D. Gremler, *Services Marketing : Integrating Customer Focus across the Firm* (5th ed.), McGraw-Hill, 2009, p.120.
(8)　藤村和宏は，Parasuraman, Berry and Zeithaml (1991) が提案している「期待の受容領域 (Zone of Tolerance)」を用いて顧客満足に対する過程品質の相対的重要性を説明している（藤村和宏『医療サービスと顧客満足』医療文化社，2009年，pp.19-20)。
(9)　Hart, Christopher., "The Power of Unconditional Service Guarantees," *Harvard Business Review*, Jul.-Aug, 1988, pp.54-62.
(10)　Hart, 1988, *op.cit.*
(11)　Looy, Bart Van, R. Van Dierdonck, and Paul Gemmel., *Services Management : an Integrated Approach* (2nd ed.), Financial Times, 2003 (ローイ，バート・ヴァン，ローランド・ヴァン・ディードンク，ポール・ゲンメル『サービス・マネジメント：統合的アプローチ』（平林祥［訳］）ピアソン・エデュケーション，2004年，pp.240-245)。
(12)　http://www.jaesco.or.jp/
(13)　Oliver, Richard L., *Satisfaction: A Behavioral Perspective on the Consumer* (2nd ed.), M. E. Sharpe, 2010, p.432.
(14)　Reichheld, Frederick F., *The Loyalty Effect : the Hidden Force behind Growth, Profits, and Lasting Value,* Harvard Business School Press, 1996（ライクヘルド，フレデリック・F.『顧客ロイヤルティのマネジメント：価値創造の成長サイクルを実現する』（山下浩昭［訳］），ダイヤモンド社，1998年)。
(15)　Gummesson, Evert., *Total Relationship Marketing* (2nd ed.), Butterworth-Heinemann, 2002, p.62.
(16)　ただし，提供されたサービスに顧客が満足できない場合，否定的な口コミによって企業に影響がでるために，顧客に多大な不満を抱かせないような工夫が必要である。
(17)　Heskett, James L., Thomas O. Jones, Gary W. Loveman, W. Earl. Sasser Jr., and Leonard A. Schlesinger, "Putting the Service-Profit Chain to Work," *Harvard Business Review*, Vol.72, No.2, 1994, pp.164-174.
(18)　Jones, Thomas O. and W. Earl Sasser JR, "Why Satisfied Customers Defect," *Harvard Business Review*, Vol.73, No.6, 1995, pp.88-99.
(19)　Zeithaml, Bitner, and Gremler, 2009, *op.cit.*, pp.191-197.
(20)　Grönroos, 2007, 邦訳, 2013年，前掲書, pp.330-332。
(21)　Levitt, Theodore, "The Industrialization of Service," *Harvard Business Review*, Sep.-

Oct., 1976, pp.65-68.（レビット，セオドア「サービス活動の工業化」『DIAMOND ハーバード・ビジネス・レビュー』（土岐坤［訳］）1977年1‐2月, pp.23-26)。

(22) Northcraft, Gregory B. & Chase, Richard B., "Managing Service Demand at the Point of Delivery," *Academy of Management Review*, Vol.10, No.1, 1985, pp.67-68.

(23) 野村清『サービス産業の発想と戦略』電通, 1983年, pp.237-244。

(24) Sasser, W. Earl, "Match Supply and Demand in Service Industries," *Harvard Business Review*, Nov.-Dec., 1976, pp.137-140.

(25) Fitzsimmons, James A. & Fitzsimmons, Mona J., *Service Management Operations: Operations, Strategy, and Information Technology* (5th ed.), Irwin Professional Pub., 2005, pp.351-364.

(26) Lovelock, Christopher H. & Wright, Lauren K., *Principles of Service Marketing Management*, Prentice-Hall, 1999, pp.299-302.

(27) Frances X. Frei, "Breaking the Trade-Off between Efficiency and Service," *Harvard Business Review*, November, 2006（フランシス X. フライ「顧客サービスの問題解決法」『Diamond ハーバード・ビジネス・レビュー』（松本直子［訳］), 第33巻第7号, 2007年7月, フランシス X. フライ「サービス戦略マトリクス」『Diamond ハーバード・ビジネス・レビュー』（Diamond ハーバード・ビジネス・レビュー［訳］), 第35巻第6号, 2009年6月)。

(28) Grönroos,Christian, *Service Management and Marketing : Customer Management in Service Competition* (3rd ed.), John Wiley & Sons, 2007（グルンルース, クリスチャン『北欧型サービス志向のマネジメント―競争を生き抜くマーケティングの新潮流―』（近藤宏一, 蒲生智哉［訳］）ミネルヴァ書房, 2013年, pp.206-209)。

(29) 「顧客を階層分けせずに，いくつもの顧客セグメントにサービスを同時提供している企業は，そのサービス能力を最大限まで活用することがいずれ困難になる。どの顧客セグメントでも顧客満足度を向上させようと背伸びをすると，魅力に乏しい低い階層の顧客のみならず，すべての顧客に質の低いサービスを提供する結果となる恐れがある」(Uttal, Bro & Davidow, William H., "Service Companies: Focus or Falter," *Harvard Business Review*, Jul.-Aug., 1989, p.83. （ウタル，ブロ，デイビドー，ウィリアム・H.「ハイクォリティ・サービスを低コストで提供する方法」『顧客サービス戦略』（DIAMOND ハーバード・ビジネス・レビュー編集部［編訳］), ダイヤモンド社, 2000年, pp.269-270)。

(30) ザイタムル・ビトナーは，待ち時間が苦痛と感じるケースとして，次の8点を挙げている。1）何もしないで待っている時間は何かをしながら待っている時間よりも長く感じる，2）サービスが提供される前の状態で待っているほうがサービスの一部が提供されて待っている状態よりも長く感じる，3）不安をもった状態のときは長く感じる，4）不確

かな待ち時間は予測できる待ち時間よりも長く感じる，5）説明されていない待ち時間は説明されている待ち時間よりも長く感じる，6）不公平な待ち時間は公平な待ち時間よりも長く感じる，7）価値あるサービスが提供される場合は長く待ってくれる，8）1人で待つのはグループで待つよりも長く感じる（Zeithaml, Valarie A. & Binter, Mary Jo, Services Marketing, McGraw-Hill, 1996, pp.408-410.）。

(31) 経済産業省IT等を活用したサービス業の経営革新研究会『「上質サービス企業」造りの法則』2004年6月，pp.16-18。

(32) 総務省『u-Japan政策』2004年12月，p.52。

(33) スタジオアリスについては，『日経MJ』2010年11月14日，および同社IR情報を参考にした。

(34) スーパーホテルについては，山本梁介『1泊4980円のスーパーホテルがなぜ「顧客満足度」日本一になれたのか？』アスコム，2013年，牧野知弘『なぜビジネスホテルは，一泊四千円でやっていけるのか』祥伝社新書，2012年，峰如之介『稼働率89％，リピート率70％ 顧客がキャンセル待ちするホテルで行われていること—スーパーホテルが目指す「一円あたりの顧客満足日本一」とは？』ダイヤモンド社，2010年，サービス産業生産性協議会「ハイサービス日本300選第2回」(http://www.service-js.jp/hs/show_page.php?id=36)，経営品質協議会「日本経営賞2009」(http://www.jqaward.org/2009/superhotel.htm?OpenDocument)，および同社ホームページ (http://www.superhotel.co.jp/keihin/index2.html)，を参考にした。

サービス業の戦略的業態分類別マーケティング

第1節 人的サービスのマーケティング

1 人的サービスの特性とマーケティング課題

(1) 人的サービスの特性
① サービス品質の不安定性とサービス要員への依存

　目的的サービス機能体化型サービスの中で，主なサービス主体が「人」であるものを「人的サービス」と呼ぶ。「人」が提供するサービスの特性で重要な点は，大きく分けて2つある。1つ目は，サービス要員間のサービス品質の不安定性である。サービスを提供するにあたって必要な技術，知識および情報はサービス要員個人に蓄積されていく。サービス提供のコア要素が「人」であることから，サービス品質の向上はサービス要員のサービス提供能力によって左右される。経験を積んだ従業員が提供するサービス品質の水準と，見習いの従業員が提供するサービス品質の水準が大きく異なることは明らかであるが[1]，熟練技術をもったサービス要員が離職によって発生する損失は，「生産性，顧客満足の低下」と同時に「募集・採用・トレーニング」というコスト面でも影響があり，サービス提供企業にとって大きなダメージを与える。
　もう1つは，サービス要員内におけるサービス品質の不安定性である。人的サービスは「人」によってサービスが提供されるため，「物」によってサービ

スが提供される場合に比べて，サービス品質の変動が大きくなり，毎回同じ水準でサービスを提供することが困難になる。サービス要員の体調や気分によってサービス品質の水準は変動する。また，繁忙な状況にあるときと，余裕がある状況のときのサービス品質の水準には大きな差異が生まれる。

このように，サービス品質の良し悪しがサービス要員によるところが大きいため，サービス提供企業は「接客することを苦に感じないか，人と接することが好きな人材かどうか」「社風にマッチした人材か」ということを考慮しながら人材を採用する必要がある。また，サービス要員を採用した後も，サービス品質を安定的に供給するために，前述したように，「サティスファクション・ミラー」の達成が不可欠である。ただし，多くの労働者を雇用する場合には，安定した品質でサービスを提供することはより困難となる。使用権提供サービスなどに比べて，人的サービスにおける業務の拡大は難しい。

② 需給マッチングの困難性

人的サービスにおいては，サービスの供給と需要，すなわちサービス要員の投入と顧客数をマッチングさせることは困難である。サービス要員が顧客数に比べて過剰に投入されるなら，企業はコスト高による利益減少に陥る。一方，顧客数に比べてサービス要員の投入量が少なければ，サービス提供機会を逸失した上に，顧客に不満や怒りを抱かせてしまう。需要は恒常的に安定した量で発生するわけではなく，期間によって増加減少の「波」がある。他方，「人」の投入はサービス要員の労働条件に制約されるため，企業側の都合だけではコントロールできない。例えば，ある日の要員配置で，一度投入したサービス要員を顧客が少ないから，あるいは受注量が少ないからといった理由で，賃金を払わなかったり，安くしたりするわけにいかない。このように，サービス提供企業は「アイドルタイム」[(2)]という課題を抱えている。

(2) 人的サービスのマーケティング課題

① サービス品質の標準化

人的サービスにおいて顕著にみられるサービス品質の不安定性に対しては，サービスの標準化が大きな課題となる。未熟練のサービス要員でも，一定のサービス品質を提供させるためには，行動にいたるプロセスの管理が効果的で

ある。例えば，サービス・ブループリント(3)やマニュアルを導入することによって，作業標準化を図ることが可能となり，サービス品質を安定させることができる。また，サービス要員が担っているサービス生産・提供過程を一部機械化することによっても，サービス品質の安定化を図ることは可能である。これは，サービス品質を不安定にする原因となる「人」がサービス生産に介在する部分を少なくする方法である。

② **サービス生産性向上**

人的サービスの効率化は，大きく3つの方策が考えられる。1つは，未熟練サービス要員の活用が挙げられる。経験年数の少ない人材，あるいはパートやアルバイトを活用するためには，マニュアルの充実とマニュアルに沿った作業標準化の徹底が重要な課題となる。

2つは，サービス生産・提供過程の一部を顧客にゆだねることである。このセルフサービス化によって，サービス要員は重要なサービス生産・提供過程に集中して取り組むことが可能となる。高付加価値を生み出すサービス生産・提供過程への集中的な資源配分が可能になることによって，サービス生産性の向上が実現する。

3つは，サービス生産・提供過程に主体的に関与するサービス要員，すなわち「人」を支援する「物」「情報」「物的環境」の充実を図ることである。支援要素としての「物」の充実とは，例えば作業効率のために道具や設備などを整備することである。「情報」による支援とは，例えばサービス生産にあたって，きめ細やかな対応が可能となる顧客情報のデータベースを整備することである。「物的環境」の充実とは，従業員および顧客が快適にサービス生産あるいは享受できるような雰囲気をもった店舗を用意することにあたる。

③ **サービス品質の向上**

人的サービスにおいて，サービス品質を向上させるための重要な要素を整理する。1つは，サービス要員の技術水準の向上である。サービス要員の技術水準が高ければ当然，サービス品質も高くなる。この高い技術水準を確保するためには，サービス要員に対する技術教育の充実が欠かせない。現場における教育「OJT（On the Job Training）」は，技術的な教育だけでなく，顧客との相互作用によるサービス生産・提供という特殊な状況における作業経験を積む上

でも貴重である。「Off-JT」と呼ばれる現場を離れた研修によって，サービス要員の技術水準の向上を図ることも重要である。業界団体主催で，業界全体のサービス水準を向上させるために，従業員の研修が行われていることも多い。接客のような一般的なスキル，基本的技術の修得など，未熟練なサービス要員の教育の場として「Off-JT」は有効である。

　2つは，従業員満足の向上である。サービス技術と同様に重要であるのは，サービス要員の仕事に対する姿勢である。自らの仕事に対する動機づけが，サービス品質に大きく影響するのが人的サービスの特徴である。「人」がサービス生産の主体となるため，サービス要員の「やる気」とサービス品質は極めて深く関係する。高い従業員満足が，サービス要員の仕事に対する姿勢を形成することを考えれば，従業員が満足して働ける環境づくりに，企業が配慮することは当然である。例えば，報酬のあり方についても，仕事量に応じて報酬を変化させる歩合制を導入するのか，仕事のあるなしに関わらず一定の金額を支払う制度をとるのかによって，従業員満足は大きく左右される。さらに，従業員満足の向上に強く関係するサービス要員の成果に対する評価についても，十分な注意を払う必要がある。

　3つは，エンパワーメント（権限委譲）[4]による現場裁量の拡大である。人的サービスにおいて，現場のサービス要員に権限を委譲することは，多くの点でメリットがある。先の能力向上，満足向上がサービス要員に直接働きかけて品質を向上させようとする方法であるならば，これは仕組みによって高品質の実現を図る方法と考えることができる。

　積極的な権限委譲，快適な職場環境の確保によって，現場のサービス要員は，責任をもって仕事にあたることになり，士気が高まると同時に，サービス提供に対する従業員の取組み姿勢も大きく変化する。また，人的サービスでは，特に「人」をサービス対象とする場合に，現場における顧客との相互作用が生まれる。顧客に提供するサービス内容の微調整が行われることも多い。権限委譲によって現場裁量で調整できる部分が大きくなれば，サービス要員はサービス提供を中断して，指示を仰ぐことも少なくなっていく。つまり，サービス要員が快適に作業することができ，他方でサービス提供企業にとっては業務の効率化が実現できるという利点がある。

④ サービスへのアクセス容易化
ア．新規顧客に向けたサービスの可視化

　顧客のサービスに対するアクセスを容易にすることは，マーケティング・ミックスを構成する「Promotion」に関わる課題である。人的サービスが提供するサービス商品は，医療業や自動車整備業等の専門的な分野では，信用品質が多くを占めるケースもみられるが，ほとんどのサービス商品では，経験品質が占める部分は大きい。ゆえに，サービスを経験した新規顧客の満足が得られれば，その後は，それらの顧客は繰り返し利用するリピート客になる。

　他方で，サービスは経験するまでその品質を評価できないという特性があるため，新規顧客にとっては，サービスを経験するまでその内容を把握することができないというリスクがある。そのため，サービス提供企業にとって重要なことは，前述したとおり，顧客に「手がかり」を提供することにより，サービスをできるだけ可視化することが1つの方法となる。例えば，「サービスメニュー」「サービス料金体系」を明確に示したり，サービス内容をわかりやすく提示することで，顧客が認知するリスクを少しでも低減させることができる。

イ．既存顧客との関係性強化

　人的サービスの場合，既存顧客との関係性強化は，特に重要である。顧客に関する情報は，サービス要員に蓄積されていく。サービス要員は，顧客とのコミュニケーションを緊密にとっていくことで，顧客の好みや属性に関する様々な情報を獲得することができる。その情報に基づいて，サービス要員はサービスを提供するが，このとき顧客は面倒なニーズの伝達という過程が省かれていることが多い。サービス利用のたびに細かな情報を提供者に伝える必要がなく，顧客にとっては効率的にサービスの利用が可能となる。既存顧客との関係性が深まれば，他のサービスへの乗換えにかかるスイッチング・コストと比較して，顧客は引き続きとどまって関係を続けようとする。

⑤　価格戦略による新規顧客獲得

　人的サービスの多くは，経験品質の性格を強くもっている。経験品質が強いサービスの場合，顧客の感じるリスクは初回のサービス利用と2回目においては大きく異なることがある。例えば，ある1人の顧客に注目した場合，同じ品質のサービスを提供する場合であっても，新規利用であるかリピート利用であ

るかによって，異なる価格を提示することも効果的である。新規利用を促すために，初回に提示する価格を低く抑え，まずはサービスを一度利用してもらうことを狙う価格設定を導入する。ただし，一般的に認知されているサービスであれば，上記のような措置の必要はないだろう。むしろ業界における標準価格に合わせることが，サービス提供企業の収益に好影響を与えることが多い。

2 「人」対「人」サービス・マーケティング

(1) 「人」を対象とするサービスの特性と課題

人的サービスのマーケティング特性と課題を整理してきたが，ここでは人的サービスの中でも，サービス対象が「人」であるサービスの特性と課題について述べる。「人」を対象にしたサービスの大きな特徴は，サービス・エンカウンターにおいて，サービス要員と顧客との相互作用が存在することである。つまり，サービス生産に顧客が参加するという点である。顧客の参加の程度や積極性がサービス品質の向上に大きく影響するため，サービス・エンカウンターのサービス要員にとって，顧客との良好な関係を築くことは極めて重要となる。コミュニケーションの活発化によって，顧客ニーズをきめ細かく把握する，あるいは顧客の参加意欲を高めることが求められる。また顧客が求めるサービスを提供するために，サービス生産・提供過程における業務に柔軟性をもたせることで顧客満足を向上させることが可能である。

(2) 理容業・美容業

理容業・美容業の特徴は，事業所数が際立って多い一方で，従業者数は事業所数に比べて少ないということが挙げられる[5]。また，『生活衛生関係営業経営実態調査2010年度』によると，理容業の経営主体は「個人経営」が91.3％，美容業に関しても「個人経営」が77.6％である。つまり1事業所あたりの従業者数が少なく，小規模経営の事業所が多いという点が理容業・美容業の特徴である。高齢化，人口減少といった社会の大きな潮流変化の中で，今後，生活に密着したこれら理容業・美容業が対象とする市場が大幅に拡大することを期待することは難しい。また，これらのサービス業の特徴として，創業が古く，事業者の高齢化が進んでいることが指摘でき，経営ノウハウの蓄積が乏しく，

サービス品質の改善もままならないという企業も少なくない[6]。小規模ゆえに経営資源が脆弱であり，また高齢化による成長意欲の低下は，サービス品質改善に対する意識の低さにつながっている。

その一方で，既に成熟状態に入ったと思われる市場においても，短時間のサービスを低価格で提供するという新たな切り口で市場開拓を行い，急激に業績を伸ばしている企業も出現している。例えば，QBハウス[7]は，「10分ヘアカット専門店」というサービス・コンセプトを掲げ，「10分1,000円（2014年4月から1,080円に料金改定）」という価格帯で事業展開を図っている。このような短時間のサービスを低価格で提供するビジネス・モデルを実現する仕組みとして，サービス生産・提供現場では，カットを行う「人」の作業を「物的要素」によって徹底的に支援するシステムを作り上げている。QBハウスでは，洗髪台を設置せずに，「エアウォッシャー」というバキューム機能のついた設備で空気とともに余分な髪の毛を取り除くことで，カットのみのサービスに特化することが可能となっている。また，スタイリストが使うシステムユニットを，手を伸ばせば届く場所に用意することにより，散髪にかかる時間を短縮している。

さらに，生産性の向上のために店舗は技術者だけで運営されており，店舗管理は，本部がスタイリストの施術時間をデータとして自動的に測定し，管理している。例えば，利用者は店舗入り口の券売機で利用券を購入するが，その際に年齢・性別等の属性を入力する。そして，前述した「エアウォッシャー」の電源がオフになった段階で施術終了となり，何分かかったのかが記録されるが，これらのデータを本部に送信することで店舗の売上管理を行うことができる。情報システムを利用することで，空間を隔てたサービスの集中管理を可能にした新たなビジネス・モデルといえる。

(3) 個人教授業

「人」対「人」サービスの典型である個人教授業関連業種の事業所数，従業者数をまとめると図表5-1-1のようになる。学習塾の他，外国語会話教授業，その他の教養・技能教授業[8]においては，2012年の事業所数と従業者数は2006年に比べて減少しているが，従業者数に関しては0.1ポイントのみの減少

図表 5-1-1　個人教授業関連業種の事業所数と従業者数

	事業所数（所）			従業者数（人）		
	2012年	2006年	増加率(%)	2012年	2006年	増加率(%)
学習塾	50,676	51,625	▲1.8	346,884	315,006	10.1
教養・技能教授業	81,608	89,873	▲9.2	275,990	283,679	▲2.7
音楽教授業	19,715	22,200	▲11.2	42,691	49,140	▲13.1
書道教授業	10,629	12,877	▲17.5	16,980	17,693	▲4.0
生花・茶道教授業	4,863	7,937	▲38.7	6,347	9,678	▲34.4
そろばん教授業	6,901	7,748	▲10.9	15,374	13,797	11.4
外国語会話教授業	9,899	8,262	19.8	38,355	37,988	1.0
スポーツ・健康教授業	7,356	6,492	13.3	65,724	64,805	1.4
その他の教養・技能教授業	22,245	24,357	▲8.7	90,519	90,578	▲0.1
他に分類されない教育、学習支援業	4,543	4,535	0.2	77,541	77,602	▲0.1

出所：総務省統計局『事業所・企業統計調査2006年』、『経済センサス活動調査2012年』をもとに作成。

である。これは、市場競争が激化している中で、1事業者あたりの規模が拡大していることを示している。また、学習塾や子供向けの教養・技能教授業においては、少子化という市場縮小要因があり、教育熱が高まっているからといっても、決して教育関連支出は増加していないという問題を抱えている[9]。

　学習塾をはじめとする教養・技能教授関連のサービス業は、顧客の参加程度が重要であり、サービスを享受する顧客のやる気や能力によってサービス成果が大きく影響される。学習塾においては、進学率を競う企業がある一方で、個々人の能力やニーズに合わせた少人数制による丁寧な指導を行う戦略を展開する企業も多い。顧客のニーズは多様であり、個人のやる気を引き出すことができるサービス・エンカウンターの環境は一様ではない。顧客の参加程度によってサービス品質が変動することを考えれば、多様な提供方法があっても問題はない。

　したがって、サービスにおけるマーケティング・ミックスの中でもProductやProcessに着目することが重要となる。例えば、近年の経済的・社会的なグローバル化の進展に伴う外国人とのコミュニケーションの機会の増大により、外国語会話教授業は、事業所数・従業者数ともに増加している（図表5-1-1参照）。外国語会話教授業に関しても、顧客の学習理解のペースに柔軟に対応するサービス提供システムを作り上げることができれば、顧客満足は確実に高

まる。プライベートレッスンや少人数制による顧客の学習レベルの調整や，「子供英会話」，高校や大学受験，TOEICテスト・英検といった「受験・検定対策講座」，「ビジネス英会話」等，レベルや用途に応じた教育サービスの提供は，課題解決方法の1つである。

3 「人」対「物」サービス・マーケティング

(1) 「物」を対象とするサービスの特性と課題

　人的サービスのうち対象が「物」であるサービスの特徴は，サービス生産・提供過程において顧客とサービス要員が同一時間・同一空間に存在する必要がないことである。つまり，「人」をサービス対象とする場合との大きな相違点は，サービスを利用する「顧客」とサービス機能を享受する「サービス対象」の分離が可能ということである。顧客とサービス要員が同一時間・同一空間に存在する必要があるという制約は，サービス提供企業にとっては，需給のマッチングに困難が伴うことを意味する。また顧客の積極的なサービス生産への参加を促進しなければならないという，さらなる課題を惹起することを指摘した。

　他方で，「物」を対象とするサービスでは，顧客とサービス対象の時間・空間的な分離が可能であり，需給のミスマッチを軽減しやすい。時間の制約が外れることで，人的投入量の調整が容易になり，また人的投入量に合わせたサービス生産も可能となる。さらに，空間の制約が外れることによって，顧客との接点となる場所と，サービスを生産する場所が分離可能となる。人的要素が強い「人」対「人」サービスであれば，顧客との接点に必ず，サービス要員と顧客の双方が存在していることが必要であったが，サービス対象が「物」である場合は，必ずしもサービス・エンカウンターを必要としない。その場合，対象の「物」を移動させることも可能であるし，仮に「物」が移動不可能であったとしても，サービス要員が移動することで対応できることが多い。

　このように，「人」対「物」サービスでは，同一時間・同一空間の制約から解放された中で，いかに生産性向上に取り組むかが課題となる。需給のマッチングによる設備あるいは労働力の稼働率向上，外注の活用による効率化も重要な検討課題となろう。

(2) クリーニング業

クリーニング業[10]は，理容業・美容業と同様に事業所数が多く，そのほとんどは零細事業者である。総務省統計局の調査によると[11]，洗濯業（リネンサプライ業除く）[12]の事業所数は，2006年の7万3,000事業所から2012年の6万事業所，従業者数も26万人（2006年）から24万人（2012年）に減少している。生活に密着したサービスであるクリーニング業は，消費者の生活環境や生活スタイルの変化に影響を受けるのが特徴である。昨今の電気洗濯機の技術進歩，衣服の素材の改良によって，衣料品の多くを家庭内で洗うことが可能となった。そのため，外生化する必要が少なくなり，クリーニング業の市場は縮小している。

さらに「人」対「物」サービスの場合，サービス対象である「物」が移動可能であるという特性は，洗濯物を一か所に集め，大規模なクリーニング工場で一括して処理するというクリーニング業の工業化を可能にしている。零細事業者が，店舗に併設した作業場で行うのに比べて，サービス生産性は飛躍的に向上する。一定水準のサービス品質が約束されれば安価なサービスを選択するであろう。「人」対「物」サービスの典型であるクリーニング業の方向を考えたときに，1つの方向は，このような徹底した業務の機械化，標準化による生産コストの低減を実現することである。

もう1つの方向として考えられるのは，特殊な専門技術の高度化による差別化を図ることである。例えば，和服のシミ抜き，特殊な染料を用いた衣服クリーニングといった，特別なニーズをもつ顧客も少なくはない。これらの顧客は，価格にはそれほど敏感ではない。専門技術力を高めることで，価格競争に陥ることなく，市場内でのポジショニングが可能となる。

サービス要員がもっている技術が，クリーニングのサービス品質を左右する専門技術の場合は，生産の効率化を図ることが難しいため，零細企業にも，この方向での経営展開は効果が期待できる。ただし，専門化の方向は，特定のニーズをもった顧客の絶対数が少ないという問題がある。店舗立地によって需要が制約されるサービス業にとっては，自社の商圏内で発生する特殊ニーズだけでは経営を成り立たせることができない。個々で異なる専門技術を生かして，需要の調整を行うクリーニング業の企業間ネットワークは，それぞれの専門性

を生かしながら，需要を確保する方法の1つと考えられる。

(3) ハウスクリーニング業

ハウスクリーニング業は，「人」対「物」サービスであるが，クリーニング業とは異なり，サービス対象は移動不可能であり，サービス要員がサービス対象のところまで出向く点が異なる。時間的・空間的制約を受けるのがサービス提供者であり，効率的なサービス要員の配置が，サービス生産性向上の重要な課題となる。

ハウスクリーニングは，対象が「物」であることから，サービス品質の変動要因である「人」の影響はサービス要員だけとなる。ゆえにサービス品質は，「人」を対象とする場合と比べて安定するが，未熟練サービス要員を活用するためには，マニュアル化による業務の標準化に取り組むことも重要である。リピート客であれば，間取りや前回掃除をしたときの記録を事前に知ることで，作業効率は向上する。例えば，利用者が犬を飼っている場合は，犬がいる家庭における対応マニュアルを事前にサービス要員が目を通すこともできる。顧客情報の蓄積とマニュアル化によって，パーソナライズド・サービスの提供が可能となるのである。「人」を対象とするサービスと同様に，ハウスクリーニング業にとって，顧客との関係性強化は重要なマーケティング課題である。

ただし，ハウスクリーニング業は「人」を直接の対象とするサービスではないものの，利用者の家庭というプライベートな空間に入るため，サービス要員の外見や印象が，利用者のサービス品質評価に与える影響は大きい。つまり，顧客の情緒がサービス品質の評価以上に顧客満足を決定づける要因となる。

ハウスクリーニングにおいては，共働きや単身者が日常的な家事代行としてサービスを利用するケースの他に，換気扇やエアコンディショナーの清掃等，専門技術が必要となるサービスを利用するケースもある。前者の場合には，高度な専門技術は必要ではないが，サービス要員の身なりの指導，接客態度教育等が重要となる。利用者が女性であれば，男性をサービス要員として訪問させることに抵抗を感じる顧客も多い。サービス提供企業としては，顧客の心理面に気を配った対応が求められる。一方，後者の場合は専門技術の高度化，クリーニング用の薬液の開発等，Productを構成する各要素の強化が課題となる。

対象が「物」であることから、「人」対「人」サービスに対して、需給のマッチングは比較的容易である。予約制を導入すれば、需要の平準化だけでなく、需要が集中したとしても要員を調達できれば供給することができる。そこが、店舗施設の許容範囲を超えて需要を吸収することができない理容業・美容業とは異なる点である。

(4) 不動産管理業，建物サービス業

ここでは、不動産管理業[13]と建物サービス業を取り上げて、利用者が主に事業者である場合の、「人」対「物」サービスについてみていくこととする。昨今では、不動産管理業、建物サービス業を包含した形態である「ファシリティマネジメント・サービス」[14]を展開する企業が増加している。ファシリティマネジメントの目的は、建物施設を総合的に管理することで施設の運営コストを最適化することにある。

総合的な管理に関しては、ノウハウや運営システムも重要ではあるが、労働集約的な要素が多分に含まれている。具体的には、社員寮の管理業務、セキュリティ業務など現場作業を伴う仕事であり「単純な労務の提供」といった要素が強い。この分野の業務を外生化する場合の特徴は、企業側に「コスト削減」といった明確な目的があることである。その評価基準は「価格」が最も重要な要素となる。受託企業としては、いかに業務を低価格でこなすことができるかが重要な意味をもつ。

サービスを委託する企業にとっては、基幹業務と委託する業務との間には関連が薄く、相乗効果などの付加価値を切り捨てて考えることができるため、コスト換算は容易となる。業務受託企業サイドでは価格競争が激しくなるという状況になっている。ある業務が委託企業の業務プロセスから独立しているといった状況では、業務委託側と業務受託側には経営資源を共有して蓄積するといったことはほとんど発生しない。そのため、契約もアドホックなものになりがちになると解釈できる。

不動産管理業、建物サービス業の外部委託業務の特徴は、需要の変動が大きいことである。業務を受託する企業にとって、需要変動の平準化は重要な課題であり、この変動を緩和させるためには、受注業務量の拡大が必要とされる。

また，受注業務量の拡大は，価格面での優位性を発生させる。外部委託が行われる背景には，委託企業のコスト削減ニーズが存在するため，価格面での優位性はサービス提供企業にとって強みとなる。

　販路の開拓は，業務量の拡大のために重要である。一定量の需要が確保されないと事業を採算ラインに乗せることは難しい。積極的な営業ができる体制を整備しておくことが課題となる。また，人材面では質的な部分よりも，量的な確保のほうが，この分野の企業にとっては重要である。

第2節　物的サービスのマーケティング

1　物的サービスの特性とマーケティング課題

(1)　物的サービスの特性
①　サービス品質の安定性

　目的的サービス機能体化型サービスの中で，主なサービス主体が「物」であるものを「物的サービス」と呼ぶ。サービス・パッケージを考察した場合，その構成要素として市場での存在理由を示す事業内容である「コア・サービス」と付加要素の「促進的サービス（またはモノ）」「支援的サービス（またはモノ）」が存在する。物的サービスの場合，それを構成するコア・サービスが「物」であり，促進的・支援的要素として「人」「情報」「物的環境」が存在する。

　物的サービスの特徴は，提供するサービス品質が安定していることである。物的サービスの場合，品質を変動させる大きな要因である「人」が，サービス生産・提供過程に介在する機会が少ないため，サービス提供システムを安定的に稼働させることができる。また，サービス提供に先立ち，サービス生産・提供過程の多くの部分を事前に計画することが可能であることから，「人的サービス」と比較すると品質の安定性に優れている。

②　効率化の容易性

　「物」がサービス提供のコア要素となっているため，人的サービスに比べて，サービス生産の効率化を容易に行うことができる。支援要素として機能する「人」の投入量を少なくしてもサービス品質への影響は少なく，セルフサービス化も可能である。また，サービス主体となる「物」の性能を高度化させることで，サービス生産の効率化が実現できる。

③　差別化の困難性

　コア要素を構成するのは「物」であるが，「物」によって他社との決定的な差別化をすることは難しい。「物」は「人」と異なり，同様の「物」を作ることが可能である。例えば，安全で快適に滞在できる「宿泊」をコア・サービス

としているホテルの場合，このコア・サービスを促進する「物」はホテルの建物であり，客室であり，内装設備である。仮に，他社が同様のホテルを作ろうと思えば作ることは不可能ではない。

④ **立地の制約**

物的サービスの多くは施設を提供するサービス業であり，旅館業，フィットネスクラブ，結婚式場，駐車場業などが含まれる。これらサービスは，「物」，すなわち施設により提供されるため，顧客がサービスを享受するには，施設まで移動しなければならない。そのため，ひとたび施設を作ってしまうと，その立地によって規定される商圏内の需要の大きさに影響を受けることになる。

⑤ **供給量調整の困難性**

遊園地であればアトラクション数，フィットネスクラブであればマシン台数，ホテルであれば客室数といったように，施設が供給できる量は既に計画されている。顧客が少ないからといって供給量を減らすことはできない。例えば，宿泊客が少ない場合には，使用しない部屋の電気を消すなどの対処はできるが，部屋をなくすことはできないことは明らかである。

⑥ **固定的費用の存在**

サービス主体となる「物」は，顧客の多少に関わらず，固定的な一定のランニングコストを必要とする。また，物的サービスの場合には，施設を作る際の多大な初期投資の負担もある。物的サービスは，人的サービスと比較すると，「物」を用意するためのコストが高いという特徴をもつ。

(2) **物的サービスのマーケティング課題**

① **人的サービスによる差別化**

Productを促進する「物」によって差別化は困難であることを先に指摘した。「物」によって他企業との差異を明確にするためには，建物設備を新たにする，あるいは高品質・高性能なものにすることが求められる。しかし，物的サービスの特性に模倣の容易性があり，「物」によって本質的に差別化することは難しい。サービス・パッケージを構成する「コア・サービス」以外の促進的・支援的要素，すなわち「人」「情報」「物的環境」によって他のサービス提供企業との差別化を図ることが，物的サービスの課題となる。

物的サービスにおいて「物」は，旅館やホテルであれば顧客が宿泊する場の提供，フィットネスクラブであれば顧客が運動できる場の提供，遊戯場であれば顧客がその施設内で遊ぶというサービスの本質的な部分を担っている。一方，物的サービスにおいて「人」は，サービス商品を提供するための支援的役割を担っている。この場合，マニュアルの導入，そして機械によって置き換えることも1つの方向ではあるが，「人」を通じてサービスを充実させることで，他企業に模倣されない独自性を作り上げる方向も重要である。

② 施設稼働率の向上

ア．広告による情報提供

　物的サービスにおいては，施設稼働率の向上は極めて重要な課題となる。その課題の克服のためには，マーケティング・ミックスの中でも特にPromotionに注目することが大切である。顧客をいかにサービス生産の現場まで来させるかを工夫する必要がある。

　物的サービスは，人的サービスに比べて，消費者がサービスを事前評価することができる「手がかり」が豊富である。例えば，客室の数，フィットネスマシンの台数，駐車場の大きさ等，品質と直接関係する「内在的手がかり」で，他のサービス提供企業との比較が可能である。また，「外在的手がかり」のように，品質と直接関係しないが，施設の写真をみることで，雰囲気などの質的情報を得ることができる。このように，初めての利用を促すためには，施設の台数のような「内在的手がかり」，パンフレットやインターネット広告を利用し，サービス内容の雰囲気を伝える「外在的手がかり」，これら手がかりの積極的な提供が課題となる。

イ．顧客関係性の構築

　施設の高い稼働率を維持するためには，新規顧客の獲得と同時に，顧客維持に対しても十分な配慮をする必要がある。すなわち，顧客関係性の構築によって，顧客を維持していく努力が求められる。リピート客に対しては特別な割引，あるいは付加的サービスの提供によって金銭的なインセンティブを与える，また顧客に関する情報の蓄積によって個別ニーズを把握し，それに的確に応えることが顧客満足を高める。高い満足を感じた顧客による知人への「口コミ」が期待できるのである。

③ 需給の調整

　物的サービスにおける需給の調整は，稼働率向上を実現するための重要な活動である。需給の調整方法は，大きく2つの方法がある。1つは需要の「谷」を埋める方法であり，もう1つは需要を平準化する方法である。

　前者については複数のターゲット顧客を対象にすることで需要の「谷」を埋めることが考えられる。例えば，繁忙期・閑散期の異なるターゲットにして，マーケティングを展開することである。ただし，この繁忙期・閑散期のとらえ方は，企業によって様々である。旅館業であれば，繁忙期・閑散期の「波」は，1年という長い期間の中で存在する。そこでは，繁忙期は観光客を対象に，閑散期はビジネス客を対象にという展開が考えられる。またフィットネスクラブを例にとれば，繁閑の「波」は，朝，昼間，夜間，あるいは平日，祝祭日といった短い期間で考えなければならない。平日であれば，主婦，高齢者をターゲット顧客に定め，祝祭日利用はビジネスマン，OLをターゲット顧客に定めるという展開がある。

　後者の需要の平準化については，サービス価格の変更によって需給の調整を行う。閑散期には低価格に設定することで，潜在的な需要を掘り起こす。その一方，繁忙期には価格設定を高くすることで，需要の極端な集中を避ける。高価格設定による展開は，企業に収益をもたらし，閑散期の低価格設定による収益状況の悪化を相殺する意味もある。また，予約制度による需給調整も可能である。予約は，サービス提供に先立つ事前の需給調整と考えてもよい。

2　「物」対「人」サービス・マーケティング

(1)　「人」を対象とするサービスの特性と課題

　これまで物的サービスの特性とマーケティング課題を整理してきた。次に「物的サービス」の中でも，サービスを提供する対象が「人」であるサービスの特性と課題にふれる。サービス対象が「人」の場合には，顧客のサービス利用経験が重要な意味をもつ。物的サービスは，「物」を核として「人」「情報」「物的環境」が複合されて提供される。人的サービスの場合，サービス利用の事実を確認することは容易である。例えば，美容室においてサービス提供を受けた後には，髪の毛の長さやヘアスタイルの変化を見ることができる。クリー

ニング業であれば，洋服の汚れが落ちていることを確かめることは可能である。しかし，ホテル，旅館，遊戯場などの物的サービスの場合には，施設を利用したという事実は残るが，サービスの利用を物質的な変化として確認することはできない。ただし，その場合でも，顧客は少なくともサービス利用経験を蓄積することはできる。そのときの経験が満足できるものであれば，繰り返し利用する行動につながるため，「物」対「人」サービスにおいては，顧客のサービス利用経験によって得られた満足度の向上が重要な課題となるのである。

(2) フィットネスクラブ

フィットネスクラブ市場は，健康志向の高まりとともに拡大している[15]。全国展開する大手企業の市場占有率は高いが，独立系の施設も存在する。フィットネスクラブは，プールやジム，スタジオという施設を顧客に提供するという「物」対「人」サービスの典型である。サービス施設に顧客が来ることではじめてサービスを提供できる。これは，マーケティング・ミックスの中でもPlaceの果たす役割が極めて大きいことを意味している。したがって，サービス提供企業は，精緻なマーケティングによって立地の選定を行い，できるだけ好条件の立地を選び出店することが肝要である。この時点では，サービス提供企業は立地選択という行為によって立地環境をコントロールすることができるが，ひとたび立地が決まってしまうと，立地環境に適合していくことが必要となる。

「物」という施設を提供するサービスの課題は，低い施設運営コストで，高いサービス生産性を実現していくことである。そのためには施設稼働率の向上が課題となる。この課題への対応方法としては，時間帯別の会員種別を用意することが考えられる。フルタイム会員の他，平日会員，夜間会員，休日会員などの区分を設けることが多い。顧客が主婦層であれば平日会員を選択する。ビジネスマンであれば休日会員を選択するだろう。これは，異なったターゲット顧客を組み合わせることで，需要の平準化を行っている例である。

サービス品質の強化は，施設提供サービスであるがゆえに，施設のリニューアルが最も効果的である。一方で「施設」というProductを支援する「人」の強化も，顧客満足の向上に大きく影響する。顧客にとって，単に施設を使うだ

けではなく，インストラクターの指導によって充実したサービスを享受できたという満足が得られる。人件費を抑えながら有能なサービス要員を用意することは難しいが，パートタイム雇用者の増加と成果報酬によるインセンティブの付与といった人的資源の管理手法も検討することが必要である。

(3) ホテル業

「日本標準産業分類2013年」によれば，宿泊業とは，「一般公衆，特定の会員等に対して宿泊を提供する事業所」のことをいう。この宿泊業を取り扱う「旅館業法」の中で，宿泊業[16]とは「宿泊料を受けて人を宿泊させる営業」と定義されており，「宿泊」とは「寝具を使用して施設を利用すること」となっている。アパートや間借り部屋等，生活の本拠を置くような場合，宿泊業には含まれない。

日本における宿泊業は，江戸時代には街道で旅人を宿泊させ，食事を提供した「旅籠（はたご）屋」，近代では温泉地や観光地，駅前に立地し，和式の構造および設備を主とする「旅館」という業態として発展した。一方ホテルは，1859年の「横浜ホテル」[17]，1873年の「グランドホテル（横浜）」，1882年の「オリエンタルホテル（神戸）」等，江戸時代の鎖国から開国する際に誕生した。そして，1890年には大規模都市ホテルの「帝国ホテル」が誕生し，ホテルという業態が徐々に日本にも成長し始めるが，日本人にとってホテルは一般的な存在ではなかった。その後，戦後からの復興により，日本人の生活にゆとりが出始めたこと，新幹線や航空機，高速道路整備等の交通網やインフラの整備，東京オリンピック（1964年），大阪万博（1970年），沖縄国際海洋博覧会（1975年）といった国家的なイベント等により，日本における旅行市場が変化し，それに伴い，ホテルも外国人宿泊客のみならず，国内のビジネス客や観光客，地域住民が利用するようになる。厚生労働省『衛生行政報告例2012年度』によると，1965年の宿泊施設に関する施設数，並びに客室数はホテルが258施設，2万4,000客室，旅館が6万7,485施設，60万8,000客室に対し，2012年度はホテルが9,796施設，81万5,000客室数，旅館が4万4,744施設，74万1,000客室と旅館が施設数・客室数ともに減少しているのに対し，ホテルが成長していることが窺える[18]。

このように，宿泊業，特にホテル業が成長してきたが，日本における宿泊施設は西洋のホテルと異なる特徴を有している。まず初めに，「所有・経営・運営の一体方式」であるが，ホテルの経営形態には，「所有」「経営」「運営」がある。「所有」とはホテルという物的施設に対する法的所有権の保有のことであり，主に土地・建物の持ち主のことである。次に「経営」とは，何らかの形でホテル施設を利用し利潤をあげる行為であり，この場合，ホテルの経営者がこれにあたる。そして「運営」とは，ホテルを商品として施設を機能させるという一般管理的業務のことであり，いわゆる現場の運営のことである。

　一般的に，ホテルの運営形態には，「所有直営方式」「リース方式」「運営受託方式」「リース方式＋運営委託方式」，これら4つの形態[19]が存在する（図表5-2-1参照）。日本のホテルの場合，不動産の所有とホテルのオペレーションを分離せず，一体になっている運営形態が多い[20]。例えば，鉄道会社が経営するホテルは，沿線に不動産を多く所有することにより，ホテル運営で土地を効率的に活用できるのと同時に，旅客運送との間のシナジー効果をもたらしている[21]。

　もう1つの日本における宿泊施設の特徴として「宿泊，宴会，飲食の三位一体型」が挙げられる。世界のホテルの場合，宿泊収入が営業収入全体に占める割合が大きいが，日本の場合，宿泊収入よりも料飲収入のほうが営業収入全体に占める割合が大きく，世界のホテルと日本のホテルでは売上構成比が異なる（図表5-2-2参照）。前述したとおり，ホテルがまだ一般的でなかった時代に，仕事と余暇，衣・食・住，冠婚葬祭など，人々の生活のあらゆる側面，とりわ

図表5-2-1　所有・経営・運営の一体方式

事業方式 (一般呼称)	所有	経営	運営	A社からみた 事業形態	B社からみた 事業形態	C社からみた 事業形態
所有直営方式	A社			所有直営	—	—
リース方式	A社	B社		所有賃貸	賃貸経営	—
運営受託方式	A社		B社	運営委託	運営受託	—
リース方式＋ 運営委託方式	A社	B社	C社	所有賃貸	賃貸経営 ＋運営委託	運営受託

出所：柳田義男『大手民鉄のホテル戦略』交通新聞社，2002年，p.92。

図表5-2-2　シティホテルの部門別売上構成比

(単位：%)

売上	上海平均	ニューヨーク平均	ロンドン平均	ムンバイ平均	海外平均	国内平均
宿泊売上	50.8	69.7	58.4	65.4	61.1	34.3
料飲売上	42.1	24.3	36.2	29.4	33.0	60.5
その他営業部門売上	1.9	3.9	5.5	4.3	3.9	3.2
賃料収入等	5.3	2.2	—	2.8	1.0	1.8

出所：デロイトトーマツFAS『ホテルマネジメント15のポイント』銀行研修社，2009年，p.59。

け各種文化活動の領域において，都市の交流空間としてホテルを提供することにより，宿泊客のみならず，近隣地域社会の企業と個人に利用を促してきた。このように，ターゲットを近隣地域社会の企業と個人にし，「宿泊，宴会，飲食の三位一体」にすることによって，様々なステークホルダーにホテルを利用してもらい，ホテル自体を大衆化させることに成功した。それと同時に，宿泊サービスだけでなく，宴会，飲食を組み合わせることにより，莫大な不動産の費用を補填しつつ，経営効率の向上を実現した。

　以上，日本のホテル業の経営方法の特徴として，「所有・経営・運営の一体方式」「宿泊，宴会，飲食の三位一体型」，これら2点がある。このような経営方法を行うことによるメリットとして，宿泊客のみならず，近隣地域社会の企業と個人がホテルを利用することが可能となったことにより，「ホテルに対する需要の増大」「ホテルの大衆化」，そして，不動産を利用した「含み益」増大によるホテル業の長期安定経営を実現させたことが挙げられる。他方で，「経営効率向上のための宴会，飲食への依存度の高さ」，ホテル事業で利益を出すのではなく，含み益で利益を出すことにより「ホテルビジネス採算性の不透明性」という課題を浮き彫りにさせた。

3　「物」対「物」サービス・マーケティング

(1)　「物」を対象とするサービスの特性と課題

　「物」対「物」サービスは，様々なサービスがある中で，サービス品質が最も安定しているという特徴がある。「物」が提供するサービスは，その品質の

変動が少ない。ただし，気象など「物」を取り巻く環境条件によって「物」が提供するサービスにも若干の変動があることも考えられるが，安定的な品質でサービス供給が行われると考えてよい。一方，サービス機能を享受する対象も「物」であるということは，対象が「人」であるときのように心理的な要因による満足度の変動はなく，またニーズの多様性も小さい。ゆえに，ニーズ把握をきめ細かく行ったり，サービス生産・提供過程における生産の微調整を行うなどの工夫をする必要も小さくなる。この特性はサービス内容に独自性を強めることの難しさの原因となっている。

独自性を出すことが難しいため，価格競争が激しくなりやすく，効率的なサービス生産・提供が重要な課題となる。具体的には，「物」すなわち施設や設備などの稼働率を向上させること，あるいは低コストによる施設運営が重要な取組み課題となる。

一方，サービス利用者からみれば，「物」対「物」サービスについては，基本的サービスの提供こそが重要となる。支援的サービスに期待することは少なく，支援的サービスの充実による満足度の向上は，それほど求められない。コア・サービスの確実な提供への期待に応えることが第一義となる。サービス生産・提供過程における顧客参加がないために，サービス品質の評価は，サービス成果だけで判断される点も「物」を対象としたサービスの特徴である。

(2) 運輸施設提供業

「物」対「物」サービスを分かりやすく理解するために，運輸施設提供業[22]に含まれる「トラックターミナル業」を取り上げる。トラックという「物」に対して，貨物を積み替えるための施設という「物」を提供するサービスである。「物」によるサービス提供であるため，施設の老朽化といったことはあるだろうが，提供されるサービス品質は極めて安定している。一方，サービスを享受するトラックという「物」が受け止める効用にも変化はない。利用者は，基本的なサービスが確実に提供されれば満足する。

このとき，サービス提供企業にとって最も重要な課題は，効率的な施設運営を行うことである。可能な限りコストをかけずに利用者を増加させることが求められる。対象が「物」だけにProductやProcessをコントロールして顧客

満足を高めることは難しい。ただし，施設の立地を選定するというPlaceのコントロールは，顧客満足を高める最も重要な課題となる。トラックターミナルの立地は，顧客が施設利用を決定する最も重要な要素である。

ターミナルへの物理的なアクセスを容易にする道路の設置や，建物の近代化など施設面での充実は，基本的サービスの充実と考えられ，顧客の不満の解消につながる。また，基本的サービスを充実させたときの効果に比べれば小さいが，付随的サービスの充実も一定の効果はある。ターミナル利用企業の事務所スペースの賃貸や運転手の休憩所の充実などが，それにあたる。

容易にコントロールできるマーケティング・ミックス要素を挙げるなら，それはPriceということになる。恒常的に利用者を増やし，施設稼働率を上げるために価格の引下げは効果的である。しかし，トラックターミナル業にとっては，施設の建設に多額の固定的費用がかかっているため，安易な価格引下げは現実的ではない。

第3節　システム財創出サービスのマーケティング

1　システム財創出サービスの特性とマーケティング課題

(1)　システム財創出サービスの特性
①　システム財創出サービスの躊躇

　第2章第4節において，システム財創出サービスを，特定のユーザーのニーズにマッチしたシステム財を創出するサービスとして定義した。その典型的な業種として，受託開発ソフトウェア業[23]，情報処理サービス業，映画・ビデオ制作業，テレビ番組制作業，デザイン業，機械設計業などが挙げられる。映画・ビデオ制作業，テレビ番組制作業，ラジオ番組制作業は，製造業的性格が強い出版業，レコード制作業，パッケージソフトウェア業と合わせて，いわゆる「コンテンツ制作業」といわれる業種である[24]。

　システム財創出サービスの特性として，「移動可能」「複製可能」「繰り返し利用可能」などを挙げることができる。「移動可能」という特性は，業界の重層的産業構造や，海外への発注（オフショアリング）といった現象を引き起こしている。また「複製可能」「繰り返し利用可能」といった特性は，「知的財産」問題の原因となっている。

②　重層的産業構造

　システム財創出サービスの中でも，受託開発ソフトウェア業，テレビ・ラジオ番組制作業は，プログラムあるいはコンテンツ制作のために多くの労働集約的な業務を必要とする。特に受託開発ソフトウェア業やコンテンツ制作業の業界構造は，製造業や建設業にみられる「下請け生産構造」に似通った特徴をもっている[25]。受託開発ソフトウェア業界ではシステム・インテグレーター，テレビ・ラジオ番組制作業であればコンテンツ流通を担う放送業，映画制作であれば，映画配給業など，わずかな数の企業のもとに，コンテンツ制作を行う企業が数多く存在する構造となっている。

　受託開発ソフトウェア業界では，大手企業がクライアントから開発を受託すると，まず一次下請へ発注し，一次下請は二次下請へと発注を行う。また，コ

図表5-3-1 映画産業の重層構造

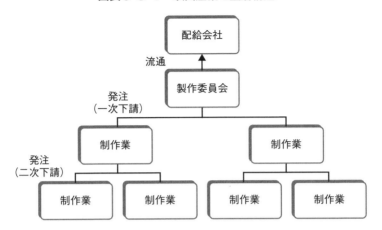

ンテンツ制作の業界では，消費者に完成したコンテンツを提供する役割を担うのが，コンテンツ流通や配給に携わる企業（すなわち配給業者，放送局，通信キャリアなど）となるが，これらの企業数は極めて少なく，そこにチャネルパワーが集中している。消費者との接点を握るこれらの企業から，作品の制作発注が行われ，それが一次下請け，二次下請けへと流れていく。映画産業を例に挙げると，図表5-3-1のようになる。コンテンツ流通を担う配給会社を中心に，出版社や音楽出版社などが製作委員会を構成して映画の企画，すなわち「製作」を行う。製作委員会から発注された「制作」業務は，一次下請け，二次下請けへと流れていく。完成した映画は，配給業者が窓口権をもち消費者に提供される。

③ システム財の空間的移動

システム財創出サービスの特性として，サービス生産の成果の空間的移動が可能であることが挙げられる。情報技術が高度化して，インターネットが発展した今日，コンピュータ・プログラム，デジタル化されたコンテンツは空間の制約を受けずに瞬時に移動することが可能である。

受託開発ソフトウェア業，コンテンツ制作業の業界では，安価な労働力を求めて，制作業務を海外へ発注するいわゆる「オフショアリング」と呼ばれる現

象が多くなっている。地域的には，受託開発ソフトウェア業では，アジア，インドを中心にプログラム開発を発注する傾向があり，アニメーション制作の分野では，韓国，中国が主な発注先として注目されている。この海外への仕事の流出は，中小のシステム財創出サービス（特に受託開発ソフトウェア業，コンテンツ制作業）に大きな打撃を与えている。情報サービス，コンテンツ制作の発注量の増大は，国内企業の受注量の減少となり，それが国内企業の売上高減少，受注価格の低下につながっている。海外発注の増加による仕事量の減少は，生産構造の中で下層部を構成する中小企業に深刻な状況をもたらしている[26]。

また，コンテンツ制作に関しては，コンテンツが消費されるための販売チャネルの寡占的な状況が，中小コンテンツ制作業者の創作意欲を低下させているという点も懸念されている。この点は，受託開発ソフトウェア業における大手システム・インテグレーターの存在と極めて似ている。

④ 重層構造による価格転嫁

システム財創出サービスの多くを占める中小企業は，受注単価の低下といった厳しい現状に直面している。大きな規模から小さな規模へと仕事が流れていく階層的な構造において，価格低下の「シワ寄せ」が下請けの多くを占める小規模企業に集中している。流れの上層にいる大きな規模の企業から，より下層の小さな規模の企業へと価格低下が転嫁されていく業界構造になっている[27]。

⑤ サービスの特性と資金調達難

システム財創出サービスが保有する資産は軽微である。これは労働集約的あるいは知識集約的な業務であるため，比較的土地や設備への投資が少ないことに起因している。システム財を創出するために投入される経営資源のほとんどは人的資源である。受託開発ソフトウェア業であれば，システム・エンジニアやプログラマー，コンテンツ制作業であれば撮影スタッフやアニメーター，そしてデザイン業であればデザイナーがシステム財の創出を行う。

そのようなシステム財創出サービスの特性がある一方で，現在の融資環境をながめると，金融機関が行う融資は有形資産の担保を基本としており，システム財創出サービスにおいては通常の融資がなじまない。受託開発ソフトウェア業やコンテンツ制作業に関してはシステム財を創出するまでの時間が長期間に渡るため，多くの企業が資金難に苦しむ傾向にある。

(2) システム財創出サービスのマーケティング課題
① サービス要員の技術力強化と知識高度化
　システム財創出サービスにおいて，顧客満足を獲得するためには，顧客ニーズへの柔軟な対応と提案力が必要とされている。システム財創出サービスの多くは，労働集約的かつ知識集約的性格をもっている。そのようなサービス業においては，人的資源の充実は何よりも重要な課題となる。各企業には，専門人材の獲得および育成への取組みを積極的に行うことが求められる。また，教育機関への派遣によって，専門人材の質を高めることも必要となる。企業内で実施する人材育成すなわちOJTで対応できない新たな技術については，外部の教育機関が実施する研修を利用することも可能である。

② 知的財産戦略の強化
　システム財は知的財産という「顔」をもっている。コンテンツ制作業，デザイン業，機械設計業など，受注業務であったとしても，発注先の仕様が明確でない場合は，自らの提案，アイデアを使って作品を作り上げる。そこには，受注側の知的労働による成果が組み込まれる。
　システム財創出サービスにとって，知的財産への対処は重要な課題である。例えば，コンテンツ制作業の知的財産を取り巻く状況を挙げてみよう。コンテンツ制作業が，自らの知的財産をもてない理由は資金的な問題にある。劇場映画などの比較的大きな予算を必要とする作品の製作には，一般的には「製作委員会」方式が採用される。製作資金を出資するのと引き換えに参加者は窓口権，すなわちメディア販売の権利を得る。しかし，資金力に乏しいコンテンツ制作業が製作委員会に出資することは難しく，著作権保有に絡むことはできなくなるのである。
　システム財創出サービスにとって，著作権を保有する戦略を考えることは重要である。近年では，役務提供を出資行為とみなし，コンテンツ制作会社が製作委員会に参加する例も出てきている。企画力あるいは制作能力の高いコンテンツ制作業は，ある程度のリスクは覚悟しながら，積極的な姿勢でコンテンツ制作に取り組む意識をもつ必要がある。システム財創出サービスは，製造業以上に知的財産戦略を強化する取組みが求められる。

③ 販売チャネルの多元化

システム財創出サービスを取り巻く業界環境の特徴の1つは，販売チャネルの少なさである。コンテンツ制作であれば配給部門，すなわちコンテンツ流通を担う企業，受託開発ソフトウェア業であればシステム・インテグレーターの数が圧倒的に少ないのが現状である。市場との接点となるチャネルが少ないことで，マーケットに対してシステム財を供給する決定権をシステム・インテグレーターや配給業者などが握ることになり，システム財を市場に向けて自由に発信することが極めて難しくなっている。

しかし，コンテンツ制作業に関係する分野に限れば，ブロードバンド網の普及によって，インターネットがコンテンツ配給チャネルの多元化の嚆矢となっている。インターネットによるコンテンツ配信は，コンテンツ制作業が，配給業を通さずに直接マーケットにコンテンツを投入できる数少ないチャネルとして大きな期待ができる。販売チャネルの多元化によって，コンテンツ制作業の制作意欲が高まることも予想される。

④ 顧客関係性の強化

システム財創出サービスが提供するサービスの評価は，Productの品質によって決定される。高品質のProductすなわち高い技術力に基づいて，顧客との間に「信頼関係」を築くことが，長期的な取引をするための重要な課題となる。顧客にとって，そのシステム財が経営基盤に関係するものであればあるほど，サービスには確実性，高品質が求められる。

また，システム財創出サービスは，顧客のニーズに柔軟に対応していくProcessを経て生産される。Processにおいてコミュニケーションを密にとり，顧客ニーズに対し柔軟に対応していくことで，顧客が満足できるようなシステム財を提供できるようになる。サービス生産・提供過程における顧客情報の収集と蓄積によって，顧客ニーズ把握をより効果的に行うことも，他企業へのスイッチング・コストを高め，関係を維持する上で重要である。

2　システム財創出サービス・マーケティング

(1) 受託開発ソフトウェア業

「日本標準産業分類2013年」によれば，受託開発ソフトウェア業とは「顧客

の委託により，電子計算機のプログラムの作成及びその作成に関して，調査，分析，助言など並びにこれらを一括して行う事業所」のことである。プログラム開発業務にも幅があり，プログラム作成といったレベルから情報システムの開発といったレベルまで多様である。さらに，実働を伴う作業以外にも，ソフトウェア作成コンサルティングといった形態もまた当該業種に含まれる。

　受託開発ソフトウェア業の市場規模を全事業所の年間売上高でみると8兆6,289億円（2010年），「受注ソフトウェア開発」「ソフトウェア・プロダクツ」を含めたソフトウェア業全体では，年間売上高が10兆164億円（2010年）であり，全体の約85％を受託開発ソフトウェア業が占めている[28]。

　受託開発ソフトウェア業の競争力は，プログラム開発を行う人材に依存する。能力の高い人材の確保が，高品質サービスの源泉となる。日進月歩で技術が進歩していく中で，技術者は高度な知識が必要とされる。受託開発ソフトウェア業の技術者の多くは，現場での教育によって技術を身につけることが一般的である。しかし，今後は「オフショアリング」現象が示すように海外との競争が激化することが予想されるため，業界全体で高度人材を養成し，技術水準を向上していくことが課題となる。そこで，人材を輩出する役割を受けもつ教育機関における専門技術の教育レベルの向上や，専門技術を理解するための基礎的な学力の養成などが求められよう。人的資源を有効に活用するといった観点からは，従業員のモチベーションを高めることも重要である。的確な評価に基づく成果報酬の導入，現場への権限委譲などによって従業員満足を向上させることがProductの品質向上につながる。

　また，ソフトウェアは実際に運用することではじめて，その品質を評価できるという特性がある。したがって，顧客は事前に品質が保証されていないサービスを利用することに対してリスクを感じる。ソフトウェア開発に長い時間がかかった後，それが有効に機能しなければ，発注企業の損失は大きい。他方，「人月単価」と呼ばれるコスト計算が一般的であり，受託企業にとっても良いソフトを開発したからといって，それに見合った報酬が得られるわけではないという問題がある。双方の問題を解決するためには，事前に綿密な発注仕様の打ち合わせを行うことや，サービス・レベル・アグリーメントの導入によって，品質保証やサービス提供範囲の明確化を実行していくことが課題となる。

(2) 情報処理・提供サービス業

　情報処理・提供サービス業[29]の業務内容は様々である。ここでは，情報処理・提供サービスの中でも，情報システムのアウトソーシングを受託するサービスを想定して，そのマーケティング課題について整理する。情報システムのアウトソーシングについては，ハードの提供やデータ処理等，包括的運営を一括して受託する形態から，システム運営だけを請け負う形態まで幅広い。また，委託先に出向いて情報処理を行うのか，サービス提供企業内において情報処理を行うのかによっても，その性格は異なってくる。

　昨今，情報システム運営業務のアウトソーシングが進んでいる理由としては，情報機器の技術革新が急速となり，その更新に莫大な資金が必要となっていることがある。また，情報システムは経営管理において重要な役割を担ってはいるが，情報システムそのものに企業特殊性が薄れてきたことがある。つまり，カスタマイズされた情報システムである必要がなくなったことで，企業内部において運営する必然性が薄れている。

　アウトソーシングを行う企業サイドでは，情報システムの運営管理は，企業の基幹業務との関連性が薄く分離しやすい。さらに，情報システムの運営のための施設を自社でもつことはコスト高となり，利益を圧迫するため，外部から質の高いサービスを低価格で利用することのメリットは大きい。一方，受託する企業側では，専門性が極めて高い業務であることから，その業務に特化することで，高い品質のサービス提供が可能になる。また，多くの受注を獲得することで，機器の稼働率が高まり，サービス生産性が向上する。

　情報処理施設といったハードの提供を主な業務として行うときには，資金調達力の強化が最大の課題となる。ハードの提供に特化した場合，施設の能力そのものが競争優位を決定するため，最新の設備を導入するための多額の投資を継続的に行えることが勝ち残る条件となる。

　一方，情報機器の設備投資にこだわらないケース，つまりシステムの開発・運営に特化した場合は，別の展開が考えられる。施設を所有せず，サービスの提供を中心に行うため，委託先との近接性が重要となる。また，提供するサービスには，価格に代わる価値基準をもつサービス，つまり高度な専門的知識による付加価値サービスの提供が課題となる。

(3) コンテンツ制作業

　ここでいうコンテンツ制作業の範疇には，日本標準産業分類における「映像・音声・文字情報制作業」をあてている。その中で，特に映像分野のコンテンツ制作業に注目して，その課題を整理する。課題は大きく3つにまとめることができる。1つは人材育成，2つは経営効率化のための取引の適正化への取組み，3つは業務の外生化によるコア・コンピタンスへの集中である。

　良質なコンテンツを制作するためには有能な人材が必要となる。作品をプロデュースする人材と制作スタッフの双方に能力の高い人材を確保することが求められる。映像制作（アニメーション・実写）においては，資金を集めて，ビジネスとして事業を作り上げていく人材，すなわちプロデューサーが不足している。既存の教育機関から輩出されるプロデューサーでは，まだまだ能力不足であるという考え方が現場には多い。教育機関に期待するだけでは間に合わないという認識のもと，自社でプロデューサーの教育を行う企業も出現してきている状況にある。

　また，制作現場の人材不足の解消も大きな課題である。アニメーション業界における韓国・中国への「ハンドワーク」プロセスのシフトが起きている。国内から「制作現場」が失われ，次世代のアニメーターが養成されないという問題が指摘されている。専門学校を卒業しても，すぐに原画を制作することは不可能である。技術はOJTによって獲得されていくのが一般的であり，制作現場が存在することで人材が育成できていた。しかし，その原画の作成現場が「まるごと」海外に移ったことによって，育成環境が失われつつあるというのが実態となっている。

　次に，コンテンツ制作業界における取引の問題に着目する。コンテンツ制作業界においては，口頭契約が一般的である。口頭での約束といったあいまいな契約の問題点は，契約書を取り交わさない取引が，事後的な発注金額の減額要求，支払いの遅延といった行為を誘発することにある[30]。これらの事態が，下請となるサービス提供企業の経営を大きなリスク下にさらす。

　口頭での発注は，信頼さえあれば，事務手続きなどの取引コストがむしろ低減されるといった見方もできる。大きな規模の企業では顧客との間に「契約書」は取り交わされているが，全体に占める割合としてはわずかな企業が「契

約書」を取り交わしている状況に過ぎない。口頭による受発注が行われる理由は，頻繁な仕様の変更を余儀なくされるというサービス提供形態の特性による。コンテンツは「無形」であるため，その製品仕様の変更は比較的安易である。システム財創出サービスの業界は重層的な構造になっているため，上層部での少しの仕様変更が，下層に及ぼす変更のブレは増幅される。そのような状況で，頻繁に仕様が変更されることは煩雑な作業を生み出すことになる。

　コンテンツ制作業の特徴の1つに，企業間の委託・受託を通して仕事をこなすことが指摘できる。ビジネスネットワークが事業活動の基盤として機能している。例えば，アニメーション制作の場合，企画，作画，原画制作，動画制作，編集といった業務で構成される。これらはコンテンツを制作する上での主要業務であるが，すべてを自社内で行う企業は少ない。ケースに応じて，各分野の専門技術者を利用しながら制作する。コア業務となる部分だけは自社内で行うことで，ノウハウ，人材育成といった経営資源の蓄積を行い，それぞれの企業が専門特化を図っていくことが重要である。

第4節　使用権提供サービスのマーケティング

1　使用権提供サービス業種・業態の機能

　使用権提供サービスは，顧客からみれば「提供資源」[31]がもっている有用な機能を享受するという目的を達成するための手段として「提供資源」を賃借するサービス，逆に事業者からみれば「提供資源」の使用権を顧客に賃貸するサービスである。使用権提供サービスは，有用な機能を果たす働きをもっている「提供資源」の種類によって，さらに次の4つに分類される。

　1）「ヒト」の使用権提供サービス（労働者派遣業）
　2）「モノ」の使用権提供サービス（レンタル業）
　3）「カネ」の使用権提供サービス（リース業，銀行業など）
　4）「情報」の使用権提供サービス
　　　仲介情報－需要者と供給者を仲介する情報（広告代理業，旅行業，不動産代理業・仲介業など）
　　　コンテンツ情報－需給のマッチングを直接の目的とはしない情報（情報提供サービス業，ニュース供給業など）

　なお，日本標準産業分類においては同一業種に分類されていても，異なるサービス機能を提供している場合がある。例えば，物品賃貸業の中には「レンタル業」と「リース業」が含まれている。「レンタル業」は，不特定多数の顧客を対象として「モノ」を短期的に貸し出す"「モノ」の使用権提供サービス"である。これに対して「リース業」は，特定顧客のために「モノ」を購入し，それを長期間にわたって賃貸するサービスで，形式的には「モノ」の賃貸，"「モノ」の使用権提供サービス"という形をとるが，その基本的機能はリース物件を顧客に代わって購入し，リース料という形で購入代金の返済を求める金融機能であり，"「カネ」の使用権提供サービス"といえる。

　また，1つの企業の中でも，使用権提供サービスに加えて別のサービス機能も合わせて提供している場合も多い。例えば，大手の広告代理業は「スペース・タイム斡旋機能」と「広告制作機能」の両方を提供している。「スペース・

図表5-4-1　使用権提供サービスの業種・機能の特徴

日本標準産業分類業種・機能			サービス業の戦略的業態分類	サービス機能の内容
労働者派遣業			「ヒト」の使用権提供サービス	雇用関係にある労働者を派遣先事業所に派遣。派遣先事業所は事実上の使用関係が認められる。
民営職業紹介業			「仲介情報」の使用権提供サービス	求人者と求職者の雇用関係成立を斡旋するための情報を提供する。
物品賃貸業	レンタル業		「モノ」の使用権提供サービス	不特定多数の顧客に対して，レンタル用物件を短期間賃貸する。
	リース業		「カネ」の使用権提供サービス	特定の顧客に対して，特定の物件を長期間にわたって賃貸する。
広告業	広告代理業	スペース・タイム斡旋機能	「仲介情報」の使用権提供サービス	スペースやタイムをもっている媒体企業と広告主との仲介を手数料収入によって行う。
		スペース・タイム仕入れ・販売機能	「システム」の使用権提供サービス	スペースやタイムを媒体企業から仕入れ，これを広告主に販売する機能で，リスク負担がある。
		広告制作機能	システム財創出サービス	広告の企画・立案，制作，広告媒体の選択等，広告主のマーケティング活動の一部を代行する。
	広告制作業		システム財創出サービス	主として印刷物にかかる広告の企画，制作を行う。
	屋外広告業		物財生産・物財販売産業	主として屋外において広告物の表示を行う事業で，掲示板を作り修繕し維持する機能を含む。
	他に分類されない広告業		マス情報提供サービス	チラシ配布，郵便広告，サンプル配布のような，他に分類されない広告サービスを行う。
旅行業	旅行業	旅行商品企画・販売機能	「システム」の使用権提供サービス	宿泊施設の客室や運輸機関のチケットなどを1つの旅行商品として組み合わせて販売する。
		旅行サービス機能	人的サービスなど	旅行者に対する情報提供，旅行に対する相談，添乗員の派遣，パスポート，ビザの申請代行など。
		旅行代理機能	「仲介情報」の使用権提供サービス	旅行者に対しては，宿泊施設や運輸機関の予約を代行，宿泊・運輸機関に対しては，予約やチケットの販売を代行する。
	旅行業者代理業		「仲介情報」の使用権提供サービス	旅行業を営む者を代理して契約を締結する。
情報提供サービス業	プロデュース機能		物財（システム財）生産・サービス財販売産業	データを収集し，これを分類編集することによりデータベースを構築する。
	ディストリビュート機能		「コンテンツ情報」の使用権提供サービス	プロデューサーから提供される情報を顧客に流通させる。

（注）広告業の4業種は，「日本標準産業分類2002年」による。なお，「日本標準産業分類2007年」以降は，これらの4業種は統合されている。

タイム斡旋機能」は，スペースやタイムの供給者である広告媒体企業と，需要者である広告主を結びつける機能であり，"「仲介情報」の使用権提供サービス"，一方，「広告制作機能」は，広告のデザインやコピー，テレビコマーシャルの制作など，広告主の依頼に応じてシステム財を制作する"システム財創出サービス"と位置づけられる。

そこで，日本標準産業分類において使用権提供サービス的な性格が強い業種，「労働者派遣業」「民営職業紹介業」「物品賃貸業」「広告業」「旅行業」「情報提供サービス業」に含まれる業種・業態の機能を分析することにより，使用権提供サービスの機能を明確にしたい（図表5-4-1参照）。

(1) 労働者派遣業－「ヒト」の使用権提供サービス

「労働者派遣業」とは，派遣元事業主（派遣会社）と派遣先事業所の間に派遣契約が結ばれ，これに基づいて派遣元事業主が雇用関係にある労働者を派遣する事業である。派遣労働者は派遣先において業務に従事するが，派遣先事業主は派遣契約の範囲内で派遣労働者に業務の指揮命令をすることができる。いわば，事実上の使用関係が認められており，そのサービス品質については派遣労働者の能力だけではなく，派遣先事業主も責任を負っている。「労働者派遣業」は，雇用している労働者がもっている機能の使用権を派遣先事業主に提供するサービスであり，"「ヒト」の使用権提供サービス"と位置づけられる。

2000年12月からは紹介予定派遣，すなわち派遣社員として一定期間働いた後に派遣先企業と派遣労働者が合意すれば，正社員としての雇用に切り替えることを前提とした派遣が可能となった。派遣されている間は労働者派遣法の適用を受けるが，正社員に採用される過程は職業安定法の職業紹介とみなされることとなる。すなわち，労働者派遣期間を試用期間として職業を斡旋するサービス，すなわち「労働者派遣業」と，後述の「民営職業紹介業」の機能を合わせもったサービスといえる。

(2) 民営職業紹介業－「仲介情報」の使用権提供サービス

公共職業安定所は厚生労働省の機関で，無償で職業紹介を行っているが，民営職業紹介業は国の職業紹介では十分にフォローできていない部分（中高年ホ

ワイトカラー，家政婦，看護師など）について有料で職業紹介を行うもので，1999年12月の改正職業安定法の施行により，港湾運送および建設業務以外の職業紹介を取り扱えることになった[32]。「民営職業紹介業」は，求人者と求職者の雇用関係成立を斡旋するための情報を提供する事業であり，"「仲介情報」の使用権提供サービス"と位置づけられる。

　職業紹介分野において，近年注目を集めているビジネスに「アウトプレースメント」がある[33]。企業が従業員を退職勧奨し，再就職させるまでには，1）候補者の選定，2）ライフプランの見直し，3）意識改革や能力開発，4）これまでのキャリアからみた適職の発見，5）応募書類の書き方や面接の指導，6）再就職先の確保や情報提供など，非常に多くの業務が必要となる。「アウトプレースメント」は，企業の依頼を受けて従業員の再就職を支援するサービスであり，単なる職業紹介にとどまらず，再就職予定者に机や電話，パソコンなどを提供したり，職務経歴書や履歴書などの作成指導や面接指導など自分のキャリアをどう売り込むかを指導するサービスである[34]。

(3) 物品賃貸業
① レンタル業－「モノ」の使用権提供サービス

　「レンタル業」は，不特定多数の顧客を対象として，保有している「モノ」を短期間賃貸するサービスであり，「モノ」のもつ機能の使用権を提供する"「モノ」の使用権提供サービス"と位置づけられる。レンタル業は一定の在庫を保有し，顧客はその在庫の中から必要な商品を選択する。レンタル業は点検補修しながらも「モノ」を繰り返して貸し出す「一般レンタル」と，ホテルや病院のシーツなどのリネンサプライや貸おしぼりなど，回収されたレンタル商品にクリーニング処理を施して再び貸し出す「クリーニング・サービス付きレンタル」に分けることができる。

　なお，一般レンタルは，「情報財」（DVDやCDなど情報が体化された財）のレンタル（音楽・映像記録物賃貸業）と，貸衣装やレンタカーなど「一般耐久消費財」のレンタルに分けることができる。このうち「情報財」のレンタルについては，音楽配信や映像配信と同様の機能を果たしているため，「モノ」の使用権提供サービスではなく，「コンテンツ情報」の使用権提供サービスとと

らえることとする。

②　リース業一「カネ」の使用権提供サービス

「リース業」は，特定顧客のために「モノ」を購入し，それを長期にわたって賃貸するサービスである。リース業者があらかじめ在庫を保有するのではなく，顧客が希望する「モノ」を顧客に代わって購入し，これを賃貸する。リース業の機能は，本質的には資金を貸し出し，これを分割して回収する金融機能であり，金融業と同じ"「カネ」の使用権提供サービス"とみることが妥当であろう。また，「メンテナンスリース」は，"「カネ」の使用権提供サービス"を基本機能として，これに「モノ」の保守点検や修理などの"人的サービス"機能が付加された形態と理解することができる。

(4)　広告業

日本標準産業分類では，2007年11月改定より広告に関連する業種は「広告業」に統合されたが，「日本標準産業分類2002年」においては，その機能により「広告代理業」「広告制作業」「屋外広告業」「他に分類されない広告業」に細分化されていた。そこで，ここでは「日本標準産業分類2002年」に基づいて，広告業の機能別のサービス特性について考察することとする。このうち，「広告代理業」の基本的機能は，「スペース・タイム斡旋機能」および「広告制作機能」であり，そのウェイトの置き方によって，広告代理業の中での業態性格が形成されている。

①　広告代理業スペース・タイム斡旋機能一「仲介情報」の使用権提供サービス

「スペース・タイム斡旋機能」とは，スペース（新聞や雑誌の紙面）やタイム（テレビやラジオの時間）の供給者である広告媒体企業と，需要者である広告主を結びつける機能である。スペースやタイムの仲介を手数料収入によって行うもので，"「仲介情報」の使用権提供サービス"といえる。なお，広告業界においては，スペース・タイム斡旋機能に付随して，広告主からの広告料回収や手形決済に伴う運転資金負担など金融機能も担うことが多い。

② 広告代理業スペース・タイム仕入れ・販売機能－「システム」の使用権提供サービス

広告代理業は一般的に広告主の依頼を受けて媒体のもつスペースやタイムを確保し，その手数料収入を得る。すなわち，広告媒体企業と広告主を結びつける「スペース・タイム斡旋機能」という形態が一般的である。しかし，一部はスペースやタイムを媒体企業から仕入れ，これを広告主に販売するというリスクを負担する形態もある。この「スペース・タイム仕入れ・販売機能」は，ヒト，モノ，情報などのサービスが複合された「システム」[35]を提供するサービス，すなわち"「システム」の使用権提供サービス"と位置づけることができる。

③ 広告代理業広告制作機能・広告制作業－システム財創出サービス

「広告制作機能」は，広告の企画立案，制作，広告媒体の選択など，広告主が行うマーケティング活動の一部分を外部の専門サービス業である広告代理業が代行する機能である。特定の広告主からの依頼を受けて，そのニーズに沿った広告デザインやコピー，テレビコマーシャルなどを制作するサービスであり，創出された情報は記憶媒体や紙面などの「モノ」の形で保存することが可能な"システム財創出サービス"と位置づけられる。なお，主として印刷物に関わる広告の企画，制作を行う「広告制作業」は，広告制作機能を専門に行うもので，"システム財創出サービス"といえる。

④ 屋外広告業－物財生産・物財販売産業

「屋外広告業」は，「日本標準産業分類2002年」の定義では，「看板，立看板，はり紙，はり札，広告塔，広告板等の表示を行う事業所をいい，掲示板等を作り修繕し維持を行うこともある」とされる。掲示板等を作るという機能に着目すれば，製造業と同じ"物財生産・物財販売産業"と位置づけることができる。

⑤ 他に分類されない広告業－マス情報提供サービス

「他に分類されない広告業」は，「日本標準産業分類2002年」の定義では，「広告に配る引札の配布，郵便広告サービス，サンプルの配布などのような他に分類されない広告サービスを行う事業所」とされる。これは，不特定多数に情報を提供するという意味では，放送業などと同じ"マス情報提供サービス"と考えることが妥当であろう。

(5) 旅行業

「旅行業」の基本的機能は、「旅行商品企画・販売機能」「旅行サービス機能」「旅行代理機能」に大別することができる。

① 旅行業旅行商品企画・販売機能－「システム」の使用権提供サービス

「旅行商品企画・販売機能」とは、運輸機関のチケットや宿泊施設の客室の使用権を仕入れ、これを1つの旅行商品（パッケージツアー）として組み立てて販売する機能である。旅行商品の企画にあたっては、繁忙期のチケットや客室をどれだけ押さえられるかが問われる。特に航空券はこれまでの取扱量に応じて繁忙期の座席数が割り当てられるため、大手旅行業が有利といえる分野である。ヒト、モノ、情報などのサービスが複合された「システム」の使用権を提供するサービス、すなわち"「システム」の使用権提供サービス"と位置づけられる。

② 旅行業旅行サービス機能－人的サービス

「旅行サービス機能」は、旅行者に対する情報提供、旅行に関する相談、添乗サービス、パスポートやビザの申請手続き代行などを行う機能である。このうち旅行者に対する情報提供や相談は、それ単独ではサービス財として成立することは困難であり、旅行代理機能に付随する"人的サービス"と位置づけられる。添乗サービスも、旅行者を対象とした"人的サービス"といえる。

③ 旅行業旅行代理機能・旅行業者代理業－「仲介情報」の使用権提供サービス

「旅行代理機能」は、需要者（旅行者）に対しては宿泊施設の予約や運輸機関のチケットの購入を代行し、供給者（宿泊・運輸機関）に対しては予約やチケットの販売を代行する機能である。これは、ヒト、モノ、情報などのサービスが複合された「システム」の仲介を、リスクを負うことなく手数料収入によって行うもので、"「仲介情報」の使用権提供サービス"と位置づけられる。同様に、旅行業を営むものを代理して契約する「旅行業者代理業」も、旅行代理機能を専門に行うものであり、"「仲介情報」の使用権提供サービス"といえる。

(6) **情報提供サービス業**

　情報提供サービス業は,「日本標準産業分類2013年」の定義によると,「各種のデータを収集, 加工, 蓄積し, 情報として提供する事業所」とされる。情報提供サービス業の基本的機能は, 次に述べる「プロデュース機能」と「ディストリビュート機能」に大別することができる。

① **プロデュース機能－物財（システム財）生産・サービス財販売産業**

　「プロデュース機能」は, データを収集し, これを吟味, 分類, 編集することにより情報が体化された物財（システム財）を生産し, データベースを構築する機能である。この意味では, 新聞業や出版業と同じ"物財（システム財）生産産業"といえる。

　なお, 新聞業や出版業においては, 情報が体化された物財である新聞, 書籍, 雑誌などは販売によって所有権が移転する。また, 書籍などでは転売することも可能であり,「物財販売産業」とみることができる。しかし, 情報提供サービスにおいては, 販売によって情報の使用権は提供されるが, その情報は所有者の許可なく転売することはできず, 情報の所有権までもが移転するわけではない。その意味では,「サービス財販売産業」と位置づけることが妥当であろう。

② **ディストリビュート機能－「コンテンツ情報」の使用権提供サービス**

　「ディストリビュート機能」とは, プロデューサーから提供される情報を顧客に流通させる機能である。すなわち, 仲介情報ではない「コンテンツ情報」の提供を手数料収入によって行う"「コンテンツ情報」の使用権提供サービス"と位置づけられる。

　なお, ICTの進展により, プロデューサーがディストリビューターを経由することなく直接顧客に情報を提供する形態, すなわち「プロデューサー兼ディストリビューター」が増加し, いわゆる「中抜き」が進行している。「ディストリビューター」は, 特定のプロデューサーによって創出された情報を提供するだけでは存在意義がなくなってきており, 多くの企業の情報を収集し, それを分析し, 新しい価値を付加して提供する「情報縮約機能」の発揮が求められている。

図表5-4-2 使用権提供サービスの業態分類

```
使用権提供      ┌─[ヒト]の使用権提供サービス ─── 労働者派遣業
サービス        │
                │                              ┌─ レンタカー業（自動車賃貸業，貸衣しょう業
                ├─[モノ]の使用権提供サービス ─┬─一般レンタル ─┤  リネンサプライ，貸おしぼり（リネンサプライ業）
                │                              │                └─ リース業（物品賃貸業）
                │                              └─ クリーニング・サービス付きレンタル
                │
                ├─[カネ]の使用権提供サービス
                │
                ├─[システム]の使用権提供サービス ─┐                      ┌─ 旅行商品企画・販売機能（旅行業）
                │                                 │   ┌─[ヒト]      ─── スペース・タイム仕入れ・販売機能（広告代理業）
                │                                 │   │              ┌─ 民営職業紹介業
                │                                 ├─仲介情報─┼─[モノ]─┼─ 不動産代理業・仲介業
                │                                 │         │        └─ スペース・タイム斡旋機能（広告代理業）
                │                                 │         │              ┌─ 旅行代理業機能（旅行業），旅行業者代理業
                │                                 │         └─[システム]─┼─ AVレンタル業（音楽・映像記録物賃貸業）
                └─[情報]の使用権                  │                        └─ ディストリビュート機能（情報提供サービス業）
                   提供サービス                   │              ┌─ 旅行サービス機能（添乗サービスなど）（旅行業）
         （マッチングの対象となる「もの」）      └─コンテンツ情報─┼─ 広告制作機能（広告代理業），広告制作業
                                                                 └─ 他に分類されない広告業（チラシ，サンプル配布等）

その他の        ┌─人的サービス
サービス機能   ├─システム財創出サービス ─── 屋外広告業
                └─マス情報提供サービス ─── プロデュース機能（情報提供サービス業）

サービス業      ┌─物財生産・物財販売産業
以外の機能      └─物財（システム財）生産・サービス財販売産業
```

以上，日本標準産業分類において使用権提供サービス的な性格が強い業種・業態の機能，および「サービス業の戦略的業態分類」上の位置づけについて考察してきたが，これを整理すると図表5-4-2のようにまとめることができる。ここに掲げた業種・機能以外にも，「チケット取次」は，チケットを販売したい興行主とチケットを入手して興業を鑑賞したい者を仲介する"仲介情報の使用権提供サービス"といえる。また，「音楽配信」「映像配信」「オンラインゲーム」は，音楽，映像，ゲームという情報（仲介情報ではないコンテンツ情報）の使用権を提供するサービス（あくまでも使用権であり情報の所有権を得たわけではないから転売することはできない）であり，"コンテンツ情報の使用権提供サービス"と位置づけることができる。

　なお，情報提供サービスを広義にとらえると，データベースだけではなく新聞や書籍・雑誌，音楽や映像なども含めて考えることができる。これらの分野は，ICT革命の進展によって，これまで他の業種によって提供されていた機能を取り込んで大きく拡大していくことが予想される。新聞で伝えられるニュースは，最新のものをインターネットで入手できるし，書籍・雑誌でも「電子書籍」という形で提供されている。これら新聞や書籍・雑誌の発行は大分類「情報通信業」，販売は大分類「卸売・小売業」として分類されているが，これらの情報提供サービスは"コンテンツ情報の使用権提供サービス"として位置づけることが妥当といえる。

2　使用権提供サービスのマーケティング課題

　使用権提供サービスの代表的業種として，「人材派遣業」（ヒトの使用権），「レンタカー業」（モノの使用権），「消費者金融業」（カネの使用権），「旅行業，オンライン宿泊予約」（仲介情報の使用権），「AVレンタル業，音楽配信」（コンテンツ情報の使用権）を取り上げる。そして，これらの業種のマーケティング課題について，「サービスの総合化」「サービスの専門化」「サービス提供手段の革新」「提供資源の質の向上」という視点から考察する。

(1) 「ヒト」の使用権提供サービス（人材派遣業）
① サービスの概要

　労働者派遣法（労働者派遣事業の適正な運営の確保及び派遣労働者の就業条件の整備等に関する法律）は1986年7月に施行され，ソフトウェア開発，通訳，秘書など16業務が派遣対象業務となった。その後，1996年12月施行の改正法によって，派遣対象業務に研究開発，テレマーケティング，セールスエンジニアなど10業務が追加され，26業務が派遣対象業務となった。労働者派遣事業は，派遣労働者が常用雇用労働者のみの事業で届出制である「特定労働者派遣事業」と，特定労働者派遣事業以外の主として登録型の労働者を派遣する事業で許可制となっている「一般労働者派遣事業」からなる。

　1999年12月施行の改正法では，派遣期間の制限などの労働者保護措置の拡充がなされるとともに，適用対象業務がポジティブリスト方式からネガティブリスト方式（港湾運送業務，建設業務，警備業務，医療関連業務，製造業務，および労使協議の際に使用者側の直接当事者として行う業務や弁護士などいわゆる「士業」を除いて原則自由）に変更された。2003年3月には施行規則の改正によって社会福祉施設などで行われる医療関連業務が解禁になり，2004年3月施行の改正法では製造業務の派遣が解禁となった（2007年2月までは1年が上限）。同改正法では一般事務など派遣期間1年以内という制限があったものが3年に延長され，このうち常用雇用の恐れがないと認められる26業務については派遣期間の制限が撤廃された。

　このような規制緩和が進むなかで，労働者派遣事業は大きく成長したが，偽装派遣や二重派遣など企業のコンプライアンス問題，日雇派遣をめぐる企業の違法な派遣や雇用の不安定化が問題となり，2012年4月に改正法が公布，同年10月に施行され，労働者保護という観点から一部規制が強化されることとなった[36]。法律の名称も「労働者派遣事業の適正な運営の確保及び派遣労働者の就業条件の整備等に関する法律」から，「派遣労働者の保護等に関する法律」に改められ，日雇派遣が原則禁止（ソフトウェア開発，通訳，秘書など18業務，「60歳以上」「学生」「世帯収入が500万円以上」は除く）となった。また，同改正法ではグループ企業内派遣の8割規制，離職後1年以内の労働者派遣の禁止，マージン率等の情報提供，待遇に関する事項等の説明，派遣料金額の明示等が

定められた。

なお，2000年12月からは紹介予定派遣が可能となり，さらに2004年3月施行の改正法では，派遣就業が終了する以前の職業紹介（派遣就業開始前または派遣就業期間中の求人条件の明示，派遣就業期間中の求人・求職の意思の確認および採用の内定），派遣就業開始前の面接，履歴書の送付等が可能となった。

人材派遣業の売上高は，次のように推移している。「一般労働者派遣事業」および「特定労働者派遣事業」を合計した年間売上高は，1997年度1兆3,300億円，2000年度1兆6,700億円，2003年度2兆3,600億円，2006年度5兆4,200億円，2007年度6兆4,700億円，2008年度7兆7,900億円と大幅に増加してきたが，その後の景気低迷と規制強化の流れの中で2009年度6兆3,100億円，2012年度5兆2,445億円と減少している[37]。なお，上位5社の市場占有率は20.4％である（2012年度）[38]。

② サービスの総合化

総合化志向の企業では，人材派遣にとどまらず，人材派遣から職業紹介に移行する「紹介予定派遣」，あるいはアウトプレースメントも含む職業紹介業務，請負業務，社員向け教育やセミナーの実施，さらには企業の人事戦略のコンサルティングに至るまで，総合的な人材ニーズに対応している。

③ サービスの専門化

サービスの専門化を志向する人材派遣業として，特定業界に特化（ブライダル，葬祭，パチンコ，飲食など），特定職種に特化（薬剤師，保育士，私学教員，キャディ，トラックドライバーなど）という例が挙げられる。

④ サービス提供手段の革新

人材派遣業では，派遣先企業の人材ニーズと，登録派遣スタッフのデータベースをいかに的確にマッチングさせるか，またそれをいかに迅速に行うかが課題となっている。その場合，単に機械的にマッチングさせるのではなく，派遣先企業の人材ニーズや仕事内容をきめ細かに把握し，それにマッチしたスキルをもつスタッフを人選することが重要である。

⑤ 提供資源の質の向上

人材派遣業においては，人材の確保とともに，使用権提供の対象となる「ヒト」の質による差別化が重要である。しかしながら，登録型の人材派遣業では，

登録者は自社の専有資源ではなく，自社が費用を負担して教育しても他の人材派遣業で仕事をしてしまう恐れがあり，教育の実施が必ずしも合理的とはいえない[39]。したがって，派遣期間中のフォローや長期間働ける仕事を紹介するなど派遣労働者が安心して働ける体制を整備[40]するとともに，派遣先ニーズにあったスタッフの選抜，クレーム処理などの面で同業他社と差別化[41]していくことが必要である．

(2) 「モノ」の使用権提供サービス（レンタカー業）
① サービスの概要

レンタカー業は，道路運送法に基づく「自家用自動車有償貸渡業」の許可を受ける必要がある。レンタカー業は，1957年に運輸省（現国土交通省）による許可制となり，1965年には新たにマイクロバス，トラックの有償貸渡しが許可され，この頃から自動車メーカー系企業がレンタカー業に進出した。

レンタカー業においては，2004年6月に施行された改正道路運送法施行規則，これを受けて改正された「貸渡し人を自動車の使用者として行う自家用自動車の貸渡し（レンタカー）の取扱いについて（レンタカー基本通達）」によって，大幅な規制緩和がなされた。これまで，車両ごとにレンタカーの許可を受けることが必要だったものが事業者ごとの許可（包括許可制）に，また増車・代替（配置事務所別車種別の車両数の変更）は車両ごとの許可制から事前届出制に，事務所別車種別の配置台数も変更ごとに届出が必要だったものが4半期ごとのデータを年1回提出すればよいなど，顧客ニーズに迅速に対応した車両の増減・代替が可能となった。

レンタカー業を取り巻く近年の環境変化として特筆すべきは，中古車を使用することにより料金を大手の半額程度に抑えてレンタカー事業へ参入した「格安レンタカー」[42]の躍進，およびカーシェアリングが普及しつつあることである。レンタカー型カーシェアリングについては，国土交通省自動車局長「構造改革特別区域法に係る環境にやさしいレンタカー型カーシェアリングを行うための道路運送法第80条第2項による申請の取扱いについて」2004年4月に基づいて解禁され，その後レンタカー基本通達の改正により，2006年4月から全国的に認められるようになった[43]。

レンタカーの保有台数をみると，1975年3万2,000台，1980年6万4,000台，1985年9万7,000台，1990年18万4,000台，1995年23万3,000台，2000年28万1,000台，2005年33万台，2010年39万2,000台，2013年47万5,000台と推移している（各年3月末現在）[44]。なお，上位5社の市場占有率は49.3％に達している（2012年度）[45]。

② サービスの総合化
　大手自動車メーカーは，自動車製造，自動車販売，自動車リース，レンタカー，自動車整備など，自動車の製造，販売，メンテナンス，また所有から使用に至るまでの総合的な事業展開を行っており，レンタカー事業はその一翼を担っている。わが国の自動車メーカーの中では，トヨタ，日産，マツダ，三菱自動車がレンタカー事業を展開している。また，レンタカー事業者自身によるサービスの総合化の取組みとして，特定のユーザー向けに長期にわたって自動車を貸し出すカーリース事業（カネの使用権提供サービス）への進出が挙げられる[46]。

③ サービスの専門化
　レンタカー業においては，大手企業への寡占化がすすむ中で，中小企業は特定車種（マイクロバスやトラック），あるいは特定地域（島嶼地域など）に特化することによって存続している。

④ サービス提供手段の革新
　顧客の利便性をより高める方策として，1時間前までであればインターネットで予約可能という取組みがすすめられている。さらに，「レンタカー型カーシェアリング」においては，ICT等の活用により車両の貸渡し状況，整備状況等車両の状況を的確に把握することが可能と認められる場合には，「無人の事務所において貸渡しを行ってもよい」「借受人に対して貸渡し証の交付を行わなくてもよい」こととされた。これによって，特定地域の複数の会員による車の共同利用，例えば無人店舗で24時間いつでも車を借りることができる会員向けサービスも可能となった。

⑤ 提供資源の質の向上
　レンタカー事業においては，車のメンテナンスは当然のこととして，ニーズの多様性に応じた車種の準備やきめ細かな料金設定が必要である。カーリース

事業においては，リースのもつ直接的なメリット（自動車購入費用の調達やリース料の損金算入など）で差別化することは困難なため，間接的な面での差別化が課題となる。具体的には，「車庫，車検，保険，メンテナンス，事故処理，各種規制対応などの車両管理業務の集約化・標準化・効率化に加えて，故障・事故に対する迅速な対応，給油専門カードによる給油コスト管理，運転データの解析・診断による事故防止などの付加価値サービスの提供，今後は環境規制に対応した環境データの提供なども考えられる」[47]。

(3) 「カネ」の使用権提供サービス（消費者金融業）
① サービスの概要

消費者金融業は，1983年11月に施行された「貸金業の規制等に関する法律」の規制を受け，財務局長または都道府県知事の登録が必要である。消費者ローン（消費者向け無担保貸付け）は民間金融機関や信販会社によっても行われているが，その中核は消費者金融会社であり，バブル崩壊以降に急成長した[48]。その背景は，民間金融機関やノンバンクの多くが不良債権を抱え新規融資を抑制してきた中で，消費者金融会社は自動契約機を設置した無人店舗網の拡充，金融機関との提携によるATMによる借入・返済の利便性向上などのきめ細かなサービスを実施してきたためといえる。消費者金融会社は相対的に信用力の劣る顧客層をターゲットとしているため，優れた与信管理ノウハウ[49]を蓄積しており，これが銀行などと比較した消費者金融会社の強みとなっている[50]。

消費者金融会社における資金調達に関しては，1999年5月に施行された「ノンバンク社債法」によって営業資金にも使える社債の発行が可能となった。大手消費者金融会社における資金調達の5〜7割は銀行や生損保などからの間接調達，残りの3〜5割は社債を中心とした資本市場からの直接調達となっている（2007年3月期）[51]。

しかし，2006年12月，消費者金融業界に極めて大きな影響を与える「貸金業の規制等に関する法律」の改正がなされた（2007年12月より「貸金業法」に名称変更）[52]。貸金業法では，「上限金利の引下げ」および「総量規制の導入」が盛り込まれ，2010年6月に施行された[53]。「上限金利の引下げ」は，出資

法の上限金利（年29.2％）と利息制限法の上限金利（元本によって年15～20％）の間のグレーゾーンを廃止し，出資法の上限金利を年20.0％に引き下げ，これを超える場合は刑事罰を科される[54]。「総量規制」は，自社の貸付金額と他の貸金業者の貸付残高の合計額が年収等の3分の1を超える貸付けは原則，禁止するというものである。この影響で，外資系企業が撤退し，メガバンクの存在感が増している[55]。

消費者金融会社による信用供与残高の推移をみると，1992年3兆7,000億円，1997年6兆5,000億円，2002年10兆2,000億円とピークになり，2003年および2004年も10兆円を超えていたが，その後は2007年には8兆1,000億円，2011年3兆6,000億円，2012年3兆2,000億円と急減している[56]。なお，消費者向け無担保貸付残高のうち，大手8社の割合は89.8％を占める（2012年度）[57]。

② サービスの総合化

サービスの総合化として，消費者金融にとどまらず販売信用も含めて消費者向け信用供与事業を総合的に展開する方向がある。業界最大手のアコムは，2001年に三菱東京UFJ銀行との共同出資会社「東京三菱キャッシュワン」[58]を設立，よりリスクの小さい顧客層を対象とした消費者ローンを開始，さらにクレジットカード（1999年），信販（2000年），信用保証（2001年）の事業も展開している。また，アイフルは1980年代に不動産担保ローン，1990年代には事業者ローンなど事業の多角化をすすめ，2001年にはクレジットカード会社ライフを買収，クレジットカード事業に力を入れている[59]。

③ サービスの専門化

サービスの専門化として，消費者金融業においては使用権の対象である「カネ」そのものによる差別化ができないため，中小消費者金融会社の多くはハイリスク層に特化しているが，上限金利の引下げにより苦戦している。また，プロミス（SMBCコンシューマーファイナンス）は三井住友銀行と連携して，信用リスクの低い顧客層から順に，「三井住友銀行」，「アットローン（三井住友銀行とSMBCコンシューマーファイナンスの共同出資会社）」，「プロミス」という形で，信用リスク別の専門化を志向している。

④ サービス提供手段の革新

従来までは，消費者金融会社の店頭で融資を申し込む必要があったが，自動

契約機を設置した無人店舗が普及している。さらに近年では，インターネット経由で融資の申込みをして審査を済ませ，自動契約機にキャッシングカードを受け取りに行くといった利用方法も増加している。自動契約機やインターネットであれば，店舗が閉まっている週末や早朝・夜間の時間帯でも利用可能である。消費者金融会社においては，審査時間や振込みの迅速性を売り物とする企業も多い。

(4) 「仲介情報」の使用権提供サービス（旅行業，オンライン宿泊予約）
① サービスの概要

旅行業は旅行業法による登録が必要であり，企画旅行を実施する場合は登録の際に営業保証金が必要とされる[60]。旅行業が果たしている機能は，「旅行代理機能」「旅行商品・企画販売機能」「旅行サービス機能」に大別することができる。

他方，「旅行サービス機能」は，旅行者に対する情報提供，旅行に関する相談，添乗サービス，パスポートやビザの申請手続き代行などを行う機能である。このうち旅行者に対する情報提供や相談は，それ単独ではサービス財として成立することは困難であり，旅行代理機能に付随する「人的サービス」と位置づけられる。添乗サービスも，旅行者を対象とした「人的サービス」といえる。

「旅行商品企画・販売機能」とは，運輸機関のチケットや宿泊施設を組み合わせて，これを１つの旅行商品（パッケージツアー）として組み立てて販売するものであり，添乗サービスが付随することも多い。すなわち，「旅行代理機能」と「旅行サービス機能」が複合した機能の提供，「仲介情報の使用権提供サービス」と「人的サービス」を合わせもったサービス機能といえる。

このうち，「旅行代理機能」は，旅行の需要者（旅行者）と，旅行素材の供給者（宿泊・運輸機関）を情報によって仲立ちする機能であり，「仲介情報」の使用権提供サービスと位置づけられる。

旅行総取扱額は，2012年度において6兆3,500億円（うち海外旅行2兆3,400億円，国内旅行3兆9,400億円，外国人旅行700億円）となっている。最近の総取扱額の推移をみると，2007年度6兆8,200億円，2008年度6兆4,400億円，2009年度5兆5,400億円，2010年度5兆9,300億円，2011年度6兆500億円，2012

年度6兆3,500億円となっており，2009年度を底に再び増加傾向にある[61]。なお，旅行業における上位5社の市場占有率は46.1％を占めている（2012年度）[62]。

②　サービスの総合化

大手旅行業は，これまで「旅行代理機能」「旅行商品企画・販売機能」「旅行サービス機能」など，総合的に旅行機能を提供してきた。しかし，旅行代理機能に関しては，運輸機関（特に航空会社）がFFP（Frequent Flyer Program）を利用して顧客の囲い込みを強化するなど直販体制を強化しており，宿泊施設でもオンライン宿泊予約サイトの利用がすすんでいる。

③　サービスの専門化

特定の旅行シーンに対応した企画では，「少数民族の文化や祭りなど異文化を体験する」「野生動物を間近でウォッチングする」「クラシック音楽を鑑賞する」などが挙げられる。特定の旅行ニーズという点では，「介護や介助を必要とする人に特化」「留学に特化」する旅行会社などがある。また，特定地域を専門とする旅行会社もある。特定の旅行シーン・旅行ニーズ，特定地域に特化することによって，中小旅行会社でも存立しうる余地が十分にある。

④　サービス提供手段の革新

旅行業界では，航空券や宿泊施設の予約においてインターネットの利用がすすんでいる。宿泊予約サイトにおいては，「ビジネスユース」にとどまらず，「レジャーユース」への対応もすすんでいる。

宿泊施設の予約については，旅行会社が年間契約で旅館やホテルから一定の客室を確保し，ツアーや宿泊プランとして販売できれば販売手数料を受け取り，一定期間までに売れなければ返すという仕組みがとられている。そのため，宿泊施設側は常に売れ残った客室を旅行会社から返されるというリスクを負っている。オンライン宿泊予約は，大手旅行会社経由よりも手数料が安く，インターネット経由でこうした客室を販売してくれればリスクが軽減されるため，大手旅行会社を経由した販売を補完する形でオンライン宿泊予約が活用されている[63]。

大手旅行会社でも，オンライン宿泊予約への取組みをすすめており，宿泊予約にとどまらずオンライン上で宿泊施設と航空券を組み合わせる「ダイナミックパッケージ」が提供されている。

楽天トラベルやリクルート系の「じゃらんnet」などの宿泊予約サイトの大手は，原則として宿泊料金の10％相当の成約手数料を宿泊施設から徴収している。そのなかで，ヤフーは2014年8月から「Yahoo!トラベル」で成約した際に宿泊施設が払う宿泊料金の10％相当の成約手数料（システム手数料）を無料にする新たな宿泊予約方式を開始した。宿泊施設は，消費者に付与するポイントの原資として最低でも宿泊料金の5％，およびポイント手数料同0.3％を負担することになるが，実質的な値引きで利用者を増やす戦略である。「Yahoo!トラベル」の掲載施設は，「一休.com」など他の宿泊予約サイトに掲載された情報を集めて掲載しており，「楽天トラベル」や「じゃらんnet」よりも少ない。そこで，宿泊施設と直接契約する仕組みを導入，自社サイトに登録すれば成約手数料を無料にする。これによって宿泊施設側の負担を減らし，民宿やペンションなど小規模施設も呼び込めるとみている[64]。

(5) 「コンテンツ情報」の使用権提供サービス（AVレンタル業，音楽配信）
① サービスの概要

音楽を楽しむために必要とされるのは，音楽という「コンテンツ情報」の入手である。小売業でCDを購入して所有権を得る方法，AVレンタル業からCDを借りて使用権を得る方法，音楽配信による方法がある。AVレンタルは不特定多数の顧客を対象としてCDを短期間賃貸するサービスであり，音楽配信はCDという「モノ」を媒介せずに「コンテンツ情報」の使用権のみを提供するサービスである。

レンタルレコード店は，当初は著作権使用料を支払わずにレンタルしており，レコード製作者からたびたび民事訴訟が繰り返されてきた。その後，1984年6月に貸レコード暫定措置法，1985年1月には改正著作権法が施行され，レコード製作者に「貸与権」と「報酬請求権」[65]が付与された。これによって，貸レコード店はレコード製作者に無断でレンタルすることができなくなり，ようやく両者間に「禁止ルール（発売日からのレンタル禁止期間）」を含む合意がなされた。その後，1990年11月に邦盤に関して新禁止ルール[66]が合意され，また1992年1月には外国のレコード製作者にも「貸与権」と「報酬請求権」を付与する改正著作権法が施行された。「報酬請求権」の創設を受けて，著作権

使用料が取り決められ[67]、また2000年12月にはインタラクティブ配信（インターネットによる音楽配信など）の著作権使用料が認可されている[68]。

　CDレンタル店の店舗数は1989年をピークに減少に転じ、レンタル用CDの枚数も1997年をピークに減少に転じたが、店舗規模の大規模化がすすむ中で2003年を底に再び増加傾向をみせている[69]。また、映像レンタル市場規模の推移をみると、2005年3,578億円、2006年3,431億円、2007年3,604億円、2008年3,469億円、2009年3,067億円、2010年2,672億円、2011年2,542億円、2012年2,389億円、2013年2,184億円となっており、2007年以降減少を続けている[70]。

　音楽分野における「セル市場（CD, DVD）」「レンタル市場」「インターネット配信市場（着メロ、着うた、着うたフルなど携帯電話配信を除く）」の総市場規模は、2001年7,347億円（セル6,681億円、レンタル650億円、インターネット16億円）、2005年6,182億円（セル4,098億円、レンタル597億円、インターネット44億円）、2009年5,652億円（セル4,853億円、レンタル539億円、インターネット260億円）、2012年4,926億円（セル4,071億円、レンタル507億円、インターネット348億円）となっており、セル市場およびレンタル市場の減少、インターネット配信市場の増加が示されている[71]。なお、AVレンタル業の上位5社で9割以上の市場占有率となっている（2012年度）[72]。

　② サービスの総合化

　サービスの総合化として、「レンタルCD」「レンタルDVD」「CD・DVDセル」という音楽・映像を楽しむ手段をトータルに提供し、さらに活字媒体である書籍・雑誌も含めて総合的に「コンテンツ情報」を提供していく方向がある。

　③ サービスの専門化

　サービスの専門化については、レンタルCDにおいては「コンテンツ情報」そのものによる差別化ができないため、音楽配信や宅配レンタルなどサービス提供手段による差別化が基本的な方向となろう。宅配レンタルはインターネットを通じてCDをレンタルできるもので、CDは郵送され、郵送で返却する仕組みである。

　④ サービス提供手段の革新

　音楽配信は2004年4月にソニー・ミュージックエンタテインメントを中心に大手レコード会社が共同出資した「Mora」（レーベルゲート社）が音楽配信を

図表5-4-3　使用権提供サービスのマーケティング課題

	サービスの総合化	サービスの専門化	サービス提供手段の革新	提供資源の質の向上
「ヒト」の使用権提供サービス（人材派遣業）	人材派遣，職業紹介，請負，教育，コンサルティングなど総合的な人材ニーズに対応。	特定業界や特定職種に特化。	きめ細かな営業活動と登録スタッフデータベースの整備による迅速な人材提供。	使用権提供の対象となる「ヒト」の質による差別化，人材の確保と教育。
「モノ」の使用権提供サービス（レンタカー業）	大手自動車メーカーは，製造，販売，メンテナンス，また所有から使用に至る総合的な事業展開。レンタカー事業からカーリース事業に進出。	特定車種や特定地域に特化。	インターネット予約の際の利便性，カーシェアリングへの取組み。	ニーズの多様性に応じた車種の準備やきめ細かな料金設定。
「カネ」の使用権提供サービス（消費者金融業）	販売信用も含めて消費者向け信用供与事業を総合的に展開。	銀行と連携し，信用リスク別に専門化。	自動契約機，インターネット申込みの利便性，審査時間・振込みの迅速性。	「サービス提供手段の革新」と同じ。
「仲介情報」の使用権提供サービス（旅行業，オンライン宿泊予約）	旅行商品企画・販売機能，旅行代理機能，旅行サービス機能など，旅行機能を総合的に提供。	特定の旅行シーン・旅行ニーズ，特定地域に特化。	インターネットによる宿泊予約，航空券と宿泊施設を組み合わせるオンライン宿泊予約。	「サービス提供手段の革新」と同じ。
「コンテンツ情報」の使用権提供サービス（AVレンタル業，音楽配信）	AVレンタル，AVセル，書籍・雑誌も含むコンテンツ情報の総合的な提供。	音楽配信や宅配レンタルなど提供手段による専門化。	音楽配信への取組み。	人気アイテムの豊富な在庫，レンタル商品のメンテナンス。

開始，次いで2005年8月にアップル社による「iTunes Music Store（後に，iTunes Storeと改称）」が事業を開始，これを契機に音楽配信市場が成長している[73]。

　これらは音楽を所有する形態であるが，必要な時に音楽を「使用」するストリーミング型やラジオ型といわれる定額制聞き放題の音楽配信サービスが成長している。ストリーミング型は，利用者が再生リストを作り大量の音楽の中から選んで聞くもので，ダウンロード型とは異なりインターネット経由で音楽を再生し，端末にはデータを保存しない方式である。ラジオ型は，好みの音楽チャネルを選び，また利用履歴や検索などで好みの音楽だけを集めて自分専用

の音楽番組を編成することも可能である⁽⁷⁴⁾。

⑤ 提供資源の質の向上

　CDレンタルは，小売業によるCD販売とは「使用権」か「所有権」かという違いだけで，需要者が享受するサービス機能（音楽を楽しむ）は同じであり，極めて小売業に近いサービス業といえる。そのため，マーケティング課題も，「品揃えの豊富さ」「新しい商品の品揃え」「選択のしやすさ」などCD小売業と類似している。これらの課題とともに，多くの顧客に利用してもらうことによって投資を回収するというレンタルの性格から，アイテムごとの在庫量を調整し人気アイテムの在庫を豊富にすること，およびレンタル商品のメンテナンスが重要な課題となる。

注
(1)　5～8年の経験を積んだ販売員が入社1年目の従業員に代わることによって生じる月あたりの平均コストは，3万6,000ドルもの売上に相当するといわれている（Heskett, James L., Thomas O. Jones, Gary W. Loveman, W. Earl. Sasser Jr., and Leonard A. Schlesinger, "Putting the Service-Profit Chain to Work," *Harvard Business Review*, Vol.72, No.2, 1994, p.167）。
(2)　アイドルタイムとは生産施設が稼働せずに労働力が空費されている時間のことである。
(3)　サービス・ブループリントとは，フロントステージとバックステージにおけるサービスの本質的な構成要素を図式的に表現したものである。
(4)　従業員が自分の役割を果たそうとするとき，顧客の期待にフルに応えるために必要な自由裁量の余地を与えることである。
(5)　総務省統計局『経済センサス活動調査2012年』によれば，理容業10万5,000事業所，美容業16万9,000事業所，従業者数は理容業21万人，美容業45万人となっている。この2業種を合わせると，「日本標準産業分類2013年」における「生活関連サービス業，娯楽業（大分類）」の全事業所の57.2%，全従業者数の26.4%を占める。
(6)　この点に関して，『中小企業白書2014年』では，中小企業・小規模事業者が長年抱えている人的資源や資金調達の確保という経営課題をIT を活用することによって克服する可能性があると指摘している。その一方，新規顧客のアプローチ，商品・サービスのアプローチといった「販路開拓」，経営者の高齢化の進展に伴う「中小企業・小規模事業者数の減少」，次世代への事業承継の際の経営者の意識や準備状況の希薄さといった「経営体制の確立」等の課題が中小企業・小規模事業者に依然として存在していると指摘している。

(7) 入山裕左「10分散髪のQBハウス，美容室でも絶好調—「誰とも競合しない」新業態店の秘密」『日経TRENDY』2014年6月，pp.122-123．

(8) 「日本標準産業分類2013年」によれば，その他の教養・技能教授業には，囲碁教室，編物教室，着物着付教室，料理教室，美術教室，工芸教室（彫金，陶芸など），教養講座，舞踏教授所（日本舞踊，タップダンス，フラダンスなど），ダンス教室，ジャズダンス教室，フラワーデザイン教室，カルチャー教室（総合的なもの），家庭教師，パソコン教室などが含まれる。

(9) 総務省統計局『家計調査年報2013年』によれば，1世帯（2人以上の世帯）あたりの「教育」への1か月間の支出金額は11,539円と1997年の15,248円を下回っている。また，教養娯楽サービスの中の「月謝類」に関しても，1か月間の支出金額は2013年で3,104円と1997年の3,979円を下回っている。

(10) 「日本標準産業分類2013年」においては，普通洗濯業は，衣服その他の繊維製品及び皮革製品を原型のまま洗濯する事業所をいい，クリーニング業，ランドリー業，クリーニング工場を指している。

(11) 2006年のデータに関しては，総務省統計局『事業所・企業統計調査2006年』，2012年のデータは総務省統計局『経済センサス活動調査2012年』を用いた。

(12) 細分類「リネンサプライ業」に関しては，第2章で述べたとおり，「モノの使用権提供サービス」にあたるため，本節では割愛した。

(13) 「日本標準産業分類2013年」によれば，「不動産管理業」は主としてビル，マンション等の所有者（管理組合等を含む）の委託を受けて経営業務あるいは保全業務等不動産の管理を行う事業所をいい，その中には，ビル管理業，マンション管理業，アパート管理業，土地管理業等が含まれる。一方，「建物サービス業」は，ビルを対象として清掃，保守，機器の運転を一括して請け負い，これらのサービスを提供する事業所をいい，ビルメンテナンス業がそれにあたる。

(14) 公益社団法人日本ファシリティマネジメント協会によれば，ファシリティマネジメントとは「企業・団体等が保有又は使用する全施設資産及びそれらの利用環境を経営戦略的視点から総合的かつ統括的に企画，管理，活用する経営活動」であり，単に手法という範疇から，より広くファシリティマネジメントを経営的視点に立った総合的な活動」としてファシリティマネジメントを捉えている（http://www.jfma.or.jp/whatsFM/index.html）。

(15) （株）クラブビジネスジャパン『日本のクラブ業界のトレンド2012年』によれば，全国におけるフィットネスクラブの市場規模は2010年の4,142億円から東日本大震災の影響により4,095億円（2011年）に減少しているものの，その後業績を回復させている（2012年，4,124億円）。施設数に関しては3,574施設（2010年）から3,945施設（2012年）に増加している。全国におけるフィットネスクラブ市場においては，大手企業の市場占有率が高く，最

大手のコナミスポーツの年間売上高が765億円（2014年3月期），セントラルスポーツの年間売上高は483億円（2014年3月期）となっている。

(16)　具体的に旅館業法の中で，宿泊業は「旅館業」と呼ばれている。旅館業法の中で，旅館業は，「ホテル営業」「旅館営業」「簡易宿所営業」「下宿営業」の4種に分けられている。そのため，日本標準産業分類でいうホテルは，「ホテル営業（洋式の構造及び設備を主とする施設を設けてする営業）」，旅館は「旅館営業（和式の構造及び設備を主とする施設を設けてする営業）」のことである。本節では，日本標準産業分類で説明されている「宿泊業」と旅館業法の「旅館業」の定義はほとんど変わらないため，そのまま「宿泊業」という用語を用いる。

(17)　横浜ホテルのオープンに関しては，1859年，もしくは1860年かは定かではないが，1860年には宿泊できる施設をもっていた（澤護『横浜外国人居留地ホテル史』白桃書房，2001年，p.3)。

(18)　厚生労働省『衛生行政報告例』におけるデータは，1996年までは暦年の数値で示されている。

(19)　柳田義男『大手民鉄のホテル戦略』交通新聞社，2002年，p.92。

(20)　旅館も「所有直営方式」を導入しているケースが多いが，近年の経営が非常に厳しい旅館では，経営と所有を分離し始めている。

(21)　高橋一夫，大津正和，吉田順一編『1からの観光』碩学舎，2010年，pp.26-27。

(22)　「日本標準産業分類2013年」によれば，運輸施設提供業の中には，鉄道施設を使用して営業を行う者に対し，主として貸し付けることを目的として，鉄道施設を提供する鉄道施設提供業，道路運送車両などの用に供するため料金をとって道路，橋りょう，またはトンネルを提供することを主たる業務とする道路運送固定施設業（有料道路・有料橋経営業），乗合バス，及び特別積合せトラックの用に供するため料金をとって一般自動車ターミナルを提供することを主たる業務とする自動車ターミナル業（バスターミナル業・トラックターミナル業），貨物の荷扱いのため荷扱場，荷役桟橋設備などを提供することを主たる業務とする貨物荷扱固定施設業（荷さばき施設提供業）等が含まれる。これらはいずれも，施設という「物」が鉄道，自動車，貨物という「物」に対してサービスを提供していると捉えることができる。

(23)　「日本標準産業分類2013年」における情報サービス業という分類がすべてシステム財創出サービスの範疇に入るわけではない。例えば，ソフトウェア業を「電子計算機のプログラムの作成及びその作成に関して，調査，分析，助言など並びにこれらを一括して行う事業所」とされるが，その性格の違いによって2種類に分類されている。1つは，特定の顧客からの受注により，新たに開発・作成するオーダー・メイドのソフトウェア，すなわち「受注ソフトウェア」を提供する「受託開発ソフトウェア業」である。もう1つは，不

特定多数の顧客を対象として開発・作成するイージー・オーダー，またはレディーメイドのソフトウェア，具体的には業務用パッケージソフト，ゲームソフト，コンピュータ等基本ソフトなどを提供する「パッケージソフトウェア業」である。このうち，受託開発ソフトウェア業については，典型的な「システム財創出サービス」として位置づけられる。他方，パッケージソフトウェア業については，不特定多数の効用実現主体を対象として自らの手で物財（ソフトウェア・プロダクツ）を企画し，これを所有権移転という形で販売するものである。これらは，不特定多数のものに対して同一の機能を提供，すなわち誰が使用しても同一の機能を発揮するものであり，特定の顧客の参加のもとで作られたソフトウェアではない。したがって，パッケージソフトウェア業は，物財生産・物財販売産業，すなわち製造業としての機能を果たしているものと考え，製品メーカーと同じ範疇で捉えることとする。

(24) コンテンツの定義は，未だ明確には定まっていないが，ここでは一般的に理解できる「映像」「音楽・音声」「ゲーム」「図書・文字情報」の4つの分野を取り上げて，「コンテンツ」と考える。これらコンテンツを制作する業種は，「日本標準産業分類2013年」における「映像・音声・文字情報制作業」にほぼ一致する。

(25) 情報サービス・ソフトウェア産業がこれまで成長を続けてきた理由として，2004年に施行された改正下請代金支払遅延等防止法（以下，下請法）をきっかけに，下請取引の適正化に向けて業界全体が取り組んだからであると指摘されている。その一方で，建設業と同じような多重下請構造が，数十年来続いているのも情報サービス・ソフトウェア産業の特徴である（経済産業省商務情報政策局『情報サービス・ソフトウェア産業における下請ガイドライン改定事業及び取引適正化に関する調査研究報告書』2010年）。なお，下請法改正後は，物品の製造に係る下請取引，物品の修理に係る下請取引の他，ソフトウェア業をはじめ，テレビ番組等の情報成果物の作成委託も新たに対象となっている。

(26) この点に関して，経済産業省『アニメーション制作業界における下請適正取引等の推進のためのガイドライン（2014年3月改訂）』の中でも，当分野に対する世界的な評価は高いものの，韓国，中国などのアジア各国のアニメ産業の興隆，制作工程の一部の海外への外注やアニメーター育成過程の空洞化等，課題も山積していると指摘している。

(27) 公正取引委員会が，アニメーション産業の関係者（制作会社，テレビ局，広告代理店，DVD販売会社等）に対して独占禁止法および下請法の観点から取引実態，取引慣行等について実施した調査によると，「アンケート回答制作会社の6割超が資本金1,000万円以下の小規模事業者」「元請制作会社は，作品の制作を下請制作会社に再委託しており，アンケート回答制作会社の3分の2が，アニメ作品の制作を他の制作会社から再受託」「4割超の制作会社が，発注者から十分に協議することなく低い制作費を押し付けられた経験がある旨回答」「製作委員会に出資しない限り，著作権が制作会社に帰属しないことがほとんど」

となっている（公正取引委員会事務総局『アニメーション産業に関する実態調査報告書』2009年）。このようなアニメーション産業の構造的な課題は，中小企業への価格転嫁と同時に，同産業における持続的な成長を妨げかねないという課題もはらんでいる。

(28) 経済産業省『特定サービス産業実態調査2010年』を参考にして，当調査における「受注ソフトウェア開発」という分類を受注ソフトウェア業とみなした。

(29) 「日本標準産業分類2013年」によれば，情報処理・提供サービス業は「情報処理サービス業」「情報提供サービス業」「市場調査・世論調査・社会調査業」「その他の情報処理・提供サービス業」に分類することができる。そのうち，情報処理サービスは，特定された顧客から提供される情報に基づいて，特定された顧客に対して付加価値がつけられた情報を創出したり，特定された顧客にネットワークを通じてソフトウェアやシステムを貸し出すサービスである。したがって，「システム財創出サービス」またはソフトウェアやシステムの機能を賃貸することから「システムの使用権提供サービス」と位置づけることができる。一方，情報サービス業務に関連した教育訓練や人材派遣（労働者派遣業務など）については，「人的サービス」，あるいは「ヒトの使用権提供サービス」と捉えることができる。

(30) 公正取引委員会の制作会社に対するアンケートにおいて，発注書面，契約書等（以下，発注書面）を受領しているかどうか尋ねたところ，製作委員会方式の受託や，従来方式の受託に関しては，「必ず受領している」と回答した割合がそれぞれ88.2%，68.3%となっており，高い書面交付率を示している。しかし，制作会社からの再受託に関して同様に発注書面等を受領しているかどうか尋ねたところ，「必ず受領している」と回答した割合は17.1%にとどまる一方，「受領しないことが多い」「受領していない」との回答が45.1%になるなど，制作会社からの再受託においては発注書面等の交付状況があまり良くない（公正取引委員会事務総局『アニメーション産業に関する実態調査報告書』2009年）。

(31) 「この世の中に存在する利用可能な諸資源を広義の「もの」と呼ぶ」（野村清『サービス産業の発想と戦略』電通，1983年，p.37）。「もの」は，ヒト，モノ，カネ，情報からなるものと考える。なお，先行研究において，「モノ」のレンタルを1つの業態として捉えるものは多いが，ヒト・モノ・カネ・情報も含む使用権の提供サービスという捉え方は，筆者の一連の研究がはじめてと思われる（南方建明・堀 良『サービス・マーケティング戦略の新展開』ぎょうせい，1992年，pp.77-114，pp.153-173）。山本昭二は有体財と無体財に分け，無体財をさらに"効用を発生する源の所有権あり"かつ"効用を発生する源が非物質財"である「情報」，"効用を発生する源の所有権なし"かつ"効用を発生する源が物質財"である「有体財利用権」，"効用を発生する源の所有権なし"かつ"効用を発生する源が非物質財"である「情報利用権」および「サービス」に分類している（山本昭二『サービス・クォリティ』千倉書房，1999年，pp.40-49）。このうち，「有体財利用権」は本

書の「モノの使用権提供サービス」として位置づけられ，「情報」および「情報利用権」は本書の「情報の使用権提供サービス」の一部を構成するものといえる。

(32) 有料職業紹介事業者が職業紹介に関わって雇用主から徴収できる手数料は，上限制手数料と届出制手数料のいずれかを選択することになっている。上限制手数料は6ヵ月の賃金の10.5％，届出制手数料は厚生労働大臣に届け出た手数料表に基づいて徴収する。求職者からの手数料は，芸能家，モデル，および年収700万円を超える経営管理者，科学技術者，熟練技術者についてのみ徴収することができ，6ヵ月の賃金の10.5％が上限となっている（厚生労働省職業安定局「職業紹介事業の業務運営要領」2013年4月，pp.56-63）。

(33) アウトプレースメントの活用による再就職活動を支援する国の制度として，2011年12月から「再就職支援会社活用給付金」が導入された。同制度は，2013年5月に「再就職支援奨励金」となり，2014年3月には支援が拡充された。再就職援助計画の認定または求職活動支援基本計画書を提出し，再就職が実現した場合に，支給対象者1人あたり60万円を上限として，中小企業事業主以外では対象者が45歳未満の場合は委託費用の1/2，45歳以上の場合は2/3，中小企業事業主以外では対象者が45歳未満の場合は委託費用の2/3，45歳以上の場合は4/5が支給される（厚生労働省・都道府県労働局・ハローワーク「労働移動支援助成金のご案内」）。

(34) アウトプレースメントの機能については，林田学・七村守『人材活用ビッグバン』中央経済社，2000年，pp.18-37を参考にした。

(35) 本書では，使用権提供サービスを，有用な機能を果たす働きをもっている「もの」の種類によって，それぞれ「ヒト」「モノ」「カネ」「情報」の使用権提供サービスに分類している。しかし，使用権提供サービスの中には，旅行業における「旅行商品企画・販売機能」のように，「ヒト」「モノ」「カネ」「情報」などが複合した「システム」が使用権提供の対象となっているものもある。そこで，これらを特に"「システム」の使用権提供サービス"と呼ぶことにする。

(36) 厚生労働省「労働者派遣事業の2012年度事業報告の集計結果」2014年3月。「一般労働者派遣事業」および「特定労働者派遣事業」の常用換算派遣労働者数は，1997年度34万人，2000年度54万人，2003年度74万人，2006年度152万人，2007年度174万人，2008年度198万人と売上高と同様に大幅に増加してきたが，その後は2009年度157万人，2010年度148万人，2011年度132万人，2012年度129万人と減少している（厚生労働省「労働者派遣事業の事業報告の集計結果」（各年版））。

(37) 「一般労働者派遣事業」における派遣労働者1人1日（8時間）あたり派遣料金の平均額は，「事務用機器操作」では1997年度15,125円，2000年度14,950円，2003年度14,347円，2006年度14,479円，2007年度14,595円，2008年度14,648円，2009年度14,835円，2010年度15,105円，2011年度15,190円，2012年度15,393円と推移している。「ソフトウェア開発」では1997

年度23,558円，2000年度23,684円，2003年度22,656円，2006年度23,321円，2007年度24,425円，2008年度24,728円，2009年度24,811円，2010年度24,896円，2011年度24,962円，2012年度24,947円と推移している（厚生労働省「労働者派遣事業の事業報告の集計結果」（各年版））。

(38) 人材派遣業の市場占有率（2012年度）は，1）リクルートホールディングス8.0％，2）テンプホールディングス4.7％，3）パソナグループ3.1％，4）アデコ2.8％，5）マンパワーグループ1.8％となっている（日経産業新聞編『日経シェア調査2014年』日本経済新聞社，2013年）。

(39) 木村琢磨「登録型労働者派遣業の経営管理」佐藤博樹・佐野嘉秀・堀田聰子編『実証研究日本の人材ビジネス』2010年，pp.61-62。厚生労働省の調査によると，派遣労働者の技能習得方法（複数回答3つまで）は，「派遣先で就業中の技能蓄積」51.7％，「派遣先の教育訓練」20.9％，「派遣関係以外の勤務先で就業中の技能蓄積」18.4％，「独学（通信教育を含む）」17.9％，「派遣元の教育訓練」15.2％，「通学制の学校・専門学校」14.1％，「派遣関係以外の勤務先で教育訓練」6.6％，「公的機関が実施する職業訓練」5.4％となっている（厚生労働省『雇用の構造に関する実態調査（派遣労働者実態調査）2012年度』）。

(40) 佐藤博樹らの調査によると，登録者や派遣社員に対して強くアピールできるもの（複数回答）は，「派遣中のフォローが丁寧」70.2％，「長期間働ける仕事を紹介」64.5％，「大企業・優良企業の仕事を紹介」63.6％，「特殊なスキルをいかせる仕事を紹介」31.4％，「福利厚生が充実」27.3％，「教育訓練制度が充実」22.3％となっており，「教育訓練制度が充実」は6位と低い（木村琢磨「登録型労働者派遣業の経営管理」佐藤博樹・佐野嘉秀・堀田聰子編『実証研究日本の人材ビジネス』2010年，p.64）。

(41) 佐藤博樹らの調査によると，同業他社と比較して顧客にアピールできるもの（複数回答）は，「顧客のニーズに合ったスタッフの選抜」72.7％，「クレーム処理などのアフターサービス」63.6％，「派遣するスタッフの職業能力の高さ」44.6％，「派遣料金の安さ」15.7％，「依頼を受けてから派遣するまでの期間の短さ」10.7％となっている（木村琢磨，前掲論文，p.53）。

(42) 2008年12月に設立された（株）レンタスがフランチャイズチェーン方式で展開する「ニコニコレンタカー」は，ガソリンスタンドや自動車整備業などが加盟し，所有する中古車を用いて，加盟店自らが車両のメンテナンスを行い，レンタカー事業を展開している。小型車（Sクラス）料金が12時間2,525円と，一般的な料金の半額程度で提供しており，加盟店の募集を開始して3年半で加盟店数は1,000を超えている（（株）レンタス，http://www.rentas.co.jp/fcguide/）。

(43) 国土交通省自動車局「いわゆるワンウェイ方式のレンタカー型カーシェアリングの実施に係る取り扱いについて」2014年3月27日において，貸渡し車両の配置駐車場以外の駐車場へ返還することも認めるワンウェイ方式のカーシェアリングも可能となり，利便性の

向上が期待されている。同通達は，2014年9月から運用されている。2014年1月現在で7,600拠点，車両台数1万2,400台，会員数46万5,000人となり，急速に拡大している。カーシェアリング事業の業界トップは，駐車場を運営するパーク24が2009年に開始した「タイムズカープラス」で4,700拠点，車両数7,500台，会員数29万8,000人，次いで業界のパイオニアとして2002年に事業を開始したオリックス自動車1,300拠点，車両数2,100台，会員数10万人などとなっている（公益財団法人交通エコロジー・モビリティ財団「わが国のカーシェアリング車両台数と会員数の推移」）。他方で，小規模な事業者がカーシェアリング事業から撤退する動きもある。

(44) 交通毎日新聞社『自動車レンタリース年鑑』（各年版），および国土交通省「運輸支局別レンタカー事業者数・車両数」2013年3月。2013年3月末における保有車両数の合計は507千台，これを車種別にみると，乗用車273千台，トラック203千台，マイクロバス5千台，その他（特殊用途車，二輪車）25千台となっている（国土交通省，前掲報告書）。レンタカー業界の市場規模は，矢野経済研究所の推計によると，2008年4,750億円，2009年4,700億円，2010年4,900億円，2011年4,900億円と横ばいないし微増傾向にある（矢野経済研究所『レンタカー＆カーシェアリング市場の現状と課題』）。

(45) レンタカー業の市場占有率（2012年度）は，1）トヨタレンタリース22.8％，2）オリックス自動車11.2％，3）ニッポンレンタカーサービス5.7％，4）タイムズモビリティネットワークス（旧マツダレンタカー）5.5％，5）日産カーレンタルソリューション4.1％となっている（日経産業新聞編『日経シェア調査2014年』日本経済新聞社，2013年）。

(46) リース車の保有台数は，1995年189万台，1998年219万台，2001年240万台，2004年271万台，2007年306万台と増加してきたが，自動車保有台数が停滞傾向にあることもあって，その後は2010年295万台，2013年305万台，2014年312万台と横ばいから微増傾向で推移している（各年3月末現在，なお2007年以降の数字は有償貸渡許可制度の廃止によりリース業者の貸渡実績報告義務がなくなったため，日本自動車リース協会連合会の会員調査によって集計した数値，同連合会の会員は全事業者のリース車両保有台数の約94％を占めている）。また，2014年3月の自動車総保有台数に占めるリース車の割合は4.0％，2013年の新規販売台数に占めるリース車の割合は11.6％となっているが，この割合はピーク時の2007年の12.8％と比較すると，やや減少傾向にある（日本自動車リース協会連合会「データライブラリ」より）。

(47) 経済産業省ビジネス支援サービス活性化研究会『ビジネス支援サービスの戦略的活用による新・日本型経営モデルと企業競争力強化』2005年7月，p.24。

(48) 消費者金融の業態別シェアを信用供与残高からみると，2012年においては「消費者金融会社」13.5％，「民間金融機関」57.1％，「信販会社」13.7％，「その他（定期預金担保貸付等）」15.6％となっている。「消費者金融会社」のシェアは，1992年6.8％，1997年11.8％，

2002年22.6％と年々増加を続けていたが，2007年には21.8％と微減，2012年には13.5％まで激減している（日本クレジット協会「信用供与残高総括対比表（推計）」）。

(49) プロミスにおける「自動与信システム」は，過去500万人を超える取引データをもとに，データマイニング手法というデータ解析を行っている。この与信テーブルは，32の属性分類と11の地域分類，他社借入れ件数5分類1,760通りの組み合わせから成り立っている（SMBCコンシューマーファイナンス（株），http://puromis.com/yoshin/）。

(50) 消費者金融会社の経営体力の強化という点では，1990年代初頭の株式公開が果たした役割が大きい。1993年にアコム，プロミス，三洋信販，1996年に武富士，1997年にはアイフルが店頭公開を行い，その後東証一部に上場を行った。このような株式公開の動きはシンキ，クレディアなどの準大手にも広がっていった。株式市場への上場は資金調達力の向上のみならず，広告に関する規制が緩和されてテレビコマーシャルが人気を博するなど企業ブランド・イメージの向上につながった」（茶野努『消費者金融サービス業の研究』日本評論社，2013年，p.ⅲ）。

(51) 消費者金融連絡会『TAPALS白書2007』2008年，p.51。

(52) 貸金業法の改正に伴って業界の再編がすすんだ。2007年には三洋信販がプロミスに買収され，2009年にはアイフル，2010年には最大手の武富士が経営破綻に至った。

(53) 貸金業者数の推移をみると，1985年度末の47,504社をピークに減少傾向にある。1999年度末には29,711社と3万社を切り，2004年度末には18,005社と2万社を切っている。2006年12月の貸金業規正法改正前の2005年度末には14,236社まで減少，2010年6月の「上限金利の引下げ」および「総量規制の導入」後の2010年度末には2,589社まで激減し，2012年度末には2,217社となっている（金融庁「貸金業者数の長期的な推移」）。

(54) 貸金業法改正前の2005年度において，利息制限法の上限である20％を超え，出資法の上限金利（29.2％）までの間のグレーゾーン金利が適用されている消費者向け無担保融資の融資残高は11兆4,096億円，貸付金全体（15兆5,798億円）の73.2％を占めていた（金融庁「消費者向け無担保貸付金の貸付金利別残高2005年度」）。

(55) 過払い金返還請求の影響で収益を圧迫すると見込んだゼネラル・エレクトリック，シティーグループ系は相次ぎ業界から撤退した。これによりメガバンクの影響力がさらに強くなり，メガバンクが消費者金融会社を取り込む動きが加速している。2008年8月には三菱UFJフィナンシャルグループがアコムに対しTOBを表明。同年12月にはアコムへの出資比率を約4割に高め連結子会社とした。2009年4月には三井住友フィナンシャルグループがOMCカード，セントラルファイナンス，クオークの3社を合併させ，セディナに再編。さらに，2010年5月にはみずほフィナンシャルグループがオリエントコーポレーションの筆頭株主となった（業界動向サーチ「消費者金融業界」http://gyokai-search.com/3-syohisya.htm）。

(56) 日本クレジット産業協会編『日本の消費者信用統計2014年』日本クレジット産業協会, 2014年。
(57) 日本貸金業協会『年次報告書2012年度』2013年, p.109。大手8社とは, 消費者向け無担保貸金業559社のうち貸付残高500億円超の企業。
(58) 2001年8月, 東京三菱銀行（現三菱東京UFJ銀行）, アコム, 三菱信託銀行（現三菱UFJ信託銀行）, ディーシーカード, ジャックスが出資して「東京三菱キャッシュワン」が設立された。2005年1月には, アコムがディーシーカードから株式を取得, 第三者割当増資を引き受けてアコムの出資比率が過半数を超え, 社名を「DCキャッシュワン」に変更した。その後, 2009年4月にアコムに吸収合併され解散した。
(59) 岩崎薫里「消費者金融会社の実態とその将来性を探る」『Japan Research Review』第15巻第2号, 2005年2月, pp.70-71。
(60) 2005年4月施行の改正旅行業法によると,「第1種旅行業」は海外・国内の募集型・受注型企画旅行が可,「第2種旅行業」は国内の募集型企画旅行, 海外・国内の受注型企画旅行が可,「第3種旅行業」は海外・国内の受注型企画旅行が可,「旅行業者代理業」は所属旅行会社の代理人としての業務を行う者とされている。
(61) 観光庁「主要旅行業者旅行取扱状況」（各年度版）。
(62) 旅行業の市場占有率（2013年度）は, 1）JTBグループ14社1兆4,943億円（23.0％）, うちジェイティービー9,583億円（14.8％）, 2）KNT-CTホールディングス（近畿日本ツーリストなど）5,254億円（8.1％）, 3）日本旅行4,117億円（6.3％）, 4）エイチ・アイ・エス4,107億円（6.3％）, 5）阪急交通社3,716億円（5.7％）となっている（観光庁「主要旅行業者の旅行取扱状況2013年度」）。
(63) オンライン宿泊予約最大手の楽天トラベルの取扱額は, 2009年度2,167億円（旅行業総取扱額の3.8％）, 2010年度2,535億円（7.3％）, 2011年度2,927億円（7.8％）, 2012年度3,645億円（5.6％）と大幅に増加している（観光庁, 前掲報告書）。
(64) 『日本経済新聞』2014年2月26日,「Yahoo!トラベル」（http://bizpromo.travel.yahoo.co.jp/dhotel）, トラベルボイスによるYahoo!トラベルへのインタビュー記事, 2014年8月5日（http://www.travelvoice.jp/20140805-25411）。
(65) 「貸与権」とは, 商業用レコードの発売日から1年間, 貸レコードにそのレコードの使用を許諾・禁止できる権利。「報酬請求権」とは, 貸与権の期間が経過したレコードについて, そのレコードの保護残存期間中（発売日から50年間）, 貸レコードに使われたレコードの報酬を貸レコード店に請求できる権利（一般社団法人日本レコード協会「CDレンタル」（http://www.riaj.or.jp/all_info/rental/cdrental1.html）。
(66) 禁止ルールは3回変更されているが, 1994年10月から適用されている禁止ルールによると, 邦盤アルバムでは発売日から最長3週間禁止, 邦盤シングルでは発売日から最長3

日間禁止となっている。なお，洋盤は1年間の貸与権が行使されており，発売日から1年間レンタルできない（一般社団法人日本レコード協会「CDレンタル」(http://www.riaj.or.jp/all_info/rental/)。

(67) 日本音楽著作権協会（作詞・作曲家の団体）に対しては，1施設あたりの月額使用料90,000円および使用料算定の3か月前の基準月の月間営業収入の2.5/100を加算した額を支払う（一般社団法人日本音楽著作権協会「CD・ビデオ（DVD）のレンタル」(http://www.jasrac.or.jp/info/rental/)。日本芸能実演家団体協議会（実演家の団体）に対しては，店舗を1つの単位として月額58,170円および仕入れたレコードの価格に応じて定められた使用料（サーチャージ料金）を支払う（公益社団法人日本芸能実演家団体協議会「商業用レコードを貸与する場合の報酬又は使用料に関する規定」2008年1月）。日本レコード協会（レコード製作者の団体）に対しては，邦盤は「税抜き価格2,000円〜3,999円」1枚330円，「同1,001円〜1,999円」1枚165円，「同1,000円以下」1枚85円，洋盤は邦盤の80％の著作権使用料を支払う（一般社団法人日本レコード協会「使用料・報酬制度等の内容」(http://www.riaj.or.jp/all_info/rental/cdrental4.html)。

(68) 日本音楽著作権協会に対しては，ダウンロード（再生制限なし）1曲1回情報料の7.7％または7.7円または3円80銭に楽曲数を乗じて得た額のいずれか多い額と定められた。なお，2006年6月には有期限ダウンロード（データを受信した端末でのみ再生が可能であり，ダウンロード後の再生に期限がある配信）について著作権使用料が定められ，再生制限が7日以内の場合で情報料の3.6％または3.6円のいずれか多い額，同30日以内の場合で情報料の4.5％または4.5円のいずれか多い額とされた（一般社団法人日本音楽著作権協会「使用料規程第11節インタラクティブ配信」）。

(69) CDレンタル店の店舗数は，1989年の6,213店をピークに減少に転じ，1991年5,491店，1995年4,509店，1999年4,116店，2003年3,422店，2006年3,179店，2009年2,860店，2012年2,770店，2013年2,704店と減少を続けている（各年12月末現在）。店舗数の減少とともに，レンタル用CDの枚数も1997年の4,500万枚をピークとして減少した。その後，店舗数は減少し続けているが，店舗規模の大規模化がすすむ中で，レンタル用CDの枚数は2003年の3,020万枚を底に再び増加傾向に転じ，2006年3,630万枚，2009年4,010万枚，2012年4,400万枚，2013年4,600万枚まで戻している（日本レコード協会「CDレンタル店調査2013年度」）。

(70) 日本映像ソフト協会『ビデオソフト市場規模及びユーザー動向調査2013』2014年4月，p.8。

(71) デジタルコンテンツ協会編『デジタルコンテンツ白書2013』デジタルコンテンツ協会，2013年，pp.46-47。

(72) 2013年における映像レンタルの市場規模は2,184億円（日本映像ソフト協会推計），同年における音楽分野におけるレンタル市場の規模507億円（デジタルコンテンツ協会推計），

AVレンタル業の市場規模は合計で2,691億円と推計される。他方，日経MJ「サービス業総合調査」（2012年度）に基づいて，AVレンタル業売上高ランキングをみると，1）カルチュア・コンビニエンスストア・クラブ1,611億円（上位5社合計の61.3％），2）ゲオホールディングス804億円（同30.6％）の2社が圧倒的で，上位5社の合計で2,630億円となっている。

(73) 有料音楽配信売上実績の推移をみると，2005年34,283百万円，2006年53,478百万円，2007年75,487百万円，2008年90,547百万円，2009年90,982百万円，2010年85,990百万円，2011年71,961百万円，2012年54,298百万円，2013年41,661百万円となっており，2008年〜2009年をピークに減少傾向にある（一般社団法人日本レコード協会「有料音楽配信売上実績」（各年版））。

(74) 『日本経済新聞』2014年3月1日を参考にした。国内では，音楽配信大手のレコチョクが2013年3月にサービスを開始，月額定額聞き放題配信サービスのうち歌手限定で好きな曲も細かく選べる「アーティストプラン」で月315円，ソニーは2012年7月にサービス開始，9割以上が洋楽，2,000万曲以上が揃う「ミュージック・アンリミテッド」定額聞き放題配信を月980円で提供している（『日本経済新聞』2014年3月1日）。定額制聞き放題音楽配信の市場規模は，2007年454百万円，2008年811百万円，2009年702百万円，2010年380百万円，2011年359百万円，2012年526百万円，2013年2,725百万円と推移し，2013年には音楽配信市場規模の6.5％を占めている（一般社団法人日本レコード協会「有料音楽配信売上実績」（各年版））。

事項索引

【欧文】

ASP······185
BPO······17
ESCO（エスコ）······163
FAQ······190
FFP······246
GDP······3, 10, 32, 36, 39, 40, 47
ICT······36, 53, 188
Off-JT······151, 200
OJT······151, 199, 223, 227
People······120, 138
Physical Evidence······120, 137, 142
Place（Encounter）······120, 125, 140
Price······120, 131, 141
Process······120, 121, 134, 142
Product······120, 121, 134, 140
Promotion······120, 127, 130, 141, 201, 212
SNA······4
TFP（全要素生産性）······37

【あ行】

アウトソーシング······17, 20, 22, 161, 226
異質性······56, 99, 101, 120, 136, 151, 158
移動・保管サービス······79, 83, 90, 95
イノベーション······106, 150
インターナル・マーケティング······103, 121, 168
インターネット······124, 164, 179, 186, 190, 212, 221, 224, 238, 242, 245, 246, 248
インタラクション······102, 155, 168
インタラクティブ・マーケティング······103, 121, 169
請負······85, 240
請負的アウトソーシング······21
営利的サービス······58
エクスターナル・マーケティング······103, 121, 168
オーバーエクステンション······118
オフショアリング（オフショア・アウトソーシング）······23, 220, 221, 225
オペレーション戦略······150
オンラインゲーム······238

【か行】

外在的手がかり······127, 143, 153, 212
画一的人的サービス······116
家計調査······27
家計内サービスの外生化······24
家計面の「ゆとり」······29
カスタマイズ······167, 226
カスタマイゼーション······60, 111, 190
稼働率向上による生産性向上······182
企業活動基本調査······19
企業内サービスの外生化······15
企業向けサービス価格指数······41, 42
基礎的支出······28
既存顧客······131, 133, 141, 164, 201
期待形成······153, 160
機能のストック······56
機能のフロー······56, 97
規模のメリット······21, 175, 189

基本的機能……………………81, 235
基本的サービス…………193, 218, 219
供給のコントロール……126, 140, 176, 183, 184, 191
競争環境………………………108, 112
競争優位…………………22, 112, 226
業務活動分野……………………122, 145
業務の繁閑………………………………172
許容範囲……………………………161, 208
口コミ……102, 127, 129, 153, 157, 161, 164, 165, 212
経営資源…………103, 107, 109, 111, 115, 117, 122, 126, 180, 186
経営資源ベース戦略………………………115
経営資源ポートフォリオ…………………107
経験品質……………………100, 153, 201
経済センサス活動調査……3, 7, 46, 51, 204
経済センサス基礎調査……………7, 46, 51
権限委譲（エンパワーメント）…105, 112, 151, 200, 225
コア・コンピタンス…………22, 145, 227
コア・サービス………………113, 122, 210, 218
コア業務………………………………19
コア要素………………122, 140, 197, 210
公共サービス…………………………4, 5
鉱工業生産指数…………………………10
購買前期待……………………………158
効用……………………67, 99, 120, 136, 218
効用実現主体・57, 68, 70, 76, 80, 82, 83, 87
効率性ベース………………………131, 134
高齢化の進展………………………30, 35
顧客維持………………105, 130, 163, 212
顧客獲得………………………130, 164, 201
顧客価値ベース……………………131, 134
顧客環境……………………………108, 109
顧客関係性………………163, 167, 212, 224

顧客協働型サービス………………………169
顧客参加型サービス………………………170
顧客参加サービス生産過程……186, 187, 188, 189
顧客生涯価値………………………………133
顧客セグメント……………………184, 186
顧客創造……………………………………150
顧客との相互作用……62, 65, 103, 134, 151, 186, 199, 202
顧客ニーズ……109, 111, 113, 121, 136, 150, 171, 202
顧客ニーズ充足型サービス………………170
顧客の参加………………135, 169, 202, 204
顧客不満足…………………………………160
顧客分離サービス生産過程‥186, 187, 188
顧客マネジメント………………………150
顧客満足………100, 102, 104, 118, 120, 131, 132, 134, 149, 150, 157, 159, 160, 164, 165, 169, 170, 190
顧客満足ベース・プライシング…………132
顧客離脱……………………………161, 167
顧客ロイヤルティ………103, 105, 150, 152, 163, 165, 167
国際標準産業分類……………………………1
国勢調査……………………………7, 109
国民経済計算……………4, 5, 24, 39, 40
個別ニーズ対応型人的サービス…………116
コモディティ化……………………………159
雇用創出…………………………33, 38, 43
娯楽関連サービス……………………24, 29
コンサルティング……20, 52, 163, 225, 240
コンプリメント効果………………………117

【さ行】

サーバクション……………………137, 147

索　引

サービス・エンカウンター……111, 125, 134, 136, 139, 152, 154, 159, 170, 186, 202, 204, 205
サービス・オペレーション……………60, 179
サービス・コンセプト………108, 115, 121, 122, 124, 145, 150, 151, 203
サービス・デリバリー…………………150, 154
サービス・ドミナント・ロジック……105
サービス・プロフィット・チェーン…150
サービス・マーケティング…56, 102, 103, 106, 107, 111, 120, 144, 149, 202, 205, 213, 217
サービス・マーケティング・ミックス
　………………………………………125
サービス・マーケティング戦略…107, 119
サービス・マネジメント……………144, 149
サービス・レベル・アグリーメント…132, 161, 225
サービス価格…41, 131, 132, 162, 170, 213, 150, 157, 162, 164
サービス機能………………………………97, 136
サービス機能体化型サービス…74, 76, 77, 94, 188
サービス機能の体化………………………74, 77
サービス機能非体化型サービス……75, 76, 77, 78, 188
サービス業…1, 2, 38, 43, 55, 58, 67, 71, 97, 103, 120
サービス業基本調査………………………47
サービス業就業実態調査…………………173
サービス業の戦略的業態分類…74, 78, 79, 88, 140, 188, 197, 238
サービス業務の委譲………………………175
サービス業務の分担………………………182
サービス経済化………1, 5, 8, 15, 31, 47
サービス財………57, 68, 71, 86, 99, 126, 132, 175, 245
サービス財生産・サービス財販売産業
　………………………………………2, 72, 80
サービス財生産産業………52, 69, 70, 71, 72, 79, 80
サービス財販売産業………52, 70, 72, 79, 80, 236
サービス産業………2, 59, 60, 67, 68, 72, 79
サービス支出………………………………24, 27
サービス主体………56, 77, 79, 82, 88, 94, 97, 210
サービス商品………102, 104, 107, 109, 112, 117, 122, 145, 177, 201
サービス成果………………162, 171, 204, 218
サービス生産・提供過程………81, 112, 135, 199, 202, 205, 210, 218, 224
サービス生産・提供現場……102, 111, 118, 143, 168, 170, 203
サービス生産（機械化）………135, 175, 182, 190, 199
サービス生産（セルフサービス化）…175, 182, 190, 199, 210
サービス生産（マニュアル化）…116, 182, 207
サービス生産空間…………………………84
サービス生産工程…………………………173
サービス生産準備過程………………186, 188
サービス生産性……111, 125, 149, 172, 175, 177, 180, 186, 188, 190, 199
サービス生産の効率化………83, 120, 210
サービス対象………56, 59, 68, 76, 77, 79, 80, 82, 83, 87, 88, 94, 97, 180, 185, 188, 207
サービス提供システム…………114, 120, 122, 125, 134, 149, 151, 154, 204, 210
サービス特性………56, 74, 77, 80, 82, 83, 97, 168

サービス内容……99, 123, 127, 129, 137, 153, 162, 170, 201, 212, 218
サービスに対する期待……128, 129, 130, 162
サービスの企業価値……………………158
サービスの工業化………………135, 151, 175
サービスの顧客価値……………149, 150, 157
サービス品質………81, 98, 99, 101, 127, 154, 155, 159, 165, 168, 169, 177, 181, 197, 198, 199, 210
サービス保証………………………………160
サービス要員………111, 118, 121, 125, 142, 150, 160, 197, 223
サービス要員の裁量………………111, 112
サービス利用経験……111, 127, 129, 153, 213
サティスファクション・ミラー……151, 198
産業連関表……………………………15, 38
支援的サービス…………113, 122, 210, 218
支援要素……………………………199, 210
時間面の「ゆとり」……………………………29
事業活動分野…………………………………107
事業コンセプト………………………………108
事業所・企業統計調査……6, 7, 45, 46, 204
シグナル………………………………………160
支出弾力性……………………………………27
市場細分化（セグメンテーション）……109
市場創造………………………………………115
システム……………………………………57
システム・インテグレーター……220, 222, 224
システム・エンジニア……………………222
システム化…………………………………175
システム財創出サービス……79, 84, 87, 91, 140, 185, 188, 220, 223, 224, 231, 234, 252
システム的サービス………………………57
自存性………………………………………56

シナジー効果……………………………117, 216
従業員マネジメント……………………150
従業員満足……102, 103, 105, 150, 169, 200, 225
従業員ロイヤルティ……………………150
重層的産業構造…………………………220
需給のミスマッチ………………176, 182, 205
手段的サービス……………………76, 77, 87
手段的サービス機能体化型サービス……78, 79, 82
手段的サービス機能非体化型サービス ……………………………78, 79, 83, 87
需要のコントロール……125, 140, 176, 183, 191
需要の平準化………176, 183, 208, 213, 214
紹介予定派遣……………………………231, 240
使用権提供サービス……79, 84, 90, 140, 188, 198, 229, 230, 238, 255
使用権提供サービス（カネ）……84, 86, 90, 95, 229, 233, 243, 249
使用権提供サービス（コンテンツ情報） ……………………86, 90, 232, 236, 247, 249
使用権提供サービス（システム）……234, 235, 255
使用権提供サービス（情報）……84, 86, 229
使用権提供サービス（仲介情報）……90, 231, 245, 249
使用権提供サービス（ヒト）……84, 85, 90, 229, 231, 233, 235, 239, 249
使用権提供サービス（モノ）……84, 85, 90, 229, 232, 241, 249
状態分析サービス………………79, 83, 90, 95
消費者物価指数……………………………41
消費のサービス化…………………………29
情報通信白書………………………………36
消滅性………………56, 99, 101, 120, 136, 137

職業安定法⋯⋯⋯⋯⋯⋯⋯⋯⋯⋯⋯232
女性の社会進出⋯⋯⋯⋯⋯⋯⋯29, 30
新規顧客⋯⋯⋯⋯131, 133, 141, 164, 201, 212
真実の瞬間⋯⋯⋯⋯⋯⋯⋯⋯⋯151, 168
人的サービス⋯⋯⋯57, 79, 81, 88, 125, 140,
　　197, 198, 202, 205, 211, 235
人的投入量⋯⋯⋯⋯⋯⋯126, 184, 191, 205
信用品質⋯⋯⋯⋯⋯⋯⋯⋯⋯100, 167, 201
スイッチング・コスト⋯166, 167, 201, 224
ストック・オプション⋯⋯⋯⋯⋯⋯163
生活関連サービス⋯⋯⋯⋯⋯⋯⋯24, 29
成果報酬⋯⋯⋯⋯⋯⋯⋯⋯163, 215, 225
製作委員会⋯⋯⋯⋯⋯⋯⋯⋯⋯221, 223
精神的サービス⋯⋯⋯⋯⋯⋯⋯⋯⋯55
製造業の2.5次産業化⋯⋯⋯⋯⋯⋯⋯8
製品・市場ポートフォリオ⋯⋯⋯⋯107
接客スタッフ⋯⋯⋯⋯⋯⋯⋯⋯137, 138
接続産業連関表⋯⋯⋯⋯⋯⋯⋯⋯15, 26
選択的支出⋯⋯⋯⋯⋯⋯⋯⋯⋯⋯⋯28
戦略的アウトソーシング⋯⋯⋯⋯⋯21
促進的サービス⋯⋯⋯⋯⋯⋯⋯122, 210
属性からみたサービス⋯⋯⋯⋯⋯⋯56
組織戦略⋯⋯⋯⋯⋯⋯⋯⋯⋯⋯103, 107
組織風土⋯⋯⋯⋯⋯⋯⋯⋯⋯⋯116, 117
ソフトウェアの受託開発⋯⋯⋯⋯69, 70

【た行】

ターゲット顧客⋯⋯110, 125, 183, 186, 213,
　　214
対個人・事業所サービス⋯⋯34, 48, 51
対個人サービス⋯⋯4, 5, 11, 15, 29, 34, 41,
　　48, 51, 59, 172, 174
第三次産業活動指数⋯⋯⋯⋯⋯⋯⋯10
対事業所サービス⋯⋯4, 5, 11, 15, 23, 34,
　　41, 42, 48, 51, 59, 172, 174

対比作用⋯⋯⋯⋯⋯⋯⋯⋯⋯⋯⋯158
単位サービスあたりの生産性向上⋯180
探索品質⋯⋯⋯⋯⋯⋯⋯⋯⋯⋯⋯100
知覚矯正⋯⋯⋯⋯⋯⋯⋯⋯⋯⋯⋯158
知覚品質⋯⋯⋯⋯⋯⋯102, 103, 143, 179
知的財産⋯⋯⋯⋯⋯⋯⋯⋯⋯⋯⋯220
中核戦略⋯⋯⋯⋯⋯⋯⋯⋯⋯⋯⋯107
中間需要⋯⋯⋯⋯⋯⋯⋯⋯⋯⋯⋯⋯15
中間投入⋯⋯⋯⋯⋯⋯⋯⋯⋯⋯⋯⋯16
通商白書⋯⋯⋯⋯⋯⋯⋯⋯⋯23, 31, 36
手がかり⋯98, 102, 104, 121, 127, 138, 142,
　　143, 153, 165, 168, 201, 212
デカップリング⋯⋯⋯⋯⋯⋯⋯⋯175
展開戦略⋯⋯⋯⋯⋯⋯⋯⋯⋯⋯⋯107
同時性⋯⋯⋯⋯⋯⋯⋯⋯⋯⋯⋯56, 67
特定サービス産業実態調査⋯⋯⋯⋯254

【な行】

内在的手がかり⋯⋯⋯⋯127, 143, 153, 212
内部環境適合⋯⋯⋯⋯⋯⋯⋯⋯⋯118
ニッチ市場⋯⋯⋯⋯⋯⋯⋯⋯⋯⋯115
日本標準産業分類⋯⋯⋯⋯1, 58, 88, 238
認知的不協和⋯⋯⋯⋯⋯⋯⋯⋯⋯159

【は行】

ハイエンド⋯⋯⋯⋯⋯⋯⋯⋯⋯⋯122
バックオフィス⋯⋯⋯⋯⋯⋯61, 63, 185
パッケージ・ツアー⋯⋯⋯⋯124, 128, 153
パッケージソフト⋯⋯⋯⋯⋯⋯⋯⋯70
パッケージツアー⋯⋯⋯⋯⋯⋯⋯245
パフォーマンス契約⋯⋯⋯⋯⋯⋯162
パブリシティ⋯⋯⋯⋯⋯⋯127, 130, 131
非営利的サービス⋯⋯⋯⋯⋯⋯⋯⋯58
非自存性⋯⋯⋯⋯⋯⋯⋯⋯⋯⋯⋯⋯56

ビジネス支援サービス............22, 52, 132
表層サービス............167
品質特性............97, 99
ファシリティマネジメント............208, 251
不可逆性............75, 137
付加的サービス............181
不可分性......56, 98, 101, 106, 110, 120, 137, 138
付加要素............140
付随的機能............81
付随的サービス............219
物財............57, 59, 68, 69, 71, 84, 99
物財産業............68
物財生産産業............70, 71
物財の受注生産............69
物財販売産業............70, 72, 79, 236
物的サービス......57, 79, 82, 89, 125, 140, 210, 211, 213
物的投入量............185
ブランディング............123
ブランド............113, 116, 123
ブランド化............175
フリークエントプログラム............131, 133
ブロードバンド............224
フロントオフィス............60, 62, 185
補完的サービス............176, 183, 191
ポジショニング............112, 206
保証............127, 130, 160
補償............127, 130, 160
本質サービス............167

【ま行】

マーケティング・ミックス............108, 120, 140, 177, 201, 204, 212, 214, 219

マーケティング・リサーチ............109
マス情報提供サービス............79, 82, 87, 90, 95, 234
見えざる資産............116, 117, 145
民間企業資本ストック............9
無形性............56, 97, 101, 120, 254
目的的サービス............76, 77, 87
目的的サービス機能体化型サービス......77, 79, 80, 87
もの............56, 79, 84, 95, 254, 255

【や行】

有体財............254
有形性............101
ユビキタス............189

【ら行】

ライフサイクル............74, 112
リカバリー............136, 142
離職率............138
旅館業法............215
旅行業法............245, 259
リレーションシップ............131, 133, 168
リレーションシップ・プライシング...133
リレーションシップ・マーケティング
............106
労働者派遣法............231, 239
労働集約性............38, 42, 47, 60, 65
労働生産性............35, 38, 40, 47
労働分配率............38
労働力調査............33, 44

業 種 索 引

【あ行】

アウトプレースメント………232, 240, 255
アニメーション制作………………222, 228
医療，福祉……………1, 7, 13, 44, 46, 58, 73
医療業………………81, 113, 140, 171, 201
飲食店………………………………70, 72
飲食店，宿泊業……………………1, 44
運輸施設提供業………82, 140, 218, 252
映画・ビデオ制作業………………92, 220
映画館………………………82, 87, 185
AVレンタル業……74, 76, 84, 86, 247, 249, 261
音楽配信………232, 238, 247, 248, 249, 261
オンライン宿泊予約……245, 246, 249, 259

【か行】

カーシェアリング……………………256
カーリース……………………………242
学習塾………………………75, 169, 171, 203
学術研究，専門・技術サービス業……2, 7, 12, 44, 46, 58, 73
機械修理業……………82, 140, 220, 223
教育，学習支援業……1, 7, 44, 46, 58, 73, 169
銀行業………………………84, 86, 229
組込みソフトウェア業………………73, 92
警備業………………………………82, 140
ゲームソフトウェア業………………73, 92
結婚式場業……………………………183
結婚情報提供サービス………………170
興行団…………………………………82

【さ行】

広告業（屋外広告業）………230, 233, 234
広告業（他に分類されない広告業）……230, 233, 234
広告制作業……………………230, 233, 234
広告代理業……………84, 86, 140, 229, 233
広告代理業（広告制作機能）………229, 230, 234
広告代理業（スペース・タイム斡旋機能）………………229, 230, 233
広告代理業（スペース・タイム仕入れ・販売機能）……………230, 234
コールセンター業……………………2, 164
個人教授業（個人教授所）……81, 140, 203
コンテンツ制作業………220, 221, 222, 227

【さ行】

サービス業（他に分類されないもの）………………1, 7, 44, 46, 58
自動車整備業……57, 68, 82, 140, 182, 185, 186, 201
宿泊業……………73, 122, 126, 138, 215, 252
宿泊業，飲食サービス業……7, 13, 46, 58, 73
受託開発ソフトウェア業……69, 75, 84, 87, 113, 116, 140, 187, 220, 221, 222, 224, 252
消費者金融業………………86, 243, 249
情報処理・提供サービス業………226, 254
情報処理サービス業……84, 87, 140, 220, 254
情報通信業……………1, 7, 12, 44, 46, 58, 73, 238
情報提供サービス業………84, 86, 140, 236
情報提供サービス業（ディストリビュー

ト機能) 230, 236
情報提供サービス業（プロデュース機能） 230, 236
人材派遣業 239, 249, 256
スポーツ施設提供業 82, 140
生活関連サービス業，娯楽業 2, 7, 13, 44, 46, 58, 73
洗濯業（クリーニング業） 75, 110, 126, 134, 140, 152, 181, 185, 186, 206, 213, 251

【た行】

建物サービス業 82, 140, 251
建物売買業 71, 72, 94
デザイン業 84, 87, 140, 220, 222
テレビ番組制作業 220
電気・ガス・熱供給・水道業（電気・ガス・水道業） 67, 69, 70, 72, 94
電気通信業 83
土地売買業 71, 72, 94
土木建築サービス業 84, 87, 140
トラックターミナル業 218, 252

【は行】

ハウスクリーニング業 207
パッケージソフトウェア業 73, 92, 94, 220, 253
美容業 80, 81, 110, 117, 136, 140, 183, 202
フィットネスクラブ 125, 167, 211, 212, 213, 214, 251
複合サービス事業 1, 7, 13, 44, 46, 58, 73
物品賃貸業 73, 140, 229, 232
不動産管理業 82, 140, 251
不動産業 1, 71

不動産業，物品賃貸業 ..2, 7, 12, 46, 58, 73
不動産代理業・仲介業 2, 71, 73, 86, 140, 229
不動産賃貸業・管理業 2, 71, 73
放送業 72, 82, 87, 220, 234
ホテル業 215, 217

【ま行】

民営職業紹介業（職業紹介） 140, 231, 240, 255

【や行】

遊戯場業 82, 140

【ら行】

リース業 84, 229, 230, 233
リネンサプライ 232
理容業 57, 74, 81, 134, 140, 182, 187, 202
旅館業 82, 125, 140, 211, 213, 252
旅行業 84, 86, 124, 128, 140, 235, 245, 249, 255, 259
旅行業（旅行サービス機能） 230, 235, 245
旅行業（旅行商品企画・販売機能） 230, 235, 245, 255
旅行業（旅行代理機能） 230, 235, 245
旅行業者代理業 230, 235, 259
リラクゼーション業 2
レコード制作業 73, 92, 94, 220
レンタカー業 85, 232, 241, 249
レンタル業 84, 85, 229, 230, 232
労働者派遣業 84, 85, 140, 229, 231

＜共著者　略歴＞

南方　建明（みなかた　たつあき）
1955年　和歌山県生まれ
1979年　早稲田大学大学院理工学研究科修士課程修了　博士（経済学）
現　在　大阪商業大学総合経営学部教授（副学長）
主な著書　『流通政策と小売業の発展』（中央経済社，2013年）（日本経営診断学会学会賞，日本商業施設学会学会賞）
　　　　　『サービス産業の構造とマーケティング』（共著）（中央経済社，2006年）（日本経営診断学会学会賞，商工総合研究所中小企業研究奨励賞）
　　　　　『日本の小売業と流通政策』（中央経済社，2005年）（日本経営診断学会学会賞，日本商業施設学会学会賞，商工総合研究所中小企業研究奨励賞）
　　　　　『小売業の戦略診断』（中央経済社，1995年）
　　　　　『IT革命時代のサービス・マーケティング』（共著）（ぎょうせい，2002年）
　　　　　『サービス・マーケティング戦略の新展開』（共著）（ぎょうせい，1992年）
執筆分担　第1章，第2章，第4章第2節，第5章第4節

宮城　博文（みやぎ　ひろふみ）
1975年　沖縄県生まれ。
2011年　立命館大学大学院経営学研究科博士後期課程修了　博士（経営学）
現　在　大阪商業大学総合経営学部専任講師
主な著書　『沖縄観光とホスピタリティ産業』（晃洋書房，2013年）（観光学術学会学会賞）
執筆分担　第3章，第4章第1節，第5章第1節・第2節・第3節

酒井　理（さかい　おさむ）
1965年　三重県生まれ
2004年　東京工業大学社会理工学研究科博士課程満期退学
現　在　法政大学キャリアデザイン学部准教授
主な著書　『農産物の流通とマーケティング』（共編著）（農文協，2007年）
　　　　　『サービス産業の構造とマーケティング』（共著）（中央経済社，2006年）（日本経営診断学会学会賞，商工総合研究所中小企業研究奨励賞）
執筆分担　第4章第1節，第5章第1節・第2節・第3節

サービス業のマーケティング戦略

2015年3月15日　第1版第1刷発行

著者　南　方　建　明
　　　宮　城　博　文
　　　酒　井　理

発行者　山　本　憲　央

発行所　㈱中央経済社

〒101-0051　東京都千代田区神田神保町1-31-2
電話　03 (3293) 3371 (編集部)
　　　03 (3293) 3381 (営業部)
http://www.chuokeizai.co.jp/
振替口座　00100-8-8432
印刷／三英印刷㈱
製本／㈱関川製本所

©2015
Printed in Japan

＊頁の「欠落」や「順序違い」などがありましたらお取り替えいたしますので小社営業部までご送付ください。（送料小社負担）
ISBN978-4-502-13501-9　C3034

JCOPY〈出版者著作権管理機構委託出版物〉本書を無断で複写複製（コピー）することは，著作権法上の例外を除き，禁じられています。本書をコピーされる場合は事前に出版者著作権管理機構（JCOPY）の許諾を受けてください。
　JCOPY〈http://www.jcopy.or.jp　eメール：info@jcopy.or.jp　電話：03-3513-6969〉

一般社団法人 日本経営協会［監修］　特定非営利活動法人 経営能力開発センター［編］

経営学検定試験公式テキスト

経営学検定試験（呼称：マネジメント検定）とは，経営に関する知識と能力を判定する唯一の全国レベルの検定試験です。

1 経営学の基本（初級受験用）

2 マネジメント（中級受験用）

3 人的資源管理／経営法務（中級受験用）

4 マーケティング／IT経営（中級受験用）

5 経営財務（中級受験用）

キーワード集

過去問題・解答・解説 初級編

過去問題・解答・解説 中級編

中央経済社